职业教育经济管理类新形态系列教材

ZHIYEJIAOYU JINGJIGUANLILEI XINXINGTAI XILIEJIAOCAI

跨境电商基础与实务（微课版）

Kuajing dianshang jichu yu shiwu

ZHIYEJIAOYU JINGJIGUANLILEI XINXINGTAI XILIEJIAOCAI

郑秀田 甘红云 林菡密 ◎ 编著

人 民 邮 电 出 版 社

北 京

图书在版编目（CIP）数据

跨境电商基础与实务 ： 微课版 / 郑秀田，甘红云，林菡密编著. -- 北京 ： 人民邮电出版社，2023.5
职业教育经济管理类新形态系列教材
ISBN 978-7-115-61342-4

Ⅰ. ①跨… Ⅱ. ①郑… ②甘… ③林… Ⅲ. ①电子商务－高等职业教育－教材 Ⅳ. ①F713.36

中国国家版本馆CIP数据核字(2023)第044680号

内 容 提 要

本书立足于跨境电商行业快速发展和持续迭代的现状，本着深入浅出的原则，围绕着“选市场、选平台、选产品、选价格、选工具、选服务”的业务主线对跨境电商知识与实务做了全方位的解读。本书共十章，主要包括跨境电商概述、跨境电商境外市场分析、跨境电商平台的比较与选择、跨境电商选品与定价、跨境电商网店实操、跨境电商网络营销、跨境电商直播实务、跨境电商物流与海外仓服务、跨境电商支付与结算、跨境电商产业园入驻实务等。

本书每章都设置了实训项目及练习题，并配有电子课件、课程标准、电子教案、补充文本案例、视频资料、习题答案、模拟试卷及答案、实训指导等资料，选订本书的教师可参照书末的“更新勘误表和配套资料索取示意图”索取，也可通过QQ（602983359）向编辑咨询。

本书可作为跨境电商、电子商务、市场营销、国际经济与贸易、现代物流管理、关务与外贸服务等专业的教材。

◆ 编　　著　郑秀田　甘红云　林菡密
责任编辑　万国清
责任印制　李　东　胡　南
◆ 人民邮电出版社出版发行　　北京市丰台区成寿寺路 11 号
邮编　100164　　电子邮件　315@ptpress.com.cn
网址　https://www.ptpress.com.cn
固安县铭成印刷有限公司印刷
◆ 开本：787×1092　1/16
印张：12　　2023 年 5 月第 1 版
字数：328 千字　　2026 年 1 月河北第 7 次印刷

定价：49.80 元

读者服务热线：(010)81055256　印装质量热线：(010)81055316
反盗版热线：(010)81055315

前　　言

党的二十大报告指出，我们实行更加积极主动的开放战略。跨境电商这一新兴业态，近年来在我国获得了快速发展并得到了各级政府的高度重视。跨境电商行业的快速发展和业态迭代急需大量跨境运营、营销、直播、金融、供应链管理等方面的应用型人才，这催生了对跨境电商专业高质量教材的需求。

跨境电商既属于国际贸易的一种新形式，又属于电子商务的特殊形式，需要从业者在了解理论知识的基础上，掌握运营、营销、物流等实操技能。因此，本书在编写时充分考虑了跨境电商与现有国际贸易和电子商务学科的联系，在借鉴现有高校教材、企业内部培训教材和专业培训机构培训教材优点的基础上，围绕着"选市场、选平台、选产品、选价格、选工具、选服务"的业务主线对跨境电商知识进行全方位的解读。本书描述了跨境电商生态系统中的重要参与主体，展望了跨境电商发展趋势，梳理了跨境电商的贸易与管理理论，归纳了跨境电商进出口模式，总结了跨境电商境外市场分析、跨境电商平台的选择、跨境电商选品、跨境电商产品定价、跨境电商网店操作、跨境电商网络营销、跨境电商直播、跨境电商产业园入驻实务等实用方法，介绍了跨境电商物流与海外仓服务、跨境电商支付与结算等相关知识。

为了丰富教材的内容并增强其趣味性和实操性，编者在每章开头都设置了引例，在章末都安排了实训项目及练习题，在正文中设置了视野拓展、案例与思考、思考与讨论等特色栏目，同时借助二维码以微视频等形式扩充了更多内容，从而能更好地向读者传播信息、传递知识、传授技能并启发其思考。

本书配有电子课件、课程标准、电子教案、补充文本案例、视频资料、习题答案、模拟试卷及答案、实训指导等资料，选订本书的教师可参照书末的"更新勘误表和配套资料索取示意图"索取，也可通过 QQ（602983359）向编辑咨询。

本书由来自杭州师范大学钱江学院、阿里巴巴商学院数字贸易研究中心成员组成的团队编写，并得到浙江省普通高校"十三五"新形态教材建设项目的支持。郑秀田教授对全书进行了审定和统稿工作。参编人员及具体分工为：郑秀田编写第一章、第九章、第十章；林菡密编写第二章、第六章；甘红云编写第三章、第四章、第五章、第七章、第八章。

由于跨境电商行业发展迅速，跨境电商技术、产品、服务和商业模式不断创新，跨境电商相关政策也在不断发生变化，加之编者水平所限，书中难免存在遗漏和不妥之处，敬请读者批评指正。

编者

目　录

第一章　跨境电商概述

【知识与技能目标】

熟悉跨境电商的基础知识；了解我国跨境电商行业的发展趋势；了解跨境电商的模式分类；了解跨境电商的理论基础；掌握跨境贸易实务中的税费查询。

引例

跨境电商仍然是我国企业拓展海外市场的好方式吗

李新作为一名传统外贸企业的负责人，对当前严峻的贸易形势有切身体会，正在为企业未来的发展担忧。而令他欣喜的是，近年来跨境电商行业发展势头良好，特别是自 2015 年杭州被批复同意设立为中国首个跨境电子商务综合试验区（以下简称“跨境电商综试区”）以来，截止到 2022 年 11 月，国务院已经批准 165 个城市建设跨境电商综试区，并且还为跨境电商行业的创新发展提供了制度和政策上的保障。在此背景下，李新通过收集大量的材料来了解当前跨境电商行业发展的基本情况，并开始思考以下问题：跨境电商仍然是企业拓展海外市场的好方式吗？要不要引导自己的企业从传统外贸向跨境电商转型？从传统外贸企业转型跨境电商的难点和痛点是什么？

第一节　跨境电商导论

微视频
发展跨境电商对我国的意义

跨境电商的全称是“跨境贸易电子商务”，也可以称为“跨境贸易电商”或“跨境电子商务”。在现实中，人们在认知、理解、探析跨境电商时常常把它与外贸、海淘、海购等概念相混淆。这主要是因为理论界与实务界关于跨境电商概念的界定并没有形成一致意见。有学者对其概念进行了如下表述：从广义的角度看，跨境电商是指不同关境的交易主体通过电商手段达成交易的跨境进出口贸易活动；从狭义的角度看，跨境电商是指分属不同关境的交易主体，通过电子商务手段将传统进出口贸易中的展示、洽谈和成交环节电子化，并通过跨境物流或异地仓储送达商品、完成交易的一种国际商业活动。

虽然上述跨境电商的概念把握住了跨境电商“互联网+外贸”的主要特征，然而却忽略了数字贸易时代已经到来的背景，也没有重视新一代互联网技术在外贸领域能发挥产生、存储、共享与应用贸易大数据的功能。在“互联网+”背景下，传统外贸的“信息流、货物流和资金流”正是以互联网领域的电商平台为载体实现跨境买卖双方的互动和最终交易的，形成互联网式的信息流、智能式可跟踪管理的货物流、便于结算和观测的资金流，并最终构成了“互联网+外贸”模式的核心特征——可以跟踪、共享和应用的大数据，包括信息流数据、货物流数据和资金流数据。

基于跨境电商发展的时代背景、技术手段等方面的综合考虑，跨境电商的概念界定显然不应该忽略大数据的特征，因此本书给出如下定义：跨境电商是指来自不同国家或地区的买卖参与者，在跨境电商平台上进行交易、完成跨境支付结算，通过跨境物流配送商品，最终完成交易，并形成可跟踪、收集、存储、共享和应用大数据的一种国际贸易新模式。

> **思考与讨论**
>
> 海外代购属于跨境电商吗？

一、跨境电商与国内电商的区别

1. 交易主体的差异

国内[①]电商的交易主体在国内，是境内的企业对企业、企业对个人或个人对个人之间的交易。而跨境电商的交易主体则一方在境内，另一方在境外，可以是境内的企业对境外的企业或个人、境内的个人对境外的企业或个人。跨境电商的交易主体遍及全球，因此企业或个人在开展跨境电商业务时会面临不同国家和地区的消费群体在文化心理、生活习俗、消费行为上的差异。

2. 业务环节的差异

国内电商是商品在国内的流通，而跨境电商实际上是国际贸易。因此，与国内电商相比，跨境电商的业务环节更加复杂，需要经历海关通关、检验检疫、外汇结算、出口退税、进口征税等环节，商品配送的速度对于消费者体验的影响至关重要。在货物由跨境电商卖家发出后，由于要经过出关、入关等环节，货物容易损坏，买家往往要经历更长的时间才能收到货物，这也影响了卖家的收款速度。跨境电商的退货问题，更是跨境电商卖家的痛点。相比之下，国内电商的买卖双方都在国内，货物通常以快递的方式送达消费者，速度更快且货物损坏的概率更低。

跨境电商业务环节因进出境货物的流向不同而呈现出不同的业务流程。出口跨境电商的卖家基于电子商务平台完成信息发布、订单确认、支付、结汇等步骤（部分或全部），借助跨境物流将国内生产的商品出口至国外，卖家（出口主体）一般为生产厂商或自营式电商平台。

进口跨境电商的国内买家在国内或国外的电子商务平台上挑选、购买国外商品，由跨境物流直接完成配送，买家（进口主体）多为终端消费者。进口跨境电商按照货物是否进入保税区，又可分为直购进口模式和保税进口模式，两种模式的具体业务流程分别如图 1.1 和图 1.2 所示。

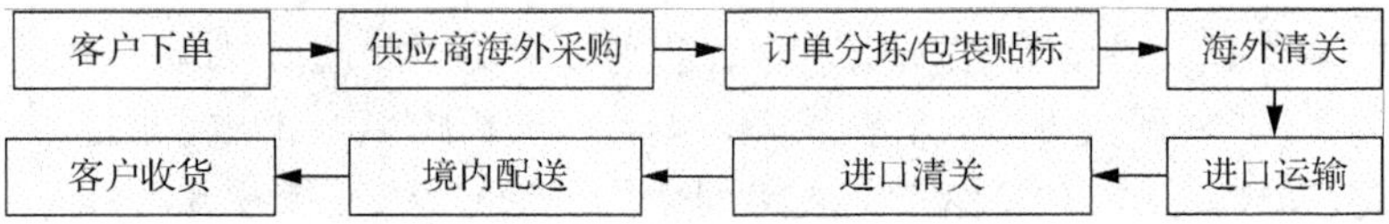

图 1.1　直购进口业务流程

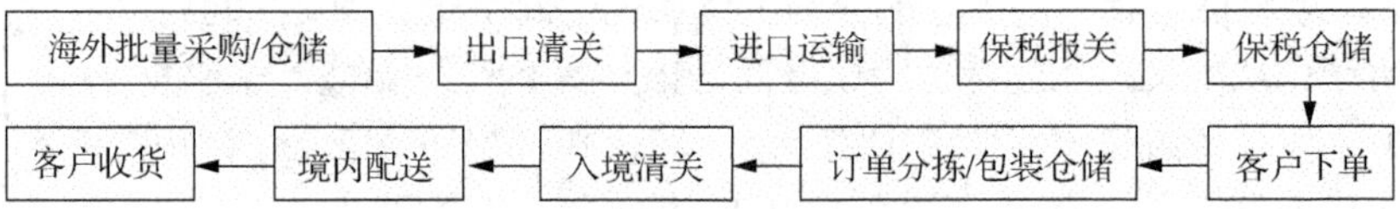

图 1.2　保税进口业务流程

3. 适用规则的差异

跨境电商一般比国内电商需要遵循的规则更多、更细、更复杂。国内电商只需要遵循一般的电子商务规则，而跨境电商则要以国际通用的系列贸易协定或双边贸易协定为基础。跨境电商从

① 为简便起见，如无特殊说明，本书所称“国内”均指“境内”，“国外”“海外”均指“境外”，不再作严格区分。

业者需要具备很强的政策、规则敏感性，要及时了解国际贸易体系、规则、进出口管制、关税细则、政策的变化，尤其需要了解买家所在国家或地区的商业政策、法律法规等。

在跨境电商交易过程中，中国的一些跨境电商卖家由于知识产权保护意识薄弱、对欧美知识产权保护制度不熟悉以及不愿意投入法律咨询方面的成本等，常常被欧美企业起诉，知识产权纠纷案件较多，后续的司法程序烦琐，赔偿问题麻烦，从而给自身带来了较大的交易风险。

微视频
区域全面经济伙伴关系协定（RCEP）

视野拓展

自由贸易协定

自由贸易协定（Free Trade Agreement，FTA）是指两个或两个以上的国家或地区缔结的具有法律约束力的契约，目的在于促进经济一体化，其目标之一是消除贸易壁垒，允许产品与服务在签署自由贸易协定的国家或地区之间自由流动。这里所指的贸易壁垒可能是关税，也可能是繁杂的贸易规则等。自由贸易协定为我国与他国开展国际贸易合作提供了一个广阔的空间，为我国对外贸易投资关系的发展发挥了重要的推动作用。截至 2022 年 8 月，我国已经与韩国、新加坡、智利、柬埔寨等国家或地区签署了 19 个自由贸易协定，涉及 26 个国家和地区。

二、跨境电商与传统国际贸易的区别

跨境电商与传统国际贸易模式相比，具有受地理范围的限制较少、受各国贸易保护措施影响较小、交易环节及中间商较少等优势，但同时也存在明显的通关、结汇和退税方面的障碍，以及贸易争端处理不完善等劣势。具体而言，跨境电商呈现出传统国际贸易所不具备的以下四大特征。

1. 跨境电商交易的多边化

跨境电商交易的多边化是指与跨境电商贸易过程相关的信息流、货物流、资金流已经由传统的双边逐步向多边的方向演进，呈现出网状结构。一方面，跨境电商交易范围具有全球性特征，跨境电商交易解除了传统国际贸易所面临的地理因素限制，实现了无国界贸易，使得各国企业可以直接面对全球的消费者；另一方面，跨境电商买卖双方可以通过 A 国的交易平台、B 国的支付结算平台、C 国的物流平台达成商品的交易。而传统国际贸易呈现出线状结构，主要表现为两国之间发生的双边贸易，即使有多边贸易也往往是通过多个双边贸易实现的。

2. 跨境电商交易的去中间化

传统国际贸易的进出口环节涉及众多的中间商，而跨境电商则要求尽量减少或缩短这些环节以降低中间成本。跨境电商打破了传统国际贸易模式下的国外渠道，如进口商、批发商甚至零售商的垄断，使得生产企业可以直接面对个体批发商、零售商甚至最终的消费者，有效减少了贸易的中间环节，节省了商品流转成本，进而为企业提升获利能力及消费者获得实惠提供了可能。传统国际贸易与跨境电商的业务流程差异，如图 1.3 所示。

3. 跨境电商交易的高频化

相较于传统国际贸易而言，跨境电商的交易频率相对更高。一方面，由于跨境电商相较于传统国际贸易而言，产品类目多、更新速度快，且跨境电商实现了单个企业之间或单个企业与个人之间的直接交易，因此，跨境电商的单笔订单大部分是小批量的，甚至是单件的，这在一定程度上提高了跨境电商交易的频率；另一方面，随着互联网等技术在贸易领域的不断应用，贸易信息的透明度逐步提升，借助各种跨境电商平台，买家可以轻松、便捷地在全球范围内找到物美价廉、信誉良好、货源稳定的供应商，而卖家也可以在最短的时间内找到合适的买家，并简化传统国际贸易的运作环节，这就提高了跨境交易的效率，进而增加了跨境交易的频次。

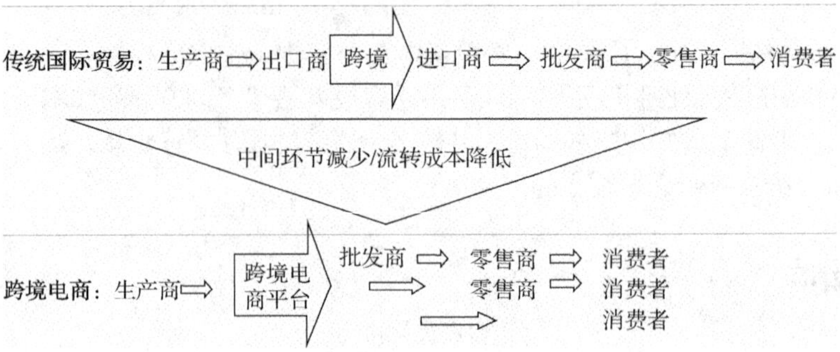

图 1.3　传统国际贸易与跨境电商的业务流程差异

4. 跨境电商交易的数据化

在跨境电商平台上实现的交易，相关信息、流程等都可以较好地以无纸化的方式呈现出来。与传统国际贸易相比，在跨境电商模式下，买卖双方以跨境电商平台为载体进行交流与互动，达成交易，形成互联网式的信息流、智能式可跟踪管理的货物流、便于结算和观测的资金流，由此形成了可以跟踪、共享和应用的信息流数据、货物流数据和资金流数据。这为大数据技术在外贸领域的应用提供了数据基础。

三、跨境电商的主要参与主体

视野拓展

跨境电商卖家成长实例

由于打造线上线下融合的跨境电商生态圈和为跨境电商企业营造良好的发展环境是推动跨境电商行业持续健康发展的关键，因此，各地方政府、跨境电商平台都在试图打造一个集跨境电商卖家、跨境电商平台、跨境电商服务商、跨境电商产业园、政府机构等之间良性互动和可持续共赢的跨境电商生态圈。例如，阿里巴巴倡议建设的 eWTP（Electronic World Trade Platform，世界电子贸易平台），目标就是将其打造成国际组织、电商平台企业、学者智库、商家和消费者等主体共同参与的全球化电子贸易生态圈。

视野拓展

eWTP简介

eWTP 是一个由私营部门引领、市场驱动、开放透明、多利益攸关方参与的公私合作平台，旨在探讨全球数字经济和电子贸易的发展趋势、面临的问题和政策建议，分享商业实践和最佳范例，孵化和创新贸易新规则及新标准，推动全球数字经济基础设施建设，共同促进全球经济社会普惠和可持续发展。2017 年 3 月 22 日，阿里巴巴首个 eWTP 试验区在马来西亚落地，双方共同投资建设“数字自由贸易区”（eHub）。“数字自由贸易区”被打造成了物流、支付、通关、数据一体化的数字枢纽，成为马来西亚和其他东南亚国家中小微企业通向世界的窗口。eWTP 是一个共创治理规则的平台、交流最佳实践的平台、建设未来设施的平台和追梦普惠贸易的平台。eWTP 生态系统包括三个层次的内容，如图 1.4 所示。

第一层是规则层：各利益攸关方共同探讨和孵化数字时代的新规则、新标准，如与电子商务直接相关的数字关境、税收政策、数据流动、信用体系、消费者保护等。第二层是商业层：各利益攸关方开展与数字经济和电子商务领域相关的商业交流合作，建立互联网时代的新型基础设施和服务，如电子商务平台、金融支付、物流仓储、外贸综合服务、营销服务、教育培训服务等。第三层是技术层：各类服务提供商和设备制造商共同建立以互联网、大数据和云计算、物联网、人工智能等为基础的 eWTP 技术架构。

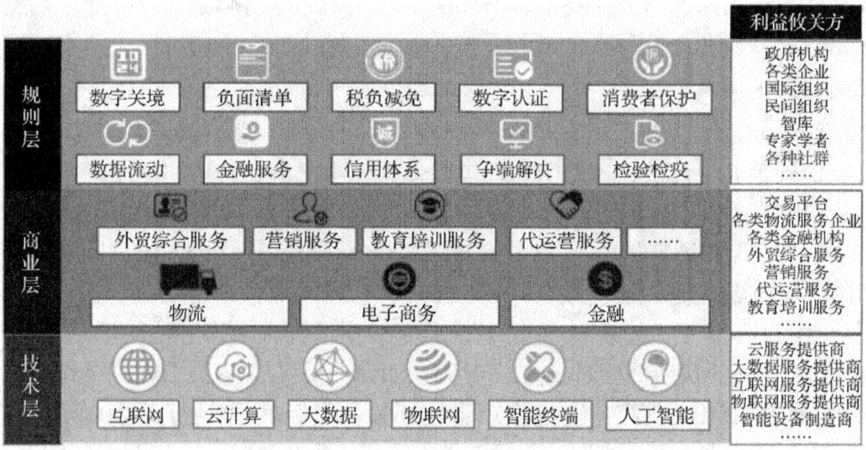

图 1.4　eWTP 生态系统的三个层次

这三个层次密切相关、互为依托。规则层讨论的内容主要来自商业层和技术层的实践，其成果和共识又会促进数字经济商业合作和新技术的创新发展。

1. 跨境电商卖家

从出口角度来看，目前跨境电商卖家主要分为以下四类。

第一类是转型从事跨境 B2C（或 B2B2C）业务的传统外贸企业。这类企业因传统外贸业务的逐渐萎缩而不得不开拓新的销售渠道。传统外贸企业从事国际贸易业务，对国外市场需求、贸易规则等都较为了解，同时具备较好的外贸业务开展能力，因此转型跨境电商相对容易，是跨境电商卖家的主要来源。

第二类是转型做跨境电商的国内电商卖家。目前国内电商市场竞争日益激烈，部分电商卖家利润微薄，而快速发展的跨境电商行业一度成为国内电商卖家可以转型的新方向。但是，由于消费者消费习惯、品牌认知、产品标准等方面的差异，国内电商企业转型为跨境电商仍然面临不少困难。

第三类是开展了跨境电商业务的产品生产企业。由于跨境电商能够有效打破渠道垄断，减少中间环节，节约交易成本，缩短交易时间，因此，这类产品生产企业期望通过“互联网+跨境贸易”模式拓展广阔的境外市场，获取更丰厚的利润，打造国际化品牌。

第四类是跨境电商领域的创新创业者。跨境电商作为互联网和国际贸易相融合所形成的新型业态，是创新创业者的乐土。在大众创业、万众创新的政策支持下，与跨境电商相关的科创园、创业园、电商园、众创空间、孵化器等载体不断涌现，为创业者提供了良好的平台和服务支持。在众多院校开启跨境电商人才培养的趋势下，以高校学生为主要代表的青年群体成为跨境电商领域创业的主要力量。

2. 跨境电商平台企业

跨境电商平台企业主要为跨境电商卖家和国外消费者提供信息发布和完成交易等服务。跨境电商平台企业是跨境电商行业的核心。根据平台的服务模式和盈利方式的不同，跨境电商平台一般可以分为信息服务平台和交易服务平台；而根据经营主体类型划分，跨境电商平台又可分为开放型跨境电商平台、自营型跨境电商平台，以及“自营+开放”混合型跨境电商平台。开放型跨境电商平台主要是为跨境电商卖家、消费者提供网络基础设施、支付平台、安全平台、管理平台等共享资源，帮助跨境电商卖家有效、低成本地开展跨境贸易活动，如速卖通（AliExpress）。自营型跨境电商平台则是指平台企业对其经营产品进行统一生产（或采购）、产品展示、在线交易，并通过物流配送将产品送达国外最终消费群体的平台，如环球易购。“自营+开放”混合型跨境电商平台包括自营型平台和开放型平台两种模式，如亚马逊（Amazon）。

3. 跨境电商服务商

跨境电商服务商是跨境电商产业的重要参与者，其所提供的服务支撑跨境电商的营销、支付、物流、报关、商检等各个环节，在整个跨境电商生态链中起举足轻重的作用。

从目前跨境电商的发展阶段来看，其服务内容主要包括营销推广、报关、支付、退税、物流、人才培训、知识产权保护等。其中，营销推广服务商包括 Twitter、Pinterest 以及一些提供各平台营销整合服务的代理商等；报关和退税服务一般由跨境电商综合服务平台完成，目前主要的跨境电商综合服务平台有阿里一达通、跨境一步达、融易通等；由于物流服务在整个跨境电商产业链中的重要性，可选择的跨境物流供应商相对丰富，包括 UPS（美国联合包裹）、DHL（敦豪航空货运公司）、FedEx（联邦快递）、EMS（邮政特快专递）、菜鸟国际、顺丰速运国际，以及以出口易、海盟控股为代表的物流服务整合供应商；主要的跨境支付服务商包括 PayPal（贝宝）、WorldFirst（万里汇）、Western Union（西联汇款）、连连支付、汇付天下、通联支付、银联电子支付、支付宝等。

案例与思考

跨知通以知识产权服务赋能跨境电商出口

跨知通作为国内首家跨境知识产权服务平台于 2016 年在中国（杭州）跨境电商综试区成立，致力于为中国制造及企业的国际化、全球化提供国际商标注册、专利运营保护、全球版权登记、海外公司注册、品牌包装设计、财务税务筹划、法律终端诉讼等一站式跨境商务法律服务。

1. 应运而生，直面跨境企业出口的痛点

位于全球价值链中低端位置的我国众多制造企业面临产品的附加值低、利润微薄、缺少国际品牌等痛点，无法很好地实现做大、做强、做优。随着传统外贸和互联网的相互融合，跨境电商模式快速兴起，为制造企业拓展全球市场，并向全球价值链两端攀升提供了难得的有利条件。然而，在这种以数字化和国际化为特征的线上交易模式下，产品附加值过低，特别是知识产权侵权等问题是跨境企业面临的痛点。在我国企业纷纷跨境出海的背景下，品牌塑造和知识产权管理等服务的重要性无疑就凸显出来，跨知通应运而生。

2. 系统布局，构建多门类知识服务体系

为了有效应对市场竞争，满足跨境电商平台对产品品质等方面的要求，越来越多的跨境电商企业等市场主体需要多品类和高质量的知识产权综合服务。跨知通立足市场需求，构建了商标服务、专利服务、版权服务、品牌设计服务、涉外法律服务、科技咨询服务等多门类知识服务体系。

3. 多维赋能，护航中国制造的品牌出海

用知识产权赋能中国制造的品牌出海，跨知通通过整合各类专业化的服务主体、实行涉外在线商务法律服务模式等手段，不断提升赋能跨境出口企业的能力。

（1）多方联动，整合各类专业化的服务主体。中国制造品牌出海，涉及海外公司注册、品牌标志设计、国际商标注册、专利运营保护、税务代理记账、股权合伙协议签订、法律终端诉讼等各类服务和环节，因此需要专业化服务人才和机构参与其中。为此，跨知通整合了全球律师、会计师、设计师、摄影师、知识产权代理人等，形成了知识产权创造、保护、利用等方面的服务合力。

（2）模式创新，提供涉外在线商务法律服务。杭州数字化技术在各领域的应用走在全国前列。跨知通利用互联网技术开创全新涉外在线商务法律服务模式，整合全球各类专业化的服务主体，信息化对接企业需求，构建智能化跨境商务法律服务系统，实现跨时间、跨地域的服务供给，让广大的中小企业享受成本更低、效率更高、专业性更强的商务法律服务，助力中国企业在全球完成品牌的创建和保护，同时促进跨境电商行业的有序、规范、高质量发展。

（资料来源：全国高等学校电子商务与数字经济卓越案例库）

启发思考：

（1）企业从事跨境电商出口业务为什么需要重视知识产权？（2）跨境电商领域知识产权纠纷事件的成因主要包括哪些方面？（3）跨境电商出口企业可能需要哪些类别的知识产权服务？

4. 跨境电商公共服务平台

跨境电商公共服务平台主要是指由政府相关部门建设的，旨在规范并促进跨境电商产业发展的服务平台，包括跨境电商通关服务平台和跨境电商公共信息平台。跨境电商通关服务平台主要是应对当前外贸订单碎片化趋势明显，小包裹、小订单急剧增多，缺少政策监管的现状，为跨境电商进出口提供通关便利的系统平台。全国首个统一版海关总署跨境电商通关服务平台于 2014 年 7 月 1 日在广东东莞正式上线运营，该平台所上传的数据可直接对接海关总署内部系统，节省报关时间，提升通关效率。跨境电商公共信息平台是专门对接海关、商务、税务、外汇管理等政府部门监管统计系统的公共信息平台，是政府职能部门面向跨境电商企业的服务窗口，其主要职能是沟通政府各职能部门，对接海关通关服务平台。

作为 2015 年设立的全国首个跨境电商综试区，中国（杭州）跨境电商综试区经过一年的探索，建立了适应跨境电子商务发展的新型监管服务体系，基本形成了“六体系两平台”（见图 1.5）的顶层设计框架，并作为先行试点经验被全国各个跨境电商综试区复制和应用。

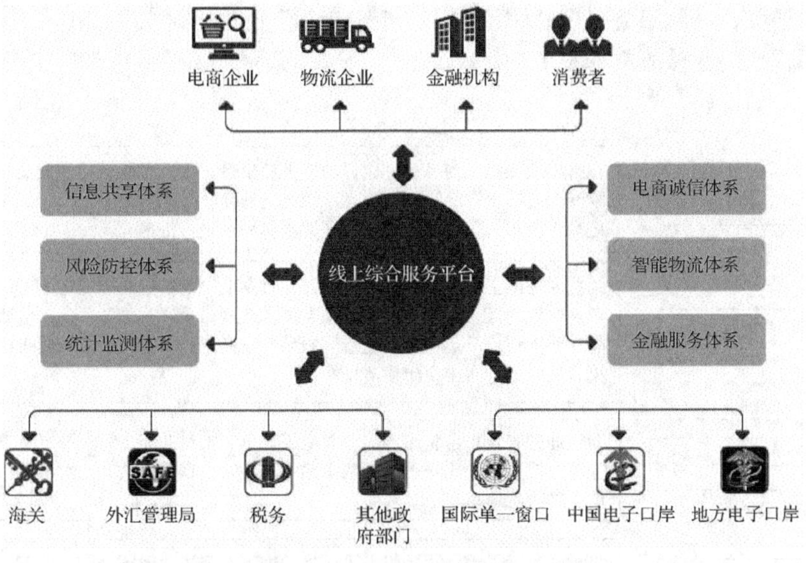

图 1.5 中国（杭州）跨境电商综试区的线上综合服务平台

“六体系”包括信息共享体系、风险防控体系、统计监测体系、电商诚信体系、智能物流体系和金融服务体系。“两平台”分别是指线上“单一窗口”平台和线下“综合园区”平台。参与国际贸易及运输的各方可通过“单一窗口”平台提供标准化的信息和单证，以适应国家法律法规的要求。

“单一窗口”平台具有三个基本特征：第一，它是数据交换枢纽和综合管理服务平台；第二，它能提供高效便捷的政务服务，让企业尽可能做到一次申报、一次查验、一次通过；第三，它具备创造物流、金融、服务代理等综合服务功能，即能对沉淀的数据进行综合运用。

微视频
中国（杭州）跨境电商综试区线上综合服务平台介绍与注册

“综合园区”平台是指跨境电商产业园，其优势在于能够集聚跨境电商关键节点服务商和相关服务平台，利用信息化手段实现园区内海关、税务部门、外汇管理部门、电商企业、物流企业等之间的流程优化，降低跨境电商企业货品通关成本，提升跨境电商运营效率。随着跨境电商综试区试点的展开，各个城市纷纷建立跨境电商产业园，作为跨境电商企业和服务商的集聚区。

四、出口跨境电商的模式分类

跨境电商的模式决定了跨境电商的业务流程，也决定了跨境电商企业的服务能力与盈利前景。跨境电商平台是跨境电商行业的核心主体，在跨境电商的模式演进中处于核心地位。出口跨境电商按照不同标准，可划分为不同的模式。

（一）按照货物是否提前进入海关特殊监管区域进行划分

按照货物是否提前进入海关特殊监管区域，出口跨境电商可以分为一般出口模式和特殊区域出口模式。

1. 一般出口模式

在一般出口模式下，符合条件的电商企业或平台与海关联网，境外个人跨境网购后，电商企业或平台将电子订单、支付凭证、物流运单等传输给海关，电商企业或其代理人向海关提交申报清单，商品以邮件、快件方式运送出境。跨境电商综试区海关采用“简化申报，清单核放，汇总统计”的方式通关，其他海关采用“清单核放，汇总申报”的方式通关。

一般出口模式的业务流程如图 1.6 所示。

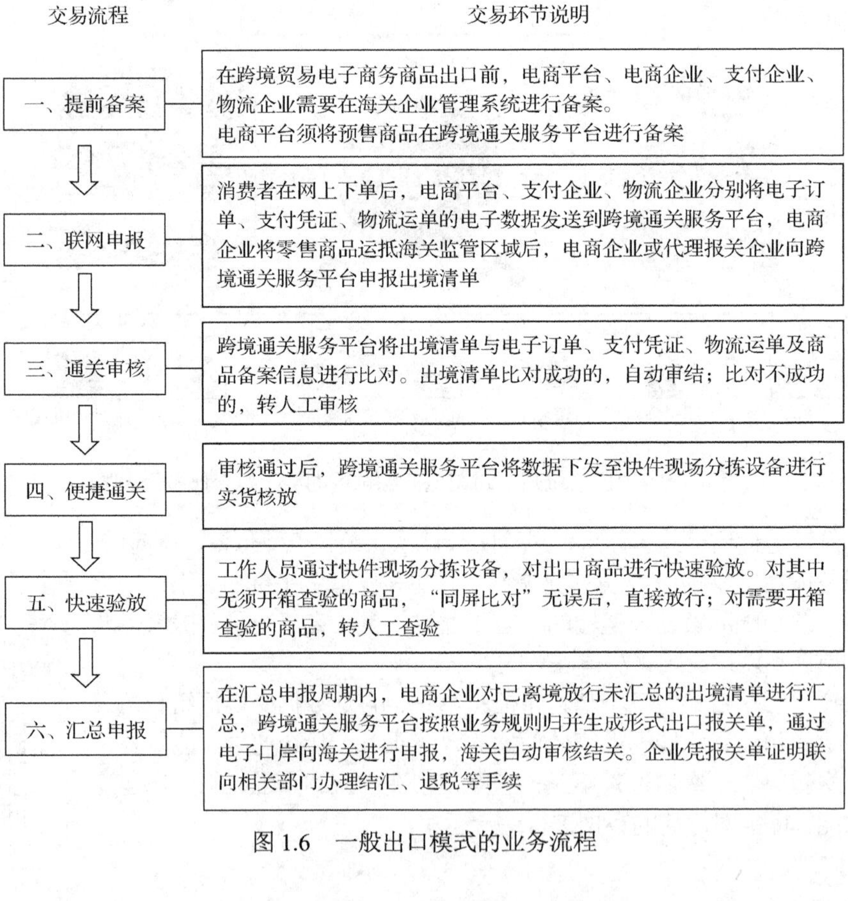

图 1.6　一般出口模式的业务流程

2. 特殊区域出口模式

在特殊区域出口模式下，出口电商企业先把商品经报关运到海关监管区域或保税监管场所，再根据境外消费者的订单把商品从海关监管区域快递到境外，即先把要通过包裹快递出口的商品经报关进入海关监管区域集货，再通过跨境电商平台接单，以包裹或快递方式出境。通过海关监管区域出口，商品由境内进入海关监管区域或保税监管场所时，是以一般贸易方式报关入区，然后通过跨境电商平台销售后离境或再进入境内区外的。该模式涉及的主要事项如下。

（1）入区。出口电商企业根据境外市场预期，将商品提前备货至跨境电商保税仓库。根据不同的市场预期，商品有两种入区方式：一是有明确的市场预期，商品报关入区，区外企业可提前办理退税、结汇等手续；二是市场预期不明，商品按照暂时进出区报关方式入保税仓非保税区域，如未完成交易，可退出至区外。

（2）区内。出口商品在保税仓内集中，跨境电商前台上架销售，推送订单，仓内实现多供应商商品套装组合、库内集拼等功能。

（3）出口。出口电商企业根据订单汇总报关，根据订单的主体和运输方式的不同，可以采用一般贸易出口报关（B2B）或小包出口报关（B2C）。对于入区时按照暂时进区方式入区的商品，在其实际出口时进行汇总报关，办理退税、结汇手续。

（4）退换货。退换的商品可从境外进入保税仓内，在保税状态下完成理货，实现重新上架、销售、出口，并与海外仓联动，降低海外理货成本。

（二）按照交互主体类型进行划分

按照交互主体类型进行划分，出口跨境电商主要分为出口跨境电商 B2B 模式和出口跨境电商 B2C 模式。

1. 出口跨境电商 B2B 模式

出口跨境电商 B2B 模式，根据服务的类型可以分为信息服务平台型跨境电商 B2B 模式和交易服务平台型跨境电商 B2B 模式。

（1）信息服务平台型跨境电商 B2B 模式。该模式是通过第三方跨境电商平台进行信息发布或信息搜索完成交易撮合服务的，其主要盈利模式包括收取会员费和增值服务费。会员服务即卖方每年缴纳一定的会员费后享受的平台提供的各种服务，会员费是平台的主要收入来源。增值服务即指买卖双方免费成为平台会员后，平台为买卖双方提供的服务，主要包括竞价排名、点击付费及展位推广服务。竞价排名是信息服务平台最为成熟的增值服务。

该模式的代表企业有阿里巴巴国际站、生意宝、环球资源网、焦点科技等。

（2）交易服务平台型跨境电商 B2B 模式。该模式是一种能够实现买卖双方的网上交易和在线电子支付的商业模式，其主要盈利模式包括收取佣金及展示费。佣金是平台在成交后按比例收取的费用，根据不同行业、不同量度，通过真实交易数据可以帮助买家准确地了解卖家状况。展示费是平台对卖家在上传产品时收取的费用，其不区分展位大小，只要展示产品信息便收取费用，卖家可以直接在线上支付展示费用。

该模式的代表企业有敦煌网、大龙网、易唐网等。

2. 出口跨境电商 B2C 模式

出口跨境电商 B2C 模式，根据经营主体类型可以分为平台开放型出口跨境电商 B2C 模式、平台自营型出口跨境电商 B2C 模式和混合型出口跨境电商 B2C 模式。

（1）平台开放型出口跨境电商 B2C 模式。在该模式下，平台开放的内容涉及出口电商的各个环节，除了开放买家和卖家的数据外，还开放产品、店铺、交易、物流、评价、仓储、营销推广等各个环节和流程的业务，实现应用和平台系统化对接，并围绕平台建立自身开发者生态系统。

平台更多地作为管理运营平台商存在，通过整合平台服务资源并共享数据，为买卖双方提供服务。

该模式的代表企业有速卖通、易贝、Wish 等。

（2）平台自营型出口跨境电商 B2C 模式。在该模式下，平台对其经营的产品进行统一生产或采购、展示、在线交易，并通过物流配送将产品投放到最终消费者手中。

自营型平台通过量身定做符合自我品牌诉求和消费者需求的采购标准，来引入、管理和销售各类品牌的产品，并以境外优质品牌为支撑点凸显自身品牌的可靠性。自营型平台对产品引入、分类、展示、交易、物流配送、售后保障等整个交易流程的各个重点环节的管理均发力布局，通过互联网 IT 系统、大型仓储物流体系实现对全交易流程的实时管理。

该模式的代表企业有环球易购、兰亭集势等。

（3）混合型出口跨境电商 B2C 模式。该模式是平台开放型出口跨境电商 B2C 模式和平台自营型出口跨境电商 B2C 模式的结合，平台除了自营业务外，也对第三方卖家开放，即它不仅采用自营模式对经营的产品进行统一生产或采购、展示、在线交易，并通过物流配送将产品投放到最终消费者手中，而且欢迎其他卖家入驻该平台，并由平台通过整合资源为卖家提供服务。该模式融合了开放型平台和自营型平台两种模式，平台既是自营商，也是管理运营商。

该模式的代表企业有亚马逊等。

我国出口跨境电商的主要模式如表 1.1 所示。

表 1.1　我国出口跨境电商的主要模式

商业模式	平台分类	模式关键词	代表企业
B2B 模式	信息服务平台	交易撮合服务、会员服务、增值服务、竞价排名、点击付费、展位推广	阿里巴巴国际站、生意宝、环球资源网、焦点科技
	交易服务平台	佣金制、展示费、按效果付费、交易数据、线上支付、佣金比例	敦煌网、大龙网、易唐网
B2C 模式	开放型平台	开放平台、生态系统、数据共享、平台对接、仓储物流、营销推广	速卖通、易贝、Wish
	自营型平台	统一采购、在线交易、品牌化、物流配送、全流程、售后保障	环球易购、兰亭集势
	混合型平台	开放型平台的特征+自营型平台的特征	亚马逊

五、进口跨境电商的模式分类

跨境电商行业的发展如火如荼，考拉海购、天猫国际、苏宁国际、洋码头等一大批进口跨境电商企业快速崛起。进口跨境电商按照不同的标准，可以划分为不同的模式。

（一）按照货物是否进入保税区进行划分

按照货物是否进入保税区，进口跨境电商可分为直购进口模式和保税进口模式。

1. 直购进口模式

在直购进口模式下，符合条件的进口跨境电商平台与海关联网，境内消费者在跨境网购后，电子订单、支付凭证、物流运单等就被适时地传输给海关部门，商品通过海关跨境电商专门监管场所入境，消费者按照个人邮递物品纳税。与传统的“海淘”模式相比，直购进口模式更加符合海关的监管政策，清关操作更为阳光，消费信息也更加透明，商品来源可以追溯，相关服务比较有保障。

2. 保税进口模式

在保税进口模式下，相关经营主体将国外商品整批地运至国内海关监管场所——保税区。境内消费者在平台上下单后，商品从保税区直接发出，在海关、商检等部门的监管下实现快速通关，一般几天内就能配送至消费者手中。保税进口模式借助了保税区特色监管的政策优势，采取“整批入区、B2C 邮快件缴纳行邮税出区”的方式，大大降低了电商企业进口商品的价格。同时，从国内发货的形式也大大缩短了消费者从下单到收货的时间，极大提升了消费者的购物体验。如考拉海购的保税仓配送流程是国外供货商通过海运或空运的形式将货物运输到中国港口或机场，由国检、商检部门进行国检、商检，在转关后将货物囤放到保税区；当消费者在进口跨境电商平台上下单后，货物完成清关程序，并由国内物流企业提供配送服务，将货物送到消费者手中。

直购进口模式和保税进口模式的对比如表 1.2 所示。

表 1.2　直购进口模式和保税进口模式的对比

对比项目	直购进口模式	保税进口模式
海关监管	电子订单、支付凭证、物流运单实时传输，实现阳光化清关	货物存放在海关监管场所，可以实现快速通关
商品种类	商品丰富多样，消费者可以直接购买全球的线上商品，可以与海外商家直接沟通	可供选择的商品范围有限
商品价格的构成	商品标价+物流费用+行邮税	商品标价+行邮税
发货地点	境外	保税港、保税区
物流速度	物流速度较慢，收货时间稍长，7～10 天	物流速度较快，收货时间较短，5 天以内

视野拓展

行邮税

行邮税是行李和邮递物品进口税的简称，是海关对个人携带、邮递进境的物品关税、进口环节增值税和消费税合并征收的进口税。由于其中包含进口环节的增值税和消费税，故也为对个人非贸易性入境物品征收的进口关税和进口工商税收的总称。行邮税的课税对象包括入境旅客、运输工具，服务人员携带的应税行李物品、个人邮递物品、馈赠物品以及以其他方式入境的个人物品等。适用于 13%一档的物品包括书报、食品、金银、家具、玩具和药品，适用于 20%一档的物品包括运动用品（不含高尔夫球及球具）、钓鱼用品、纺织品及其制成品，适用于 50%一档的物品包括烟、酒、贵重首饰及珠宝玉石、高档手表、高档化妆品。

（二）按照交互主体类型进行划分

进口跨境电商按照交互主体类型，可以分为 B2B 模式、B2C 模式和 C2C 模式。

1. B2B 模式

B2B 模式下的交易是企业对企业，主要参与者为工厂和外贸公司，是由境内的工厂和外贸公司通过平台与境外的工厂或外贸公司达成商品买入交易。从成交量来看，该模式在进口跨境电商中居于主导地位。

该模式的代表企业有海带网等。

2. B2C 模式

B2C 模式下的交易是企业对消费者个人。跨境进口 B2C 平台既可以自营，也可以招海外商家入驻。跨境进口 B2C 平台邀请境外生产厂商入驻后，会将接收到的消费者订单信息直接发给境外生产厂商，后者则按照订单信息以零售的形式向消费者发送货物。平台仅仅作为境外生产厂商与境内终端消费者之间的桥梁。该模式的特点是生产厂商直接面对消费者，不存在中间商，销售成本降低，保障了商品品质和售后服务质量，可最大限度地让利于消费者。一般而言，该类平台上销售的海外商品是通过保税进口或海外直邮方式进入中国市场的。

该模式的代表企业有苏宁国际、京东海囤全球、考拉海购、天猫国际等。

3. C2C 模式

C2C 模式实行的是海外买手制，是个人代购的规模化和平台化。海外买手（个人代购）入驻进口跨境电商C2C平台开店,并通过建立自己的个人信任机制和格调吸引同类人群的关注和下单购买。

该模式的代表企业有淘宝全球购、淘世界、洋码头等。

（三）按照经营主体类型进行划分

进口跨境电商按照经营主体类型，可以分为平台开放型进口跨境电商模式、平台自营型进口跨境电商模式和混合型进口跨境电商模式（平台开放型+平台自营型）。

1. 平台开放型进口跨境电商模式

在平台开放型进口跨境电商模式下，平台面向海外品牌、优质经销商、大型连锁超市等海外公司实体进行招商，由海外公司实体入驻平台，并由后者提供各类服务。如海外公司实体可以将货物批量运至与平台合作的保税仓,并在消费者下单后由平台及其供应链服务企业提供各类服务，也可以通过直邮的方式将货物邮递或快递给消费者。

该模式的代表企业有成立初期的天猫国际等。

2. 平台自营型进口跨境电商模式

在平台自营型进口跨境电商模式下，平台采取自营直采方式，通过与海外品牌、优质经销商、大型连锁超市等建立密切的合作关系，所有商品均由经验丰富的专业团队赴海外进行严选，并对所有供应商资质进行严格审核，从源头上把控商品品质。与上一种模式相比，该模式增加了境内消费者对商品的信任度。平台自营型进口跨境电商模式又分为综合型自营和垂直型自营两类。与综合型自营跨境电商平台经营全品类商品的范畴相比，垂直型自营跨境电商平台在选择自营品类时会集中于某个特定的领域，如食品、化妆品、服饰等。

该模式的代表企业有畅购天下、中粮我买网（食品类）等。

3. 混合型进口跨境电商模式

在混合型进口跨境电商模式下，平台与海外品牌、优质经销商、大型连锁超市等海外商家的合作更为自由，包括平台开放模式和平台自营模式。平台开放模式是平台向海外商家开放，通过招商形式引导海外公司入驻平台,并由平台及其合作的供应链服务企业为海外公司提供各类服务。平台自营模式是平台通过成立采购部门直接从海外采购商品，然后在平台上进行销售，由保税区内的专业服务商提供支持，平台可以获取商品买卖差价的利润。

该模式的代表企业有考拉海购、苏宁国际、京东海囤全球等。

第二节　我国跨境电商行业概况

一、我国跨境电商行业的发展特征

近年来，我国跨境电商行业呈现出良好的发展格局，主要具有如下四个方面的特征。

1. 跨境电商市场交易规模持续快速增长

2008年美国次贷危机演变为国际金融危机后，实体经济遭受重创，当时的国际贸易形势十分严峻。在此背景下，很多企业与商家开始致力于减少流通环节，降低流通成本，缩短和国外消费者的距离，以开拓国际市场和提升盈利水平，而跨境电商模式正好为其提供了可行的渠道。在外贸形势严峻的情况下，跨境电商交易规模持续快速增长。网经社电子商务研究中心数据显示，2021年中国跨境电商市场规模达14.2万亿元，较2020年的12.5万亿元同比增长13.6%。跨境电商成为外贸稳增长的重要力量。2021 年中国跨境电商交易额占货物贸易进出口总额 39.1 万亿元的 36.32%。

2. 出口跨境电商 B2B 模式占据了主流地位

出口跨境电商与进口跨境电商相比在规模上占据绝对优势，在进出口结构方面，2022 年上半年中国跨境电商出口占比达到 77.47%，进口占比为 22.53%。跨境电商进出口结构总体相对稳定，但随着进口市场的不断扩大，进口占比也将不断提升。B2B 模式占据出口跨境电商的主流地位，不过 B2C 模式的占比正在提升。数据显示，2022 年上半年中国跨境电商的交易模式中跨境电商 B2B 交易占比达 76%。与此同时，随着国外消费者订单呈现出量小、单多、多样性等碎片化特征，大量中小卖家通过易贝、亚马逊、速卖通等平台向国外消费者销售具有价格优势的中国制造产品，出口跨境电商 B2C 模式也逐渐兴起，2022 年上半年跨境电商 B2C 交易占比达 24%。

3. 发达国家是跨境电商出口主要目的地

从出口的国家与地区分布来看，具有相对完善的基础设施和成熟网络购物环境的发达国家依然是中国跨境电商出口的主要目的地，然而近年来俄罗斯、巴西、印度、东南亚等新兴市场蓬勃发展，已经成为中国出口跨境电商发展的重要增长点。网经社电子商务研究中心数据显示，2021 年中国出口跨境电商主要出口国家和地区的排名情况为美国、英国、马来西亚、法国、德国、日本。近年来，我国跨境电商出口占比最大的国家为美国，占我国跨境电商出口总量的 15%～20%。美国线上成交规模也仅次于中国，位列第二，线上渗透率达 21%。境外买家从中国进口的产品品类主要是 3C 数码产品、服装服饰、家居园艺品、户外用品、鞋帽箱包、母婴玩具、汽车配件等。

4. 跨境电商企业分布呈现区域集聚特征

传统的外贸大省也是跨境电商比较发达的区域。企查查数据显示，截至 2022 年底，我国现存与跨境电商相关的企业 1.47 万家。近五年来，我国与跨境电商相关的企业注册量逐年上升。2021 年新增 1.09 万家，同比增长 72.2%。从区域分布来看，出口跨境电商卖家主要集中在广东、浙江、山东、江苏、上海等传统外贸发达地区，这也意味着外贸企业电商化是跨境电商卖家的主要来源。

二、我国跨境电商行业的发展趋势

在经济全球化的发展趋势下，当今社会也同时进入了“互联网+商业”和“技术+商业”时代，跨境电商是在经济全球化背景下互联网等技术与国际贸易相互融合的产物。时移世易，跨境电商领域的从业者要与时俱进、更新认知，把握跨境电商行业发展呈现出的以下八大趋势。

微视频
现代商业发展的十大趋势

1. 跨境电商仍将保持快速发展的势头

市场体量越大，则越容易为产品生产者提供变现的客观环境。庞大的市场有利于孕育出大型企业，也有利于提高区域与国家的竞争力。一方面，随着信息、产品、服务、资本、人口的自由流动越来越通畅，更有广度和深度的全球市场的形成已成为必然，利用国内外不同资源、不同市场，进行国际化与全球化的经营是企业追求卓越发展的必然选择，因此，跨境电商发展势头仍将十分强劲；另一方面，随着互联网等技术的发展，产品在国内市场上的价格越来越透明，产品的买卖价差也越来越小，导致在国内市场上进行产品买卖的企业难以获得满意的收益，因此，更多的生产商、贸易商为了避开国内市场的激烈竞争，通过跨境电商模式在全球范围内拓展市场成为其持续盈利的可行性选择。这样的结果是跨境电商卖家数量大幅增加，产品品类更加丰富，销售市场也更加多元化，跨境电商行业仍将继续保持快速发展的势头。

2. 跨境电商对产品品质要求越来越高

要想在买卖双方相互信任的基础上构建整个跨境电商信任的基石，需要做到两点。其一，鼓励生产企业发挥工匠精神，提供优质产品。跨境电商的长期持续健康发展必须以生产者提供的高质量与高品质产品为前提。产品的质量、品质决定了生产者能否将其在国际市场上予以变现。其二，要进行信用体系建设，并通过打假等形式，防止产品以假乱真，破坏跨境电商的贸易环境，影响供需市场的健康运行。

3. 跨境企业竞争转变到品牌出海赛道

品牌出海已经成为跨境电商行业发展的战略趋势，企业和政府日趋重视。在越来越多企业选择以跨境电商方式拓展市场导致市场竞争日趋激烈、境外消费者购买力萎缩导致购买行为趋于理性、跨境电商平台注重品牌产品导致严打抄袭伪劣产品的多重背景下，跨境电商企业核心竞争力的塑造模式也开始发生转变，即由传统的低价竞争、模仿跟风、铺货模式等转变到品牌出海这个赛道上来，跨境电商企业越来越致力于为消费者提供具有自主知识产权、性价比高的品牌产品。

思考与讨论

直播技术对跨境电商行业具有什么作用？

4. 新技术对跨境电商发展起显著作用

跨境电商是新一代互联网技术在贸易领域的具体应用，具备“互联网+外贸”相互融合的典型特征。在创新驱动的全球大环境下，大数据、云计算、智慧物流、移动支付、机器人、虚拟现实、人工智能、5G 等新设施的建设、新技术的研发和新工具的创造使跨境电商新业态培育和快速发展成为可能。例如，阿里巴巴就把大数据、云计算作为未来的核心战略之一。

案例与思考

柔性供应链赋能跨境电商企业快速增长

（据新华网 2022-07-13 报道）一家叫 SHEIN（希音）的中国跨境电商企业近几年风靡欧美。2021 年 5 月，SHEIN 超越亚马逊，登顶美国购物类 App 榜单；2021 年，SHEIN 营收规模突破 1000 亿元人民币，而在 2016 年，这个数字还只是 10 亿元人民币。

许多海外用户表示，自己被 SHEIN 吸引的最大原因，就是其服装上新快、款式多、价格低。SHEIN 的上新速度有多快呢？不妨跟国际快时尚巨头做个对比：一件衣服从设计、打版，到生产、上架，优衣库平均要用半年，SHEIN 只需要 7 天。SHEIN 一周就可以上新 1 万件衣服。这在传统服装企业看来是不可想象的。如此高强度的上新速度，不怕被库存压垮吗？SHEIN 的方法是以“小单快返”的方式，打造柔性供应链，即先推出小批量产品，根据市场的反馈情况，再决定是否补货量产。这种模式的难点在于，一边是琐碎的订单，一边是碎片化的工厂产能，如何把二者高效统筹起来？SHEIN 设计了一套 ERP（企业资源计划）系统，接入所有供应商，系统可以根据后台销售量和库存数据，自动给各供应商下单，包括要订多少面料辅料、送到哪家工厂、生产多少件什么码数的产品，都由算法自动处理。比起过去用表格、邮件来处理和跟进订单，供应商的效率大幅提升，也降低了出错率和成本。

启发思考：

（1）跨境电商企业 SHEIN 的营收为什么能快速增长？（2）如何看待我国制造企业的数字化转型浪潮？

5. 跨境电商 B2B 模式仍将占据业界主流

尽管跨境电商 B2C 业务发展非常快，但是目前 B2B 业务仍然占据整个跨境电商市场的主要份额。跨境电商 B2C 业务存在商品的碎片化和贸易主体的碎片化特征，容易产生业务主体的通关难、退税难、结汇难的问题，也容易带来物流时间长、用户体验差，以及相应的监管难等问题。与之形成鲜明对比的是，跨境电商 B2B 出口业务首先可以克服 B2C 模式对境外进口商、贸易商、零售商利益的直接冲击，以及对对方国家税收利益的侵犯，从而减轻国外政府和相关企业对我国商品出口的排斥，还可以克服 B2C 业务碎片化特征引起的海关监管工作量大、成本高和速度慢的问题。因此，跨境电商行业的规范、持续、长远、健康发展将更多依赖于交易量大的 B2B 业务，跨境电商 B2B 模式仍是促进我国跨境电商行业健康发展的主流模式。

6. 独立站建设日益受到企业重视

境外大型第三方跨境平台对跨境电商卖家掀起的账号封号事件，使得大量跨境电商卖家产生了危机感，由此建立属于自身的独立站成为跨境电商企业应对封号等风险的现实选择。独立站的建设和运营备受企业重视。第三方平台上的大型企业卖家可以开展“引流+供应链”双轮驱动独立站运营模式，即以引流为牵引，通过搜索引擎、社交媒体、电子邮件、短视频、网络红人等多种途径，将消费者引流至独立站；以供应链建设为支撑，通过打造产品矩阵和跨境物流服务矩阵，打造集多形态产品展示、询盘交易、售后服务、支付结算等优质服务的客户友好型独立站，来提高消费流量的转化率和复购率。

7. 跨境电商服务将朝综合化方向演进

服务体系的建设是影响跨境电商行业健康发展的核心要素。随着跨境电商行业的快速发展，传统外贸企业电商化、境内电商企业外贸化，以及外销型供货商也开始通过电商模式拓展全球市场，从而加剧了该行业跨境电商服务的需求与供给之间的矛盾。跨境电商在运行过程中涉及一系列产品和相关服务的提供，如出口跨境电商行业的发展离不开各类服务机构共同将“中国制造”输送到境外市场，这就需要构建由物流服务、仓储服务、通关服务、支付服务、退税服务、营销服务、信息服务、法律服务等构成的出口跨境电商服务体系。无论是新成立正在谋求生存的跨境电商企业，还是已成立正在追求成长的跨境电商企业，有限的人力、物力和财力决定了它们理性的选择是专注于订单获取、客户维护、店铺运营等核心业务，而将非关键环节和不擅长的服务业务外包出去，由此大量的服务外包机会得以在跨境电商领域产生。跨境电商行业的快速发展亟需跨境电商服务企业向综合服务商演变，并能提供营销、通关、商检、物流、仓储、支付、融资等一站式服务。

案例与思考

国贸数字公司“麒麟计划”赋能中国制造品牌出海

跨境电商已经成为我国众多制造企业拓展海外市场的选择。然而一些企业在尝试开展跨境电商业务时普遍面临着经营、管理、销售等多个方面的能力短板，从而催生了对各类跨境电商优质服务的需求。为顺应跨境电商需求服务激增，以及服务综合化演变趋势，浙江国贸数字科技有限公司于 2018 年应运而生。该公司通过推出“麒麟计划”，全面整合第三方平台、物流、仓储、支付、培训、融资、创投、营销、孵化、数据、展会、客服和咨询等国内外跨境电商服务资源，构建了“麒麟云”线上云服务平台与线下数十家“麒麟阁”孵化园区相结合的跨境电商服务模式，并通过打造全球开店服务体系、主体培育体系、供应链支撑体系、品牌推广体系、人才支撑体系、运营合规体系等六大服务体系，为我国企业开展跨境电商出口业务提供一站式全流程的服务。

“麒麟云”线上云服务平台是公司线上业务的主要载体，针对企业开展跨境电商业务面临的人才、产品、资金、营销、平台运营等方面存在的短板问题，围绕客户对海外销货等现实需求，通过智能匹配方式，为企业提供全球开店、团队孵化、物流仓储、支付结汇、海外推广、涉外商务、人才培育等类型的跨境电商服务。“麒麟阁”孵化园区作为公司线下业务的主要载体，一般是在地方政府支持下，以建设区域性跨境电商孵化园为依托，为当地引入发展跨境电商所需的各类服务资源，通过打造区域跨境电商公共服务中心等方式，持续完善当地的跨境电商公共服务体系。具体而言，该公司六大服务体系的内容主要涵盖：① 为跨境电商孵化学员提供方便快捷的以全球一键开店服务为核心的全球开店服务体系；② 以开设亚马逊、速卖通等跨境电商平台实操课程培训和提供灵活办公的创业场地等为特征的主体培育体系；③ 面向跨境电商创业者提供货源的供应链支撑体系；④ 面向跨境电商企业搜索引擎营销、社交媒体营销、短视频营销、网红营销等需求的品牌推广体系；⑤ 通过与众多高校开展专业共建、师资培训、实习实训、就业服务等校企合作培养和输送人才的人才支撑体系；⑥ 服务于跨境电商企业税务合规、产品合规、物流合规、数据合规等需求的运营合规体系。

启发思考：

（1）制造企业开展跨境电商业务可能遇到什么难题？（2）跨境电商综合服务商为什么能够更好地助力制造企业开展跨境电商业务？

8. 跨境电商将受到更严格的政府监管

随着跨境电商的快速发展及其在产业全球化分工和资源全球化配置中扮演的角色越来越重要，跨境电商业务开展过程中的一系列安全问题也凸显出来，主要包括产品质量安全风险明显提升、交易双方通过跨境电商买卖违禁物品、知识产权侵权问题突出、跨境问题产品有效召回不容易落实、跨境消费者权益受损时维权难度大、偷税漏税行为造成政府税收损失、跨境资金的非法流动加大金融安全风险，以及跨境电商交易中遭遇的信息泄露和黑客攻击等。能否有效防控跨境电商领域出现的安全问题直接决定跨境电商行业能否持续健康发展，因此，跨境电商的参与主体及其交易过程都将受到来自商务部、海关总署、中国人民银行等政府部门更为严格的监管。跨境电商涉及的检验检疫、海关、卫生、外汇、财税等政府管理部门须充分考虑跨境电商交易中展现出的主体多样性、地域广泛性、交易过程复杂性等特点，通过监管模式的完善、监管技术的创新、监管流程的优化等，加强对跨境电商交易全过程的监管，进而推动跨境电商交易安全体系的建设。

第三节　跨境电商的理论基础

跨境电商是在经济全球化背景下，随着互联网技术的快速发展，由国际贸易与电子商务相结合而形成的产物。在跨境电商模式下，商品的买卖双方可借助跨境电商平台及第三方服务商实现交易的全过程。因此，跨境电商具有自身的理论基础，并涉及一系列的国际贸易理论，以及交易成本理论、双边市场理论、供应链管理理论等若干流派的理论。

思考与讨论

古典国际贸易理论是否适合指导当今的国际贸易活动？

一、跨境电商的贸易理论基础

以生产要素能不能在国际间自由流动为前提，国际贸易理论研究国际贸易产生的原因、利益分配和贸易模式等问题。国际贸易理论的发展大致经历了从古典国际贸易理论到新古典国际贸易理论和现代国际贸易理论的过程。

（一）主要的古典国际贸易理论

1. 重商主义的贸易思想

最早对国际贸易提出较为系统的理论解释和政策主张的是重商主义学派。在重商主义学派看来，只有货币和金银才是真正的财富。国内贸易是由一部分人支付货币给另一部分人，从而使一部分人获利，另一部分人利益受损，国内贸易的结果只是社会财富在国内不同集团之间的再分配，整个社会财富总量并没有增加，而对外贸易可以改变一国的货币总量。一国可以通过出口本国产品从国外获取货币从而使得国家财富增加，也会由于进口外国产品造成货币输出从而使国家财富减少。因此，重商主义对国际贸易的研究主要集中在如何鼓励产品出口、限制产品进口，以增加货币的流入，从而增加本国的社会财富。

2. 绝对优势理论

英国古典经济学家亚当·斯密1776年在《国富论》一书中系统地批判了重商主义的观点，第一次提出绝对优势理论。该理论认为，劳动分工可以大大提高劳动生产率，每个人专门从事其具有优势的产品生产，然后彼此进行交换，对每个人都是有利的。作为最高形式的分工，国际分工也能够使贸易双方都得到利益。在一定的假设前提下，亚当·斯密证明了如果每个国家都按照其绝对有利的生产条件去进行专业化生产，然后彼此进行交换，会使得各国的生产要素得到最有效的利用，从而增加各国的物质财富。亚当·斯密认为，国际分工的基础是有利的自然禀赋或后天有利的条件，这样的基础可以使一个国家生产某种产品的成本绝对低，在国际交换中较其他国家处于优势地位。

3. 比较优势理论

英国古典经济学家大卫·李嘉图 1817 年在《政治经济学及赋税原理》一书中继承和发展了亚当·斯密的绝对优势理论，并进一步提出了比较优势理论。比较优势理论认为，即便一个国家在两种产品的生产方面均处于绝对优势，另一个国家在两种产品的生产方面均处于绝对劣势，但只要两个国家之间存在劳动生产率的相对差异，就会出现生产成本和产品价格的相对差异，从而使得两国在不同的产品生产上具有比较优势，因而互利的国际分工和国际贸易就成为可能。

案例与思考

“中国制造”应及早推进产业升级

（据证券时报网 2022-05-09 报道）中国经济在高速发展 40 年后，我们曾经引以为傲的成本优势已逐渐减小。低端的劳动密集型产业向越南等东南亚国家转移看起来难以避免。土地和劳动力价格优势，再加上关税优势，不仅让跨国公司把产能转移到东南亚，连为数不少的中国企业也无法抗拒“诱惑”，加大了在东南亚的布局力度。但低端产业的转移，对中国企业来说并不意味着末日，没能及早推进产业升级才是。

中国制造要应对东南亚国家的竞争，唯一能做的就是加大研发投入，尽早进行产业升级，避免陷入成本竞争的泥潭。前有耐克、ZARA 等国际巨头把产能转移至亚洲国家后却依然占据着产业链顶端，依靠设计和营销等获得大部分利润；后有韩国的电子信息产业依靠政府的产业政策，以及大量的研发投入，得以在全球竞争中占据一席之地。在国内，传统燃油车时代没能实现弯道超车的中国车企，凭借电池、电机和电控“三电”优势，在新能源汽车时代已开始在全球市场崭露头角。

东南亚多个国家的历史经验告诉我们，对外贸易的高速发展，会带来短期的经济发展、外汇储备的增加、居民收入的提高，却并不意味着长期的繁荣稳定发展。只有及早推进产业升级，才能保持长久的全球竞争力。

启发思考：

（1）如何看待低端的劳动密集型产业由中国向越南等东南亚国家转移？（2）如何增强中国制造业的国际竞争力？

（二）主要的新古典国际贸易理论

1. 要素禀赋理论

1919 年，瑞典经济学家埃利·赫克歇尔提出了要素禀赋理论的基本观点，指出产生比较优势差异必备的两个条件：一是两国间的要素丰裕度不同，二是产品生产的要素密集度不同。1930 年，这一论点被他的学生俄林所充实论证，因此，该理论又称为赫克歇尔-俄林理论。要素禀赋理论认为，每个国家都在那些大量使用它相对丰裕和便宜的要素，较少地使用它相对缺乏和昂贵的要素的产品生产上有比较优势。那么，一个国家出口的应该是该国相对丰裕和便宜的要素密集型产品，进口的应该是该国相对缺乏和昂贵的要素密集型产品，即国际贸易的流向一般是劳动要素丰裕的国家应集中生产劳动密集型产品，出口到劳动要素缺乏的国家；资本要素丰裕的国家应集中生产资本密集型产品，出口到资本要素缺乏的国家。

2. 里昂惕夫悖论

要素禀赋理论创立后，很快被西方经济学界普遍接受。根据这一理论，美国是一个资本丰裕而劳动力相对稀缺的国家，其对外贸易结构应该是出口资本、技术密集型产品，进口劳动密集型产品。20 世纪 50 年代初，美籍苏联经济学家里昂惕夫对要素禀赋理论进行了实证检验，发现美国进口更多的是资本密集型产品，出口更多的则是劳动密集型产品，与要素禀赋理论的结论完全相反，这就是里昂惕夫之谜或里昂惕夫悖论。

思考与讨论

你如何看待“一带一路”倡议下我国企业的贸易机会？

（三）主要的现代国际贸易理论

1. 规模经济贸易理论

20 世纪 60 年代以来，发达国家间的贸易和产业内贸易盛行，这种现象可以由生产的规模经济来解释。规模经济包括企业数量增多和行业规模增大带来的外部规模经济，以及个体企业规模增大带来的内部规模经济。一国的专业化生产可以实现规模经济，降低生产成本。各国企业生产规模不同带来的生产成本的差异成为国际贸易的基础。

2. 需求相似理论

瑞典经济学家林德是从需求方面研究国际贸易起因的，他认为两国之间贸易关系的密切程度是由两国的需求结构与收入水平决定的。林德指出，工业制成品生产的初期是为了满足国内需求，之后才逐渐推向国际市场的。由于产品是为满足国内需求而生产的，所以产品会被较多地出口到那些需求相似的国家，国家间的需求越相似，其贸易量就越大。由于影响需求的最主要因素是人均收入，因此人均收入越接近的国家之间需求越接近，贸易往来也就越密切。由于发达国家人均收入水平较高，它们之间的需求更加相似，因此工业制成品贸易主要发生在收入水平接近的发达国家之间。

3. 技术差距理论

美国经济学家波斯纳提出了技术差距理论，他认为技术的研究和发展在国际贸易格局和产品比较优势中起决定性作用。由于各国的技术水平不一致，所以当技术领先的国家发明出新产品或新的生产方法，而其他国家尚未完全掌握时，就会产生国家间的技术差距。然而由于技术扩散，其他国家迟早也会掌握这一技术，从而消除技术差距。在技术创新国的新产品问世到其他国家能够完全模仿的时期，因技术创新国在国际市场上暂时处于垄断地位，故该产品具有出口优势。因此，技术差距理论认为新技术引起的技术差距是产生国际贸易的原因，并决定了国际贸易的流向。

4. 产品生命周期理论

美国经济学家弗农对技术差距理论进行了拓展，提出了产品生命周期理论。该理论认为产品具有生命周期，分为新产品阶段、成熟阶段和标准化阶段。在新产品阶段，技术领先的创新国率先开发出某种新产品，并垄断该产品的生产，满足国内外消费者的需求；在成熟阶段，成熟的技术随着产品的出口转移到其他国家，一些资本和熟练工人丰裕的产品进口国能够迅速模仿并掌握该技术，进而开始在本国生产该产品并逐渐取代创新国成为主要的出口国；在标准化阶段，该技术已经在世界范围内扩散，甚至已经被应用到机器或生产装配线中了，任何国家只要购买这些机器或生产装配线就意味着购买了该技术，该技术逐渐失去了重要性，而此时劳动成本成为决定该产品是否具有比较优势的主要因素，具有劳动资源优势的发展中国家成为该产品的主要生产国和出口国。

二、跨境电商的管理理论基础

思考与讨论

跨境电商模式有助于降低跨境交易成本吗？为什么？

1. 交易成本理论

科斯 1937 年在《企业的性质》一文中首次提出了交易成本的概念，威廉姆森在其后则系统研究了交易成本理论。交易成本泛指所有为促成交易发生而产生的成本。威廉姆森对交易成本进行了分类：一是搜寻成本，即对产品信息与交易对象信息进行搜集的成本；二是信息成本，即为取得交易对象信息与和交易对象进行信息交换所需的成本；三是议价成本，即针对契约、价格、品质讨价还价的成本；四是决策成本，即进行相关决策与签订契约所需的内部成本；五是监督成本，即监督交易对象是否依照契约内容进行交易的成本，例如追踪产品、监督、验货等；六是违约成本，即违约时所需付出的事后成本。

该理论认为，企业和市场是两种可以相互替代的资源配置机制。由于存在有限理性、机会主义、不确定性与复杂性、信息不对称、交易次数少、不信任等原因，市场交易成本变得高昂。为节约市场交易成本，企业作为代替市场的资源配置形式应运而生。交易成本的存在决定了企业的存在，企业采取不同的组织方式，其最终目的是节约交易成本。当市场交易成本与企业内部协调成本相等时，企业这种资源配置形式就无利可图，此时就达到了企业规模扩张的界限。

2. 双边市场理论

随着互联网、大数据、云计算、移动互联网等技术在商业领域的广泛应用，电商交易平台、媒体平台、支付平台、借贷服务平台、教育平台等逐渐兴起，平台经济正成为一种具有影响力的新经济业态，构成了数字经济的重要组成部分，同时以跨境电商平台为核心的跨境电商行业也构成了数字贸易的重要组成部分。

由于平台经济以双边市场为载体，而双边市场则以"平台企业"为核心，因此，双边市场理论已经成为研究平台经济和网络经济的重要理论。罗歇和梯若尔在 2003 年正式提出双边市场这个概念。双边市场包括平台企业、买方和卖方三个主要参与主体，平台企业同时向双边用户销售具有相互依赖性和互补性的产品或服务，从而将买方和卖方这两类双边用户吸引到市场上来，并促使买卖双方在市场上达成交易，进而收取一定的费用。

微视频

电商平台企业维系增长的六招式

双边市场具有以下两个主要的特征。

（1）独特的定价结构。平台企业向买方索取的价格为 P_b，向卖方索取的价格为 P_s，当平台向买卖双方索取的价格总水平 $P=P_b+P_s$，且保持不变时，如果任意一方价格的变化都会对平台的总交易量产生直接的影响，那么这个平台形成的市场就被称为双边市场；如果交易平台实现的交易量只与价格总水平有关，而与价格结构无关，那么这个平台形成的市场就是单边市场。由此可见，平台企业需要将索取的总价在买方和卖方之间进行分配，而不应像单边市场那样遵循边际成本定价法则。平台企业甚至可以对买卖双方其中的一方索取零或负数的价格，典型的如对其中一方免费或给予补贴，以实现自身利益的最大化，从而表现为价格的不对称性。

微视频

"专注精神"和"服务外包理念"赋能小米公司快速成长

（2）网络外部性。网络外部性指的是某种产品或服务的价值与该种产品或服务的消费规模正相关。在双边市场中，网络外部性可以被认为是一方用户的数量会影响另一方用户的数量和交易量。网络外部性具有正反馈效应；越来越多的买方被吸引到平台中来，就会吸引越来越多的卖方参与；越来越多的卖方也会吸引越来越多的买方参与到平台中来。

视野拓展

数字贸易

数字贸易是指以现代信息网络为载体，通过信息通信技术的有效使用，实现传统实体货物、数字产品与服务、数字化知识与信息的高效交换，进而推动消费互联网向产业互联网转型，并最终实现制造业智能化的新型贸易活动，是传统贸易在数字经济时代的拓展与延伸。数字贸易的交易标的主要包括三类。第一，在电子商务、跨境电商平台上交易的传统实体货物，现阶段主要以电子产品、服装鞋帽、生活日用、健康美容、儿童玩具等类别的产品为主。第二，数字产品与服务。数字产品包括软件、视频、音乐、游戏等通过数字编码方式传播，独立于物理载体的产品；数字服务包括信号、文字、图像等信息的传输服务，视听内容的广播服务，电子化网络实现的服务等。第三，数字化知识与信息，对应于传统贸易中的生产要素，主要是指数字经济时代的关键性生产要素——数据。

3. 供应链管理理论

自从20世纪80年代迈克尔·波特创立了竞争战略理论以来，学者们便开始从竞争战略的角度来论述供应链管理、业务外包、战略联盟等企业行为的机理。随着社会分工的进一步细化，企业竞争优势越来越取决于整个供应链的竞争优势，而不是单个企业的竞争优势。供应链管理得到了更多的应用和关注。供应链是围绕核心企业，通过对信息流、物流、资金流的控制，从采购原材料开始，制成中间产品以及最终产品，最后由销售网络把产品送到消费者手中的全过程。由于企业的资源是有限的，企业要在各个行业和领域都获得竞争优势是十分困难的，因此它必须将资源集中在某个自己所擅长的领域，即核心业务上。在供应链管理中，一个重要的理念就是基于核心竞争力的考量，界定企业的核心业务，并在确定了核心业务之后，再将供应链上的非核心业务外包。业务外包是供应链管理的重要组成部分和实现方式，主要表现在：一方面，供应链管理强调在整个供应链上实现最优的资源配置，这正好构成了业务外包的动因基础，即将非核心业务交给更具有规模、成本和技术优势的供应商，从而提高整个供应链的效率；另一方面，供应链管理强调跨企业的集成管理，通过企业间的合作来实现整个供应链的协调，这正好符合业务外包这种管理方式的本质。

视野拓展

跨境电商服务外包

服务外包是指企业将价值链中原本由自身提供的具有基础性、共性、非核心的IT业务和基于IT的业务流程剥离出来后，外包给企业外部的专业服务提供商来完成的经济活动。从服务内容上看，服务外包主要包括信息技术外包（ITO）、业务流程外包（BPO）、知识流程外包（KPO）三种类型。就跨境电商服务外包而言，它指的是跨境电商企业在开展业务过程中将原本由自身提供的具有基础性、共性、非核心的业务和业务流程剥离出来后，外包给企业外部的专业性跨境电子商务第三方服务商来完成的经济活动，包括跨境电商营销推广服务、跨境电商代运营服务、跨境电商大数据分析咨询服务、跨境支付结算服务、跨境电商仓储服务、跨境电商物流配送服务、跨境电商售后服务、跨境电商人才引育服务、跨境电商软件系统设计研发服务，以及商检、报关、退税、结汇等各类服务的外包。

实训项目

跨境贸易税费查询

一、实训目标

① 学会查询我国企业向不同国家和地区开展跨境电商出口业务的税费；②学会查询其他国家和地区的企业向不同国家和地区开展跨境电商出口业务的税费；③比较位于我国的企业和位于其他国家和地区的企业出口同类产品到不同市场面临的税费异同情况。

二、实训情境

跨境电商等国际贸易实务不可避免地涉及税费问题。我国企业向不同的国家和地区出口不同的产品，面临的关税、增值税等各类税费会有所差异。我国有一家从事"鞋帽制品"生产的企业想尝试通过跨境电商的方式，拓展海外市场，但在选择具体的目标市场前，需要了解产品出口的最新税费。同时该企业想了解泰国某"鞋帽制品"企业出口海外市场的最新税费。

三、实训任务

查询我国企业向表1.3中所列国家出口"鞋帽制品-帽类及其零件"产品的税费信息。

表1.3　中国企业向其他国家出口"鞋帽制品-帽类及其零件"的税费

出口国	进口国	进口海关编码	进口关税及其计价货币	其他税费及其计价货币
中国	德国			
中国	印度			
中国	日本			
中国	美国			
中国	巴西			
中国	南非			
中国	新西兰			
中国	新加坡			
中国	文莱			
中国	土耳其			

查询泰国企业向表1.4所列国家出口"鞋帽制品-帽类及其零件"产品的税费信息。

表1.4　泰国企业向其他国家出口"鞋帽制品-帽类及其零件"的税费

出口国	进口国	进口海关编码	进口关税及其计价货币	其他税费及其计价货币
泰国	德国			
泰国	印度			
泰国	日本			
泰国	美国			
泰国	巴西			
泰国	南非			
泰国	新西兰			
泰国	新加坡			
泰国	文莱			
泰国	土耳其			

四、实训步骤

（1）进入商务部创办的"外贸实务查询服务"官网界面。

（2）在"税费查询"功能模块，选择原产地为"中国"，选择目的地分别为"德国""印度""日本""美国"等，并相应地查询"目的地编码"，选择"鞋帽制品""帽类及其零件"，并选择第一个编码。完成上述步骤后，点击"查询按钮"，查看查询结果，并将查询结果填入表1.3。

（3）在“税费查询”功能模块，选择原产地为“泰国”，选择目的地分别为“德国”“印度”“日本”“美国”等，并相应地查询“目的地编码”，选择“鞋帽制品”“帽类及其零件”，并选择第一个编码。完成上述步骤后，点击“查询按钮”，查看查询结果，并将查询结果填入表 1.4。

（4）比较中国企业和泰国企业出口“鞋帽制品-帽类及其零件”到美国面临的税费情况。

归纳与提高

本章主要介绍了跨境电商的概念，跨境电商与国内电商、传统国际贸易的主要区别，跨境电商的主要参与主体，跨境电商的模式分类；描述了我国跨境电商行业的发展特征；对我国跨境电商行业的发展趋势进行了展望；介绍了跨境电商主要涉及的绝对优势理论、比较优势理论、要素禀赋理论、规模经济贸易理论、技术差距理论、产品生命周期理论等国际贸易理论，以及交易成本理论、双边市场理论和供应链管理理论。

练习题

一、单项选择题

1．经国务院批复，在（　　）首先设立了跨境电商综试区。

A．天津　　B．上海　　C．大连　　D．杭州

2．以下不属于推动跨境电商行业发展涉及的政府部门是（　　）。

A．商务部　　B．中国人民银行　　C．海关总署　　D．中国进出口银行

3．跨境电商与国内电商的区别不包括（　　）。

A．交易主体的差异　　B．业务环节的差异

C．适用规则的差异　　D．商品品质的差异

4．从事跨境电商出口业务的主体，主要来源不包括（　　）。

A．转型从事跨境 B2C（或 B2B2C）业务的传统外贸企业

B．转型做跨境电商的国内电商卖家

C．直接开展跨境电商业务的产品生产企业

D．海外代购者

5．中国（杭州）跨境电商综试区探索出的“六体系”不包括（　　）。

A．信息共享体系　　B．智能物流体系　　C．风险防控体系　　D．园区服务体系

6．平台开放型出口跨境电商 B2C 模式的代表性企业是（　　）。

A．速卖通　　B．阿里巴巴国际站

C．天猫国际　　D．考拉海购

7．以下哪个主体在跨境电商的模式演进中处于核心地位？（　　）

A．跨境电商平台　　B．跨境电商卖家

C．跨境电商物流商　　D．跨境电商产品制造商

8．现代国际贸易理论不包括（　　）。

A．要素禀赋理论　　B．技术差距理论　　C．需求相似理论　　D．产品生命周期理论

9．经济学家里昂惕夫得出了与（　　）相反的研究结论。

A．绝对优势理论　　B．比较优势理论　　C．要素禀赋理论　　D．需求相似理论

10．在双边市场理论中，双边市场的主要参与主体不包括（　　）。

A．平台企业　　B．买方　　C．卖方　　D．政府监管部门

二、多项选择题

1．与国内电商相比，跨境电商出口业务环节更加复杂，大多会涉及（　　）等环节。

A．海关通关　　B．检验检疫　　C．外汇结算　　D．出口退税

2．跨境电商与传统国际贸易的区别包括（　　）。

A．跨境电商交易的多边化　　B．跨境电商交易的去中间化

C．跨境电商交易的高频化　　D．跨境电商交易的数据化

3．跨境电商市场上的参与主体主要包括（　　）。

A．跨境电商卖家　　B．跨境电商平台企业

C．跨境电商物流服务商　　D．跨境电商园区

4．按照交互主体类型划分，跨境电商可分为（　　）。

A．跨境电商 B2B　　B．跨境电商 B2C

C．跨境电商 C2C　　D．跨境电商 C2B

5．以下属于古典国际贸易理论的是（　　）。

A．绝对优势理论　B．比较优势理论　C．要素禀赋理论　D．产品生命周期理论

6．产品生命周期理论认为产品具有生命周期，它可分为哪三个阶段？（　　）

A．新产品阶段　　B．成熟阶段　　C．标准化阶段　　D．应用阶段

7．交易成本理论认为，导致市场交易成本高昂的原因包括（　　）。

A．有限理性　　B．机会主义　　C．不确定性与复杂性　D．信息不对称

三、复习思考题

1．简述跨境电商与传统国际贸易的区别。

2．简述跨境电商与国内电商的区别。

3．简述跨境电商一般出口模式的业务流程。

4．简述跨境电商直购进口模式的业务流程。

5．简述跨境电商保税进口模式的业务流程。

6．简述重商主义的贸易思想。

7．简述亚当·斯密提出的绝对优势理论的主要观点。

8．技术差距理论对跨境电商出口的选品有什么启示意义？

9．产品生命周期理论对跨境电商出口的选品有什么启示意义？

第二章　跨境电商境外市场分析

【知识与技能目标】

了解中国跨境电商境外传统市场；了解中国跨境电商境外新兴市场；能够为企业选择合适的跨境电商市场。

引例

传统外贸公司积极拓展跨境电商新兴市场

宁波慈溪是中国的小家电之都，也是目前宁波跨境电商企业的聚集地。慈溪的跨境电商卖家“阿 joy”以前一直在传统外贸领域发展，做欧洲和美国市场的 OEM（即代工生产）订单，一开始市场效益还是不错的，但是这几年随着传统外贸的不景气，再加上宁波慈溪当地人民政府的倡导，从 2019 年开始他转型做起了跨境电商。在一次速卖通培训会上，他了解到速卖通的核心市场是俄罗斯等新兴市场，所以他组建了团队全力发展俄罗斯市场。为了销售符合当地市场需求的产品，经过深入调研和多次选品，结合市场销售实际，他们最终选择了几个销售量大的热销品，然后全面推广，持续做好客户服务工作，最终在俄罗斯市场建立了良好的口碑。

那么目前中国卖家可选择的跨境电商市场主要有哪些呢？这些市场各自有什么特征呢？本章我们就来讨论这些问题。

对于从事跨境电商进口和出口交易的企业而言，了解国内市场和全球出口市场特征，更好地为客户服务，是企业提升自身市场份额的重要前提。相关数据显示，自 2018 年以后，全球电商排名前五的国家未发生变化，分别是中国、美国、英国、日本和韩国，并预计到 2025 年会一直维持该排名。中国既是全球最大的进口电商消费国，也是全球跨境电商消费者最常购物的商家来源地；英国有四家零售电商平台排名位居欧洲前十；德国是欧洲排名第二的电子商务市场，英、德、法三国占据了欧洲电商市场的三分之二；俄罗斯是最有价值的小语种电商市场；东南亚、中东和南美的电商市场是世界上增速最快的三大市场。本章分别选取了成熟的欧美电商市场、新兴的东南亚电商市场和中东电商市场作为中国典型的跨境电商出口目标市场进行分析。

第一节　跨境电商境外传统市场分析

欧美一直是中国出口贸易成熟的目标市场，同时也是最受中国跨境电商卖家欢迎的海外市场。2020 年，中国发往美国的包裹数量占出口全球包裹数量的 35.2%，英国（6.4%）和法国（5.6%）分列二、三位。本节将对跨境电商欧美市场的特征进行详细分析。

一、美国市场分析

近年来，从规模上看，美国一直是中国跨境电商出口的主要国家之一。美国对跨境电商持开放态度，具有庞大的市场空间和完善的互联网设施，可以预见，未来中美跨境电商规模将会持续稳定增长。另外，美国是个移民大国，拥有近三分之一的拉丁裔和亚裔人口，因此中国卖家在了解美国移民消费者的基础上，有助于自身开拓相关国家的市场。总之，美国市场是一个非常值得关注的跨境电商出口目标市场。

（一）美国电商市场潜力分析

美国是世界第二大电商市场，来自美国商务部的数据显示，美国电商销售额十多年来一直在稳步增长。数据显示，2021 年，美国电商总销售额达到 9601 亿美元，同比增长 18.3%。2022 年美国在线零售额达到 1.09 万亿美元，比 2021 年增长 11%。

节日消费在全美零售中占有非常重要的地位，从 2017 年开始，美国节日的线上消费已经超过线下，其中服饰和配件、玩具、消费类电子品是最受欢迎的类别，因此节日流量不可小觑。表 2.1 所示为美国的主要购物日。

表 2.1　美国的主要购物日

节日名称	总统日	劳动节	万圣节	感恩节	黑色星期五	网购星期一	圣诞节
日期	2 月的第三个星期一	9 月的第一个星期一	11 月 1 日	11 月的第四个星期四	感恩节后的第一天	感恩节后的第一个星期一	12 月 25 日

在美国，圣诞节跟中国的春节一样，大家都会买东西，互相送东西；感恩节是美国最大的节日，影响力超过圣诞节；网购星期一和黑色星期五严格来说都算不上节日，但对亚马逊的商家来说，它们绝对是超级购物节。

（二）美国的跨境电商交易基础

1. 美国跨境电商交易平台基础

美国消费者线上购物的平台主要有三类，分别是大型电商平台、小型零售商或自营站、专业类别的电商平台，其中大型电商平台是线上购物的主流，约占比 71%，如图 2.1 所示。图 2.2 所示为美国排名前十的大型电商平台名称及其市场占有率。美国电商市场上最大的平台是亚马逊，它 2020 年的收入为 1125 亿美元，占据逾 40%的市场份额，与第二名沃尔玛（Walmart）和第三名易贝拉开了较大的差距。美国的电商市场基本由本土电商平台主导，主要的国内零售品牌都致力于投资数字产品，这些商业巨头的努力将持续地推动美国在线购物市场的发展。美国本土电商平台大多支持国际卖家进驻，亚马逊、易贝、沃尔玛上都有大量的中国卖家，构成了多元化的电商市场。从 2021 年开始，中国卖家开始入驻 Wayfair 和 Newegg 等垂直类电商平台。

> **思考与讨论**
>
> 中国卖家要进入美国市场可以选择哪些电商平台？

2. 美国市场的跨境电商物流基础

亚马逊作为美国消费者网购最主要的电商平台，建立了物流、支付、客服等方面的行业标准。因此，与亚马逊同等水平的物流服务更能得到消费者的认同。对大卖家而言，海外仓可以更好地迎合消费者的需求，提升消费者的购物体验，并能缩短货物运送时间、降低成本。然而对于规模相对较小的卖家而言，海外仓没有规模优势，它们一般会采取直邮的方式。这部分内容将在第八章进行详细介绍。

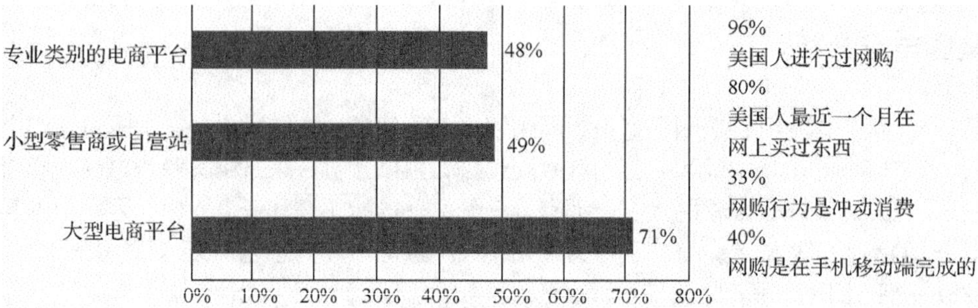

图 2.1 美国消费者网上购物平台的主要类别

1	Amazon	全品类	40.4%
2	Walmart.com	全品类	7.1%
3	eBay	全品类	4.3%
4	Apple	电子产品	3.7%
5	BestBuy.com	电器、电子产品	2.2%
6	Target	全品类	2.2%
7	The Home Depot	家居家具	2.2%
8	Kroger	超市	1.7%
9	Newegg	超市	1.6%
10	Wayfair	家居	1.5%

图 2.2 2021 年美国十大电商平台市场占有率统计

3. 美国市场的跨境电商支付基础

面向美国市场的中国商家一般可以选择使用信用卡和电子钱包两种收款方式。

（1）信用卡。信用卡是美国主要的在线支付方式，占所有电商交易的 47%。信用卡在美国的渗透率很高，人均持有 2.01 张信用卡，是美国消费者熟悉且长期使用的支付方式。跨境电商网站可通过与维萨（Visa）、万事达卡（MasterCard）等国际信用卡组织合作，或直接与境外银行合作，开通接收境外银行信用卡支付请求的端口。目前国际上有五大信用卡品牌，分别为维萨、万事达卡、American Express 卡（美国运通卡）、JCB 卡（日本信用卡株式会社发行的国际信用卡）、DinersClub（大来信用卡），其中前两个被大家广泛使用。

思考与讨论

亚马逊、易贝、Wish 和速卖通四大平台各自主要针对的是哪些市场？

（2）电子钱包。电子钱包支付占所有在线交易的 28%。信用卡和借记卡的普及推动了美国电子钱包的发展，超过一半的美国电商平台（55%）支持电子钱包支付，包括 PayPal、Google Pay（谷歌支付）和 Apple Pay（苹果支付）。PayPal 与支付宝类似，在国际上知名度较高，是很多境外客户常用的付款方式。它允许以电子邮件标识身份的用户自由转移资金。Payoneer（派安盈）是一家总部位于纽约的在线支付公司，其主要业务是帮助自己的合作伙伴将资金下发到全球，同时也为全球客户提供美国银行/欧洲银行收款账户，用于接收欧美电商平台和企业的贸易款项。除了美国本土的收款方式以外，中国本土也为卖家提供了许多收款方式，比如 PingPong、连连支付等。

（三）美国线上消费者的行为特征和影响因素

1. 美国线上消费者不同年龄段的网购特征

美国线上购物人群可以划分为 Z 世代（Generation Z，通常是指 20 世纪中后期至 2010 年出生的一代人)、千禧一代(Millennials/Generation Y,也译为“Y世代”,通常指20世纪80年代初至90年代中期出生的一代人)、X世代(Generation X,也译为“未知世代”,通常指出生于20世纪60年代中期至70年代末的一代人)、婴儿潮一代(1946年至1964年出生的人)和老年人五代,从消费者的人口数量、购物偏好、每周网购时间等指标来看,Z世代和千禧一代是线上消费的主力。

2. 美国线上消费者跨境购物的影响因素和产品选择

美国有54%的线上消费者会进行跨境购物,最受欢迎的海外市场依次是中国、加拿大和英国。他们之所以选择跨境网购,主要有国外产品价格优惠(占比49%)、为了购买美国本土没有的品牌(占比43%)以及为了寻找在美国找不到的奇特产品(占比35%)三个原因。美国线上消费者跨境购物主要有五大品类偏好,分别是服装和配饰(31%),图书、媒体产品和电子游戏(22%),计算机硬件或软件(16%),玩具(15%),美容产品(14%)。

3. 美国线上消费者的购物理念

美国线上消费者偏理性,在决定购买前,往往会浏览多个网站进行对比,这一特点在购买消费类电子产品时尤为突出,43%的线上消费者会浏览两个以上的网站,平均浏览的网站数量是三个,具体如表2.2所示。

表2.2 美国线上消费者多站点查询产品信息

类别	用户浏览2个以上的网站	平均浏览的网站数量(个)	购买前的思考时间(天)
消费类电子产品	43%	3	10
家居用品	37%	3.1	9.3
家具	37%	3.1	8.6
玩具和游戏	35%	2.8	7.1
母婴产品	31%	2.8	7.3
服饰和配件	25%	2.6	8.4
健康和美妆	22%	2.6	6.6

4. 美国线上消费者的消费习惯

美国线上消费者会从不同渠道获取产品、评价、折扣等信息,消费者在浏览网站时热衷查阅评论,74%的线上消费者会在网上查询产品评价,68%的消费者会观看YouTube的测评视频,消费者更关注其他消费者的评论,而非专家的评论,此外,消费者还会通过网络广告、电子邮件等渠道了解产品折扣等相关信息。

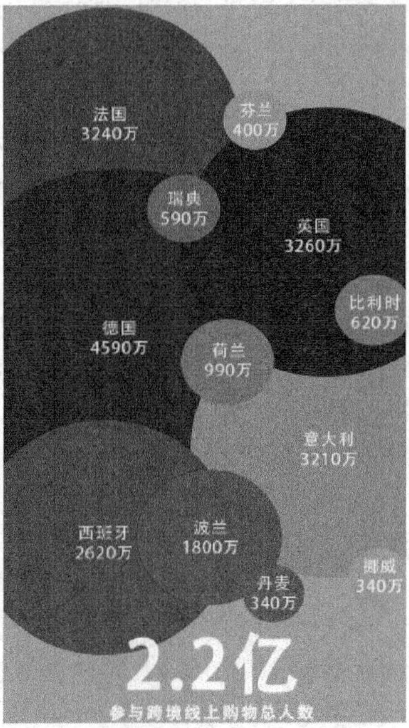

图2.3 欧洲部分国家参与跨境购物的人数

二、欧洲市场分析

对跨境电商卖家来说,欧洲是一个既具有吸引力又具有挑战性的市场:一方面,欧洲电商市场规模每年都在增长,有数据显示,欧洲电商市场规模2023年预计将达到4838亿美元的创纪录高位,较2018年增长40%;另一方面,欧洲电商市场竞争激烈,同时还有各式各样的法律法规。

2020年,欧洲线上消费总金额达到了2690亿欧元,共有2.93亿人进行了线上购物,其中有超过2.2亿人参与了跨境购物,如图2.3所示。对于欧洲的网购用户来说,中国是跨境电商购买的热门市场。调查显示,在欧洲2019年跨境购买的包裹中,有38%是从中国购买的,其次是美国,占15%。下面将对英国、德国等主要的欧洲电商市场进行分析。

视野拓展

欧洲税务合规问题成拦路虎

（一）英国市场分析

英国是欧洲第一大电商市场，其规模在世界范围内仅次于中国和美国。英国的网购人数比例高达 95%，且人均网购消费额也为欧洲最高。英国人喜爱网购的一个重要原因是英国有极为发达的物流运输系统——“当日送达”在英国是一件十分普遍的事，最快甚至可以实现 4 小时同城送达。英国在 2020 年春成为亚马逊首个在海外开通“亚马逊自有运输”的国家。以下内容均来自 2020 年的一项数据调查。

1. 交易平台

在跨境交易方面，亚马逊占据绝对的主导地位。有 91%的英国网购者使用过亚马逊；紧随其后的是易贝，有 63%的英国网购者使用过；排在第三位的则是 Wish，但仅有 11%的英国网购者表示 2020 年曾在该平台进行过线上购物。除此之外，还有几个强大的国内市场参与者，如 ASOS、Argos 和 Next，得益于英国脱欧，这些平台正变得越来越受欢迎。

2. 品类偏好

英国人在线上购物时最常购买的商品为服装和鞋类，占比达到了 68%；排名第二的是文化娱乐类（主要为书籍和有声读物），约 46%的网购者表示购买过此类商品；排名第三的品类是食品，约 45%的网购者表示曾购买过食品，这一数字相比 2019 年上升了 31%；排名第四的是家电数码，约 43%的网购者表示购买过此类商品；排在第五位的是美妆护肤用品，在总类别中占到 39%，该比例略低于其他欧洲国家；紧随其后的则是家具装修类商品，30%的网购者表示曾购买过；排在最后两位的是电影和玩具，分别有 23%和 22%的消费者声称他们购买过这两类商品。

3. 物流偏好

发达的物流提高了线上消费在英国的普及率。在英国，有 61%的零售商表示能提供 48 小时内的送达服务，且有超过一半的零售商声称可以把包裹送到消费者指定的地点。这也从侧面反映了英国线上消费者对物流的高要求。他们对物流的高要求不仅体现在对货物的派送上，还体现在对退货的效率要求上。

在英国最受欢迎的物流服务商是皇家邮政（Royal Mail），约有 52.7%的零售商会将其列为第一选择。与皇家邮政相比，其他物流服务商所占的市场份额较小，依次分别是 Hermes（约占 16.1%）、DPD Group（约占 14.2%）、Parcelforce（属于皇家邮政，约占 4.7%）、DHL（约占 4.1%）。

4. 社交媒体

15～25 岁的群体是英国网购消费的主力军。YouTube 以 82%的使用率位居第一，Facebook 和 WhatsApp 紧随其后，分别拥有 80%和 79%的使用率，再往后则是与前三位差别不大的 Instagram，Snapchat 的使用率则只有 57%。26～35 岁的年龄群体最喜欢 Facebook，使用率达到了 82.5%。在 36～45 岁的年龄群体中，Facebook 的使用率就骤降至不到 30%，YouTube 的使用率则只有 13.2%。

（二）德国市场分析

虽然德国 92%的电商渗透率略低于英国，但在网购人数上，德国以 6120 万的人数位居欧洲第一（截至 2021 年底）。从总人口上看，德国依靠移民抵消了低生育率带来的风险，并成功地使人口增长至 8300 万，这也使德国的总人口位列欧洲第二，仅次于横跨欧亚的俄罗斯。在物流方面，得益于位于欧洲中心的地理位置和极为发达的物流基础设施，物流业成为德国的国民经济支柱产业之一。以下内容均来自 2020 年的一项数据调查。

1. 交易平台

在跨境交易方面，亚马逊以 88%的使用率远高于其他平台。排在第二位的是另一位国际电商巨头易贝，有 56%的德国消费者表示自己会在易贝上进行跨境网购。排在最后的则是在线时装零售平台 Zalando，其使用率达到了 31%，这对于一个专注于时装的在线零售平台来说是相当不错的数据。

2. 品类偏好

时装是德国人网购的首选，占比约 65%。排在第二位的是文化娱乐类（书籍和有声读物），有 47%的网购者曾购买过该品类。排名第三的则是医药用品，该品类的占比在疫情期间因德国强制关闭线下商店后迅速攀升，占比约 46%。值得一提的是，购买该品类的人中有相当一部分都是第一次进行线上购物。家电数码类排在第四位，有约 42%的消费者曾在网上购买该品类。运动休闲类和家具装修类并列第五，它们占比约 32%。排在后面两位的分别是美妆护肤和影音制品，它们占比约 30%。

3. 物流偏好

德国的物流是国民经济支柱产业之一，为德国创造了超过 300 万个就业机会。有数据显示，德国最受欢迎的物流服务商是 DHL，虽然从 2006 年开始 DHL 受到了经济衰退的影响，但它仍然是世界上最大的物流服务商之一。除此之外，DB Schenker 物流在德国也非常受欢迎，其利润已接近 DHL 的三分之二。其他在德国较受欢迎的物流服务商还有 Dachser、Rhenus & Co.和 Hellmann Worldwide 等。

4. 社交媒体

数据显示，在社交媒体方面，15～45 岁的群体最喜欢的是 WhatsApp，从总数来看，15～25 岁的年轻人是使用互联网的最大群体。WhatsApp 以 94%的使用率占据第一宝座，YouTube 则以 89%的使用率排在第二名，而排在第三名的 Facebook 与排在第四名的 Instagram 的使用率分别为 69%和 68%，排在第五位的 Snapchat 的使用率更低。

思考与讨论

欧洲消费者跨境购物的主要来源地是哪里？

第二节　跨境电商境外新兴市场分析

由于近年全球经济低迷，美国经济虽然呈增长状态，但是增速在逐步放缓。跨境电商新兴市场如东南亚、中东、南美、北非等市场虽处于初级阶段，但随着互联网的普及，它们为中国卖家提供了一个蓬勃发展、潜力巨大的市场空间。本节选取东南亚、中东作为跨境电商新兴市场的代表进行分析。

视野拓展

中国已连续 12 年稳居俄罗斯第一大贸易伙伴国，俄罗斯市场对中国已形成一定的依赖性。俄罗斯 94%的轻工业品依赖进口，和中国的轻工业产能过剩的产业结构形成了互补。据数据统计，2021 年俄罗斯对中国进出口额达 1407.04 亿美元，同比增长 35.6%。面对全球疫情起伏和经济复苏乏力的双重考验，中俄经贸合作逆势前行，实现跨越式发展，双边贸易额再创历史新高。建议读者在知乎上搜索并阅读“2022 年俄罗斯跨境电商市场解读”一文，了解更多内容。

一、东南亚市场分析

东南亚诸国是“一带一路”建设的重点区域。长期以来，贸易、投资和金融是中国与东南亚各国的主要合作内容。近年来，数字贸易逐渐成为全球经济发展的新动力，随着 2022 年 1 月 RCEP 落地实施，并在“一带一路”倡议的带动下，中国和东南亚各国的跨境电商也迎来了前所未有的发展机遇。

视野拓展

RCEP正式生效，将对东南亚跨境电商产生重大利好

2022 年 1 月 1 日起，RCEP（Regional Comprehensive Economic Partnership，区域全面经济伙伴关系协定）对文莱、柬埔寨、老挝、新加坡、泰国、越南、中国、日本、新西兰和澳大利亚十国正式生效。2 月 1 日，RCEP 对韩国生效。剩余成员国也将在完成国内批准程序后陆续生效实施。

RCEP 的生效实施，标志着全球人口最多、经贸规模最大、最具发展潜力的自由贸易区正式落地，充分体现了各方共同维护多边主义和自由贸易、促进区域经济一体化的信心和决心，将为区域乃至全球贸易投资增长、经济复苏和繁荣发展做出重要贡献。

RCEP 是首个将中国、日本和韩国经济结合在一起的贸易协议。根据联合国贸易和发展会议预测，到 2025 年 RCEP 将会给 15 个成员国的出口带来 10%以上的增长。毫无疑问，RCEP 将为出口商带来巨大的经济利益和更多的发展机会。RCEP 生效之后，将对东南亚地区的跨境电商带来以下五大利好。

（1）降低跨境交易成本。RCEP 生效后，已核准成员国之间 90%以上的货物贸易最终实现零关税，并且各个成员国可根据国情承诺立刻将关税降到零或在过渡期降税到零。对于跨境卖家来说，减免关税将有效降低跨境交易成本，提升其竞争力和盈利能力。

（2）提高清关效率和物流效率。RCEP 采取预裁定、抵达前处理、信息技术运用等简化海关程序的高效管理手段，可以简化海关通关手续，提高清关效率。除此之外，RCEP 还制定了一系列规则以促进区域内生产要素和商品的自由流动，有望帮助中国出口商品在目的国海关提高通关效率，从而大幅提高跨境物流效率，缩短物流时间，提升消费者购物体验。

（3）降低合规风险。合规风险是跨境电商商品出口面临的一大风险。RCEP 在削弱交易壁垒的同时，还确定了一系列统一的规则，使区域内贸易规则更加规范，减少了卖家因为各国贸易标准差异导致的合规风险。

（4）加速跨境电商数字化升级。RCEP 中提出了无纸化贸易的倡议，认可电子认证和电子签名的法律效力，这些条款降低了沟通成本，也推动了跨境电商数字化升级。

（5）基础设施和配套服务将更加完善。RCEP 中重点提到发展跨境电商平台，支持建设海外仓，推动物流服务体系建设。

RCEP 的生效将推动东南亚跨境电商行业的进一步发展，大大降低跨境电商业务经营的不确定性。面对即将到来的机遇，卖家们也需要做好准备，在优惠政策的支持下，发挥自身优势，积极开拓东南亚市场。预计未来几年，RCEP 自贸区内的市场都将呈现上升态势。抢占先机，就能获得更大的成功。

（一）东南亚市场潜力分析

在国家政策大力支持、跨境物流大力发展的背景下，东南亚出海已势不可当。在过去的五年，东南亚一直是全球电商增长最快的地区之一。2020 年，东南亚日均电商订单数超过 500 万，电商活跃用户增长至 1.5 亿人，电商规模达 740 亿美元；2021 年东南亚电商规模超 1200 亿美元，同比增长 62%，除新加坡外，零售电商渗透率均低于 5%，其中最大的电商市场印度尼西亚的渗透率相对较高，达到了4.26%，但相比中国（24.9%）和英国（19.3%）等成熟电商市场来看，东南亚电商市场潜力巨大，仍存在8～10倍的提升空间。

调查数据显示：东南亚地区总人口将近6亿，其中近50%为城市人口，年龄中位数约为29岁。在全球面临老龄化这一严重趋势下，东南亚地区的适龄劳动人口一直保持持续增长的态势。如此优质的人口结构和规模背后，必定蕴含巨大的消费潜力。另外值得注意的是，2021年东南亚六国的平均互联网普及率达83%，这为推进电商业务提供了基础。再者，东南亚毗邻中国，拥有众多华侨，与中国同属亚洲文化圈，文化差异与欧美相比要小得多；东南亚人民也深受中国文化影响，对中国产品的认可度较高，所以国货出海东南亚具有先天优势。

由此看来，东南亚市场是一个由年轻人、中等收入人群与移动互联网用户构成的新兴市场，该地区市场开放，容易接受新鲜事物，对消费升级及电商海淘有更高的接受度。东南亚地区电商市场主要分为印度尼西亚、泰国、新加坡、越南、马来西亚、菲律宾六个区域。

印度尼西亚是仅次于中国、美国、印度的全球第四大移动电商市场。泰国在社交媒体上的用户互动率高于东南亚其他地区。新加坡是发达的工业化国家，也是东南亚最重要的金融中心和国际贸易中转站，互联网和智能手机普及率极高，是东南亚最为成熟的电商市场。新加坡的线上消费群体一般为25～34岁，这些消费群体比较注重折扣和促销活动。越南与中国的消费习惯相似，越南消费者更关注价格和商品的实用性。马来西亚是现代化和传统并存的国家，该国消费者更关注促销和优惠活动。值得注意的是，泰国和越南的电商市场都面临语言障碍的问题，越南尤为明显，两国的消费者不习惯在英文网站进行网购。马来西亚人在日常生活中经常使用英语，因此在跨境购物时就不存在这方面的问题。东南亚六国电商市场的特点见表2.3。

表2.3 东南亚六国电商市场的特点

序号	国别	电商市场特点	客单价排名	转化率排名
1	印度尼西亚	全球第四大移动电商市场，也是东南亚最大的电商市场	5	2
2	泰国	社交媒体上的用户互动率高于东南亚其他地区	4	5
3	新加坡	是东南亚最为成熟的电商市场，消费者比较注重折扣和促销活动	1	3
4	越南	消费者更关注价格和商品的实用性	6	1
5	马来西亚	消费者更关注促销和优惠活动	3	4
6	菲律宾	消费者更愿意购买知名和值得信赖的品牌	2	6

（二）东南亚市场交易基础分析

1. 交易平台分析

东南亚跨境电商交易平台包括两类：一类是国际平台，另一类是东南亚的本土平台。东南亚六国消费者对电商平台的偏好如表2.4所示。

表2.4 东南亚六国消费者对电商平台的偏好

序号	国家	平台
1	马来西亚	Shopee、Lazada、Lelong、Zalora、Qoo10
2	印度尼西亚	Tokopedia、Bukalapak、Lazada、Zalora
3	菲律宾	Zalora、Argomall、YouPoundit
4	越南	Tiki、Sen Đỏ、Thế Giới Di Động
5	新加坡	Qoo10、Carousell、Singsale、FairPrice On
6	泰国	Lazada、Shopee、JD CENTRAL、JIB、Advice

视野拓展

东南亚跨境电商平台简介

1．Shopee

Shopee 成立于 2015 年，业务覆盖了新加坡、马来西亚、印度尼西亚、泰国、越南、菲律宾、巴西等市场，同时在中国深圳、上海和香港都设立了跨境业务办公室。自成立起，Shopee 一直保持高速增长，2020 年平台总订单量达 28 亿，同比增长 132.8%。

2．Lazada

Lazada 成立于 2012 年，业务覆盖马来西亚、菲律宾、印度尼西亚、新加坡、泰国和越南六大市场，是东南亚主流的电商平台之一。自阿里巴巴集团（以下简称“阿里”）多次追加投资，持股比例高达 83%后，Lazada 彻底被纳入阿里系，成为阿里在东南亚市场的重要抓手。

3．Bukalapak

Bukalapak 成立于 2011 年，是印度尼西亚规模最大的“小微商家”交易平台之一。除电商业务外，Bukalapak 还在积极拓展线下业务。

4．JD CENTRAL

JD CENTRAL 是京东集团与泰国尚泰集团于 2018 年 9 月在泰国联合推出的线上零售平台，现已成为泰国十大电商平台之一。主要销售电子数码、时尚、家电、书籍、音乐及快速消费品等品类的产品。

5．Tiki

Tiki 于 2010 年在越南成立，是越南最受欢迎的电商网站之一。从最初只销售图书，到如今发展成了一个产品多元化的线上市场，在售电子产品、生活用品和书籍等 12 种品类超 30 万种产品。2018 年 1 月，京东注资 Tiki 约 4400 万美元，成为 Tiki 最大的股东之一。

案例与思考

阿里斥资10亿美元拿下Lazada 51%的股份

（据浙报融媒体 2019-03-29 报道）人口红利逐渐消失，使得中国互联网企业纷纷出海，抢占海外市场。2018 年一项研究显示，到 2025 年，东南亚互联网经济 GMV（Gross Merchandise Volume，成交总额）将占东南亚地区生产总值的 8%。而 2018 年，这一比例仅为 2.8%。电商将是未来东南亚市场上最赚钱的生意。

然而，东南亚地区独特的历史文化及其所处的特定经济发展阶段，让冲入此地的先驱者可能成为“先烈”。东南亚本土的互联网平台成为风险投资机构及商业巨头们的新宠。腾讯两度投资移动电商平台 Shopee 的母公司 Sea，京东除了将自营业务拓展到了印度尼西亚，还“借船出海”。亚马逊也试图在东南亚市场进一步扩张。

2016 年 4 月 12 日，阿里用 10 亿美元拿下了 Lazada 51%的股份，掌握了控股权，并累计投资 40 亿美元。2017 年 9 月，在加注 Lazada 的投资后，阿里管理层决定，启动 Voyager（意为“航海”）项目，对 Lazada 进行全系统改造。

其后，阿里从淘宝、天猫、业务平台、搜索等各个内部业务线抽调的精兵强将都下了南洋。

陈思淼就曾是 Voyager 项目的一员，他说：“当时很多 Lazada 的同事认为，做了 6 年的系统，不可能 6 个月被全部重写。然而 6 个月后，Lazada 迎来了彻底的升级，新系统的设计分为 17 个电商核心域，包括会员、商品、交易、营销等 29 个核心模块和无线、前端、后端三大部分。”

Lazada 自建物流的优势逐渐显现，Lazada 全球运（LGS）在东南亚共有 30 个仓库，其 80%的包裹通过自己的物流处理。Lazada 自建物流背后有菜鸟物流的身影，而 Lazpay 自建支付系统似乎也离不开支付宝的技术支持。

阿里通过对 Lazada 所做的最重要的一次底层技术改造，输出了中国的电商经验、运营方法与理念，而 Lazada 则借助阿里经济体的赋能，更新了自己的使命：通过商业和技术的力量，加速东南亚地区的发展和数字化变革。

启发思考：

（1）阿里为什么要通过收购 Lazada 开拓东南亚市场？（2）除了资金，阿里对 Lazada 还进行了哪些方面的改造？

2. 东南亚电商市场的物流基础

预计到 2025 年，东南亚的物流市场价值将超过 550 亿美元，东南亚的物流市场正在转型，以适应迅速崛起的电商市场，东南亚本地物流公司、国际物流公司和中国多家跨境物流服务供应商已经采取了行动。

（1）极兔物流（J&T Express）。总部位于新加坡的极兔物流扩大了仓储网络。该公司在新加坡开设了两家新站点：位于丹章彭鲁（Tanjong Penjuru）的 8.2 万平方英尺的物流中心，以及位于樟宜机场（Changi Airport）的货运中心。后者还是极兔物流的战略转运中心，涉及对印度尼西亚、越南、马来西亚、泰国、菲律宾、柬埔寨和中国的货运服务。极兔物流还在新加坡各地推出了包裹代存代发站点，以支持“双 11”期间的卖家。

（2）DHL。DHL 通过与航空公司合作增加了航空货运能力，满足了日益增长的需求。香港航空在北京、中国香港和马尼拉之间的两条航线上增加了六次航班轮转，每周增加了超过 1200 吨的载货量。

（3）菜鸟（Cainiao）物流。2021 年 11 月，阿里旗下的物流公司菜鸟物流宣布，将扩大其在东南亚的仓储网络。菜鸟物流表示：“公司计划在越南、印度尼西亚、马来西亚和新加坡建立一个名为 cHubs 的智能仓库网络，占地面积接近 250 万平方米。cHubs 能让东南亚的电商和本地企业走在前沿，无需传统的中间分销层，就能提供端到端、高性价比的物流服务。”2021 年 6 月开始，菜鸟物流试运营东南亚跨境极速达服务，主要覆盖新加坡、泰国、菲律宾和马来西亚，最快 3 天可达。此外，菜鸟物流从中国到新加坡的航线已经增至每周 7 班，并在出口商分布密集的义乌、深圳和泉州都设有分拨中心，为华东和华南片区的出口商提供免费上门揽收、分拨、集运等线上化一条龙服务。

（4）百世物流。自 2020 年以来，百世物流已经在泰国、越南、马来西亚、新加坡和柬埔寨建立了全面的物流网络，包括 24 个分拣中心和 1000 多个服务站。2021 年 8 月开始，百世集团与菜鸟物流合作，共同推出从中国到泰国、越南和柬埔寨的全链直达物流服务。对于选择该项物流服务的卖家，他们在中国各地的包裹会被统一收集到百世集团在深圳的仓库。包裹通过中国海关后，将被直接运往泰国曼谷、越南河内或柬埔寨金边的分拣中心，最后进行“最后一英里”的交付。此外，根据需要，客户还可以选择陆运、海运或空运，且能够在整个运输过程中实时跟踪包裹。此次推出的新服务，使得一个支持东南亚地区的综合物流网络出现，这有利于跨境电商包裹更高效地交付，并能大大改善买家的购物体验。

3. 东南亚电商市场的支付基础

东南亚各国的支付偏好各有特点，每个国家都有本地知名的支付公司。以下内容均来自 2020 年的一项数据调查。

（1）印度尼西亚。虽然印度尼西亚的信用卡持卡率低于 5%，但卡支付已占到所有线上交易的近三分之一（31%），其中大多数都是信用卡支付。紧随其后的是银行转账和电子钱包，分别占 29%和 17%。除此之外，现金支付也有一席之地，占到了总份额的 13%。对于本地人来说，他们更爱使用本地银行卡及银行转账等一系列本地支付手段来完成大部分交易。

（2）马来西亚。马来西亚在卡支付领域的占比与印度尼西亚几乎相当，占到总份额的 32%，但与喜爱使用本地银行卡的印度尼西亚不同，马来西亚的多数银行卡都为国际品牌。不过对于本地人来说，他们最喜爱的支付方式还是银行转账，该方式的占比达到了 46%。排在后面两位的则是现金支付和电子钱包，分别占到 11%和 6%。

（3）泰国。泰国的信用卡持卡率较低，但卡支付占比依然达到了 30%，其中借记卡占比达到了 77%。除了卡支付，泰国人还偏爱银行转账（23%）和电子钱包（23%），现金支付的占比也达到了 15%。

（4）越南。卡支付总体上占了约 35%的份额，但其中有 90%的交易都不是由我们所熟知的国际信用卡来完成的。在越南，另外两大支付方式分别是银行转账（26%）和现金支付（21%），电子钱包则略低一些，占 14%。

（5）菲律宾。现金支付占据绝对主导的地位，其使用率高达 37%，这有可能是由于网络设施的可靠程度较低及人们对线上购物的不信任造成的。排在第二和第三位的则是银行转账（29%）与卡支付（22%），往后是电子钱包（8%）。

> **思考与讨论**
>
> 针对东南亚线上消费者喜欢社交网络的特性，卖家除了选择国际电商平台和东南亚电商平台、独立站等渠道，还可以选择哪些渠道？

（三）东南亚线上消费者的特征分析

1. 品类偏好

东南亚不同国家的线上消费者对跨境网购的品类偏好有所不同，如表 2.5 所示。

表 2.5　部分东南亚国家线上消费者跨境网购的品类偏好

序号	国家	品类偏好
1	泰国	服装是最受欢迎的品类，其次为个人护理用品、化妆品、电子产品
2	新加坡	前三为旅游、服饰、娱乐用品，其次为美容产品、电子产品、书籍
3	马来西亚	时装、美妆、玩具类产品格外抢手
4	越南	最热销的是婴童类产品，如奶粉、纸尿裤、婴儿车等
5	印度尼西亚	母婴用品、时尚饰品、手表、家居产品、女士包具、手机周边产品都颇受欢迎

2. 价格敏感性和信任度问题

东南亚消费者对于价格有很强的敏感性。折扣与高性价比是驱动其消费的主要因素。当然，售前、售中、售后服务和物流服务等因素也对消费决策有不同程度的影响。

东南亚消费者对品牌与产品的信任通常来自熟人推荐。与国内一样，来自熟人的推荐在很大程度上潜移默化地影响当地人的消费决策。值得注意的是，东南亚比较流行使用社交媒体，如何通过主流社交媒体建立品牌信任与传递品牌价值，是跨境电商卖家进军东南亚市场必须思考的问题。

3. 购物媒介偏好

随着东南亚各国智能手机普及率的提高，东南亚各国移动端交易数量出现了大幅增长，并出现了移动端订单量大幅赶超 PC 端的情况，其中泰国电商市场的移动端交易量甚至占到了线上总交易量的 92%。对于目标市场为东南亚的国内电商企业来说，在拓展市场的同时，尤其要注意提升移动端消费者的网购体验。

有数据显示，东南亚各国 PC 端的客单价都高于移动端，所以对进入东南亚的卖家来说，PC 端的优化同样不可忽视。

4. 社交媒体是容易接受的电商营销方式

东南亚人在使用移动互联网方面呈现出使用人数多、花费时间长和活跃度极高等三个特点。东南亚人平均每天花费 3.6 小时在移动互联网上，其中排名第一的是泰国，人均每天花费 4.2 小时；其次是印度尼西亚，人均每天花费 3.9 小时。相比之下，美国、英国和日本的消费者平均每天花费在移动互联网上的时长分别为 2 小时、1.8 小时、1 小时。

二、中东市场分析

中东地跨欧、亚、非三大洲，是一个非常独特的地理区域，是"一带一路"倡议涉及的重要区域之一。中东地区的电商市场，虽然只占零售业市场份额的 2%，但其规模在 2015—2020 年实现了约 400%的增长，从 2015 年的 42 亿美元增长至 2020 年底的 220 亿美元。2021 年中东地区电商市场规模约为 317 亿美元，预计到 2025 年将超过 490 亿美元。2021 年，中东地区海湾国家在线零售普及率约为 11%，高于 2019 年的 6.4%。中东地区拥有较高的互联网普及率、庞大的消费者群体等有利条件，电商发展潜力巨大。以下是对中东地区电商市场的分析（如无特别说明，均为 2020 年数据）。

（一）中东市场潜力分析

中东地区一般泛指地中海东部与南部区域，其中海湾六国（阿联酋、阿曼、巴林、卡塔尔、科威特、沙特阿拉伯）是中东的主要经济体，也是中东地区发展最快、经济最发达的几个国家。中东地区总人口约 5 亿，互联网人口近 3 亿，互联网渗透率达 58.7%，高于世界平均水平。新冠肺炎疫情爆发后，中东地区的移动电商市场出现了显著增长，Z 世代越来越倾向于往 TikTok 靠拢，TikTok 在中东地区逐步取代了 Instagram 等更成熟的社交媒体，在苹果和谷歌应用商店中下载量排名最高。

对于电商行业而言，中东具备很多成功要素。中东人口众多且年龄结构较为年轻化。有数据显示，在阿联酋，31 岁以下的人口占总人口的 64%；在沙特阿拉伯，35 岁以下青年人口占总人口的 75%。这就使得网购较为普遍，而且需求量较大。中东国家的国内生产总值总额为 3.9 万亿美元，与世界第四大经济体德国相当。由于人口众多、互联网使用率高，因此中东地区的电商发展理应非常完备。但是，与之相反，中东地区的在线零售仅占零售总额的 2%。相比之下，美国的在线零售约占零售总额的 20%。因此预计中东地区的电商市场规模将实现快速增长，电商销售额预计每年将增长 11%以上。值得注意的是，中东地区电商购物中，跨境消费的比例很高。据估计，中东有 66%的网购者是从跨境电商平台上购买商品的。对于世界各地的卖家来说，这可能是一个巨大的机会。

中东地区的电商市场主要集中在阿联酋、沙特阿拉伯和埃及三个国家。阿联酋的迪拜是国际化都市，也是区域创新中心，很多规模较大的电商企业都先将总部设在迪拜，再向周边辐射。有数据显示，2021 年埃及电商交易额约 42 亿美元，其中电子产品交易额名列榜首（28%）。沙特阿拉伯电商销售额持续上涨，2021 年仅通过马达卡支付的电商销售额就约为 22 亿美元，创造了该国电商销售额最高纪录。在中东地区的城市中，阿联酋的迪拜购买能力最强，其次是沙特阿拉伯的利雅得、阿布扎比、吉达和沙迦。

中东地区的电商销售旺季是"白色星期五"和斋月期间。"白色星期五"购物节一般会持续一周左右；每年在斋月前，女性就开始准备装饰家居、购置新衣；斋月期间，人们的工作时间减少，网购时间和消费动力大大增加。

（二）中东市场的交易基础

1. 跨境电商平台基础

中东排名前三的电商平台——Trendyol、N11 和 GittiGidiyor，几乎每个土耳其购物者都在使用。第四名是 Souq，2017 年被亚马逊收购，但在埃及仍然以 Souq 网站进行运营。亚马逊位居第五，每月在土耳其的网站访问量超过 700 万。第六名是中东唯一真正的跨国本土电商平台 Noon，访问量主要来自阿联酋、沙特阿拉伯和埃及。第七名 Jumia 是一个非洲平台，总部位于德国，是一个以非洲为主要市场的电商平台。

2. 物流基础

对于中东的跨境电商市场而言，物流分为双程，头程是从卖方国家到中东地区，第二程则是中东地区的本地配送。其中头程方面，迪拜是中东地区最大的港口，海运比较发达，但第二程的本地派送环节还不完善，这是中东地区电商发展的最大障碍。中东地区物流落后表现在两个方面：一方面是效率低，因为中东地区地址标识不清，本地的门牌和地址很复杂；另一方面则是物流成本高，中东地区的本地物流还具有收款功能，而货到付款常常伴随着更高的退货率，此时本地物流不仅要承担消费者拒不付款的风险，还要承担更高的回收物流的成本。中东地区的物流除了这两个方面的问题之外，还存在着货物易丢失、层层转包、回款周期长等问题。

中东地区的主要物流公司如表 2.6 所示。

表 2.6　中东地区的主要物流公司

公司名称	说明
Aramex	老牌物流公司，积累了大量的历史数据
Q Express	Souq 建立的物流公司，优势在于提供货到付款服务并为买家提供订单追踪服务
Wing.ae	由 Souq 建立，本身没有快递员，是提供电商和物流之间连接服务的 B2B 模式的物流服务平台
Fetchr	拥有整套“移动互联网物流解决方案”
One click	是连接司机和需要提供送货服务企业的技术平台
iMile	提供既“懂”中国又“懂”中东、着力解决货到付款问题的整套物流解决方案

3. 支付环境

从电商发展历史来看，货到付款一直是中东和北非地区网上购物的首选付款方式。但这正在发生变化。有调查数据显示，自 2020 年以来，货到付款占比下降了 75%，60% 的中东和北非消费者现在更愿意以数字方式支付。除此之外，2020 年，中东和北非 24%的消费者使用了先买后付（BNPL）服务，这一占比超过了欧洲市场。中东和北非地区开始流行 BNPL 服务，因为它能显著提升用户的转化率及客单价，企业在接入了 BNPL 的支付模式后取得的收益会非常可观。

（三）中东地区电商市场的消费者特征

1. 产品品类偏好

2021 年 2 月有数据显示，随着网上购物率的提高，消费者对网上购买的产品类别产生了偏好。在中东地区，最受消费者欢迎的购物类别是“电子产品、家用电器和媒体”“时尚和美容”“玩具、业余爱好和 DIY”“数字服务（送餐、活动、健身和服务）”。除此之外，快速消费品电商从 2015 年到 2020 年稳步增长。

2. 购物动机

中东地区线上消费者的购物动机中，40%的人认为网上购物价格较低，31%的人认为网上购物有更多产品选择，17%的人认为网上购物更便利。相比之下，36%的全球受访者表示较低的价格和较强的便利性是他们网购的动机，这表明面向中东地区的电商卖家有进一步发展和提高其服务便利性的空间。

3. 平台的选择

在电商平台类型的选择上，中东地区 41%的线上消费者会选择单一品牌电商平台，59%的消费者会选择多个品牌电商平台。消费者选择单一品牌电商平台的最主要原因是可以获得更好的服务、更便捷的物流；消费者选择多个品牌电商平台的最主要原因是可以获得更大的促销折扣及更多的产品。

> **思考与讨论**
>
> 你还知道哪些中东地区的禁忌？

4. 跨境电商贸易应注意的问题

因为宗教、地域和人文等因素，在中东地区进行跨境贸易时需要注意将禁售产品和敏感性产品考虑在内，要尊重该地区民众的宗教信仰和风俗习惯。商家在售卖产品时，应注意以下几个问题：①不要售卖宗教敏感类产品；②不要售卖含有裸体、色情文字或图像的产品；③产品目录和说明书不能只有中文版（至少还需要有英文版）；④香水或美容产品需要有发票以证明原产地；⑤婴儿产品、玩具、家用电器、杂货、家居园艺产品、手机和平板电脑等电子产品，需要符合欧盟的相关标准，也必须与当地的插座规格相符，且电子产品启动语音必须是英语并包含阿拉伯语选项（电器也是如此）。

视野拓展

中国跨境电商进出口市场分析

中国是跨境电商大国，跨境电商业务包括跨境电商进口和跨境电商出口两部分，作为跨境电商的主要进口国，据商务部统计，2021 年消费品进口总额达到 1.73 万亿元，同比增长 9.9%，占进口总额的 10%左右。京东销售数据显示，2022 年上半年进口品牌商品 SKU 数量同比增长 51%；2022 年“6·18”期间，京东国际超过 400 个品牌成交额同比增长超过 100%，近 100 个细分类目成交额同比增长超过 100%。无论是供给端还是需求端都表明了我国进口消费品线上市场的稳步发展。

实训项目

调研国外目标市场的电商市场情况

一、实训目标

增进学生对目标市场的了解，提升学生对目标市场的辨别和选择能力。

二、实训情境

假如你打算进行跨境电商创业，面临如何选择合适的目标市场，以满足公司跨境业务长远发展的需要。你需要对全球跨境电商主要市场有基本了解，并对目标市场进行详细了解，包括该市场的市场潜力、市场交易基础和消费者特征等主要内容。

三、实训任务

通过网络搜索和线下调研，了解目标市场的市场潜力、市场交易基础和消费者特征等情况，并完成表 2.7～表 2.9。

表 2.7　关于__________电商市场潜力的调研

序号	维度	调研结果描述
1	人口结构（老、中、青）	
2	联网率	
3	移动设备拥有率	
4	社交媒体使用偏好	
5	线上购物意愿	
6	网上购物支出额度	
7	是否存在语言障碍	
8	近几年电商销售额（包括增长率）	
9	未来市场空间预估	

表 2.8　关于__________电商市场交易基础的调研

序号	内容	调研结果描述
1	交易平台	
2	物流基础	
3	支付基础	

表 2.9　关于__________电商市场消费者特征的调研

序号	内容	调研结果描述
1	品类偏好	
2	价格敏感度和信任度	
3	购物平台偏好	
4	营销方式偏好	

四、实训步骤

（1）在任课老师的指导下，组建调研团队，并选择团队负责人，统筹安排调研工作和分工。

（2）调研团队通过线上线下渠道对目标市场进行调研，线上可通过 bing（必应，微软的搜索引擎产品）、线上会议等渠道，搜索目标市场，线下通过走访服务商、参加线下的会议和座谈会等了解目标市场的情况。

（3）根据实际情况尽可能完成表 2.7～表 2.9。

（4）任课老师可以根据各调研团队关于目标市场的调研结果，组织学生汇报，并进行分析、比较和探讨。

归纳与提高

本章主要介绍了跨境电商境外市场，主要包括跨境电商的境外传统市场和境外新兴市场，前者主要包括美国市场和欧洲市场，后者主要包括东南亚市场和中东市场，为中国卖家更好地了解这些国家和地区的消费者特性、市场规模与特征、平台环境、支付环境、物流模式和未来的发展趋势等提供了有价值的信息。

通过本章的学习，我们了解到对于出口跨境电商而言，关注境外传统市场（如美国市场）有助于更好地了解世界市场，与此同时还要积极关注境外新兴市场，因为境外新兴市场发展潜力巨大，无论对传统外贸公司转型跨境电商还是对单纯的跨境电商公司或个人卖家来说都有重要的意义。

练习题

一、单项选择题

1．以下属于跨境电商进口第一大国的是（　　）。

A．中国　　B．美国　　C．英国　　D．俄罗斯

2．在美国排名首位的电子商务平台是（　　）。

A．亚马逊　　B．易贝　　C．速卖通　　D．Wish

3．下列属于跨境电商境外新兴市场的是（　　）。

A．美国　　B．英国　　C．法国　　D．俄罗斯

4．关于中东市场，以下表述错误的是（　　）。

A．不要售卖宗教敏感类产品

B．不要售卖含有裸体、色情文字或图像的产品

C．产品目录和说明书可以只有中文版

D．香水或美容产品需要有发票以证明原产地

5．中东地区电商平台有“中东亚马逊”之称的是（　　）。

A．Souq　　B．速卖通　　C．Jollychic（执御）　　D．Noon

二、多项选择题

1．以下属于中国跨境电商进口平台的有（　　）。

A．天猫国际　　B．考拉海购　　C．京东全球购　　D．速卖通

2．以下属于中国跨境电商境外传统市场的是（　　）。

A．美国　　B．欧洲　　C．俄罗斯　　D．东南亚

3．以下属于跨境电商欧洲市场排名前两位的国家是（　　）。

A．英国　　B．法国　　C．德国　　D．俄罗斯

4．以下属于中东地区常用的电商平台的是（　　）。

A．Trendyol　　B．N11　　C．GittiGidiyor　　D．Noon

5．以下属于东南亚知名电商平台的是（　　）。

A．Shopee　　B．Lazada　　C．Noon　　D．Souq

三、复习思考题

1．中国跨境电商境外市场可以分为哪两类？

2．为什么要发展跨境电商境外新兴市场？新兴的跨境电商境外市场有哪些？

3．了解一个国家和地区的跨境电商市场一般包括哪几个维度？

第三章　跨境电商平台的比较与选择

【知识与技能目标】

了解阿里巴巴国际站和敦煌网的特点和入驻条件；掌握亚马逊、易贝、速卖通和 Wish 平台的特点、开店费用等相关知识；了解主流跨境电商平台的优劣势；掌握如何选择合适的跨境电商平台。

引例

卖家应该如何选择跨境电商平台呢

面对国内电商同质化越来越严重、利润率越来越低的现状，某国内电商卖家想转型做跨境电商，他了解到出口跨境电商平台有很多，这些跨境电商平台各有什么特点呢？应该如何选择适合自己的跨境电商平台呢？

第一节　主流出口跨境电商 B2B 平台

目前，出口跨境电商 B2B 平台主要有阿里巴巴国际站、敦煌网、环球资源网、中国制造网等，本节重点介绍阿里巴巴国际站和敦煌网。

一、阿里巴巴国际站

阿里巴巴国际站成立于 1999 年，是阿里巴巴集团的第一个业务板块，现已成为全球领先的跨境电商 B2B 平台，其通过数字化技术与产品，重构跨境贸易全链路，精准匹配跨境贸易买卖双方业务需求，为其提供数字化营销、交易、金融及供应链服务。阿里巴巴国际站的商品已覆盖全球 190 多个国家和地区，超过 5900 个产品类别和 2600 万买家。阿里巴巴国际站数据显示，其交易规模逐年增长，2020 年平台实收交易额按美元计价同比增长 101%，订单数同比增长翻番，欧美和新兴市场成为新外贸出口持续增长的来源。

1. 阿里巴巴国际站的特点

（1）平台定位。早期侧重信息发布且支持线下交易，订单金额一般较大。目前定位为中小企业的网上贸易市场。

（2）客户类型。阿里巴巴国际站的客户主要是国外中小企业。阿里巴巴国际站的买家覆盖 190 多个国家和地区，与发达国家的跨境电商交易额位居前列，如与美国、加拿大、英国、澳大利亚的交易额稳居前四位，与墨西哥、巴西等新兴市场国家的跨境电商交易额不断攀升，与印度的跨境电商交易额常年排在前七位。

（3）产品品类。阿里巴巴国际站覆盖了食品、服装、皮革、木制品、家具、汽车、电子产品、金属制品等 40 多个行业，5900 多个产品类别，每年有超 1 亿笔询盘订单通过该平台产生。2020 年阿里巴巴国际站年报显示，交易额前十的行业分别为机械、家居园艺、消费电子、美妆个护、服装、包装印刷、运动及娱乐、建筑、健康医疗和汽摩配。

（4）商业模式。阿里巴巴国际站的主要收入来源于会员费、广告收入以及针对会员推出的竞价排名、展位服务等增值服务收入。其中，出口通会员费 1 年为 2.98 万元，金品诚企会员费 1 年为 8 万元。金品诚企是经过阿里巴巴平台权威验证的优质供应商，通过线上线下结合的方式，平台会对商家的企业资质、商品资质、企业能力等全方位实力进行认证。除享有出口通会员服务外，金品诚企会员还享有专属营销权益等。

2. 阿里巴巴国际站的入驻条件

入驻企业须为有工商注册的做实体产品的企业，生产型和贸易型企业都可以，服务型企业（如物流、检测认证、咨询服务等企业）暂不能入驻。

微视频
敦煌网卖家故事

二、敦煌网

1. 敦煌网的特点

（1）平台定位。平台定位为在线交易小额批发平台。敦煌网打破了以往的传统电商的信息展示模式，实现了在线交易模式，买家订单金额一般比较小。

（2）客户类型。客户主要是中小型零售商，如线下小店店主或易贝网店店主等。

（3）产品品类。敦煌网将各行业产品划分为 14 个经营品类，如 3C 数码、婚纱礼服、时尚百货、母婴玩具、健康美容与假发等。

（4）商业模式。为了全面优化平台结构、提高服务质量和激励卖家成长，目前，所有新注册的卖家账号均需缴纳平台使用费。平台使用费收取分为标准档与增值档（新卖家首次充值）。标准档分为半年缴纳、年度缴纳，具体收费标准：半年为 698 元，年度为 1099 元。增值档分为季度缴纳、半年缴纳、年度缴纳，具体收费标准：季度为 639 元，半年为 898 元，年度为 1999 元。同时，敦煌网实行“阶梯佣金”政策，不同类目的佣金率也不一样，具体规则如表 3.1 所示。另外，卖家投放商品自动广告、定向推广等，敦煌网会收取相应的营销推广费用。

表 3.1　敦煌网佣金率

单笔订单金额	平台佣金率
< $300	12.5%～21.5%
[$300，$1000)	4.0%～8.0%
≥ $1000	0.15%～3.5%

2. 敦煌网的入驻条件

注册人仅限年龄在 18～70 周岁的中国企业或个人。

敦煌网卖家账户分为个体工商户卖家和企业卖家。个体工商户卖家的账户持有人为注册人本人，注册账户时提交的相关资料包括本人身份证号码、电子邮箱、手机号码等；企业卖家的账户所有人为所注册的公司，注册账户时要提交的相关资料包括注册人姓名、身份证号码、公司名称等。使用同一身份信息注册的个体工商户卖家账户数量仅限 1 个，使用同一营业执照注册的企业卖家账户数量不得超过 10 个。

第二节　主流出口跨境电商 B2C 平台

目前，出口跨境电商 B2C 平台主要有亚马逊、易贝、速卖通、Wish、Shopee、Lazada、Cdiscount

微视频

亚马逊卖家故事

等，本节重点介绍前四个主流平台。

一、亚马逊

亚马逊成立于 1994 年，最初只经营图书在线销售业务，现已成为全球商品品种最多的网上零售商。目前，亚马逊有 400 多个运营中心，活跃用户数量有 3 亿，辐射 200 多个国家和地区。亚马逊在美国、加拿大、墨西哥、英国、法国、德国、意大利、西班牙、荷兰、瑞典、比利时、波兰、日本、澳大利亚、印度、新加坡、阿联酋和沙特阿拉伯等 18 个海外站点已面向中国卖家开放，吸引了数十万中国卖家入驻。其中，北美站包括美国、加拿大、墨西哥 3 个站点，一次注册可同时开通。北美主要消费区囊括了近 5 亿人口，电商市场潜力巨大，电子产品、服装、美容产品、计算机、电器、图书、保健产品、汽车、家装、玩具、小家电等较为热销。欧洲站包括英国、法国、德国、意大利、西班牙、荷兰、瑞典、波兰 8 个站点。一个销售账号可同时面向 8 个站点，覆盖英国以及欧盟多国 3.4 亿线上购物用户，市场规模堪比北美。家居用品、厨房用品、家用工具、运动用品、计算机和手机配件、耳机等众多品类商品深受欧洲顾客的喜爱。交易额比较高的分别是美国站、德国站、英国站、日本站、印度站。

视野拓展

亚马逊的理念：飞轮理论

亚马逊为什么能成长得这么快？这离不开亚马逊的商业模式，其理论依据即著名的飞轮理论（见图 3.1）。

它是创始人杰夫•贝索斯用一张餐巾纸画出来的整体运营逻辑。这个理论后来演变成了亚马逊的核心运营思想，被认为是一个可以从任何一个点开始但却没有终点的闭环。对于亚马逊而言，其要做到的是为客户提供更多的选品以及购买过程中的便利，这有利于创造良好的客户体验；客户在亚马逊购物过程中购物体验足够好，就会成为亚马逊的免费宣传员，从而影响身边的人加入亚马逊的购物大军，实现流量的增长。这样，拥有足够大流量的亚马逊自然可以吸引更多的卖家加入，而更多卖家的加入，既丰富了产品品类，又从竞争的层面上降低了产品的价格，卖家越多，价格越低。而更低的价格，也会让客户的满意度进一步提升，这一闭环过程持续发生，亚马逊的业绩就会沿着这个飞轮不断增长。

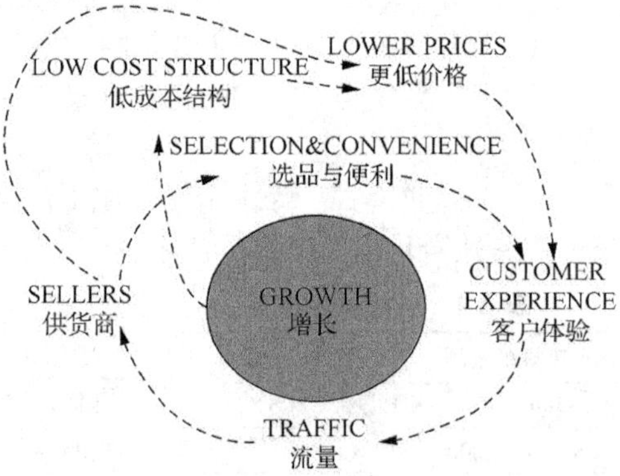

图 3.1　飞轮理论原理图

（一）平台的特点

（1）优势品类。每个平台都有自己的优势类目，据统计，亚马逊销售量比较靠前的一级类目是服饰、鞋和珠宝、家居厨房用品、户外运动用品等。

（2）面向中等收入人群，利润较高。亚马逊面向的客户群体主要是北美、欧洲等地的消费能力强、价格敏感度低的中高端消费人群。亚马逊良好的口碑使得其产品定价可以适当提高，从而获得可观的利润。全球跨境电商平台中，速卖通平均客单价为 10 美元，易贝和 Wish 平均客单价为 12 美元，而亚马逊平均客单价为 17 美元。

（3）提供 FBA（Fulfillment By Amazon，亚马逊物流）服务。FBA 服务是指卖家把产品直接送到亚马逊仓库中，客户下订单，由亚马逊提供包括仓储、分拣打包、派送、收款、客服以及退货售后的一条龙式物流服务。卖家使用 FBA 服务的好处主要有：可享受 7×24 小时亚马逊专业客服；智能化管理，配送时效快；可提高排名和转化率、客户的信任度和销售额等。

（4）重产品和品牌，轻店铺。亚马逊强调产品和品牌而非店铺，在亚马逊上买家搜索产品不会出现店铺，而是以统一的陈列标准展现产品。决定消费者购买行为的重要因素是该产品本身的销量、评分等而不是整个店铺的综合表现。亚马逊是对单个 listing（指一个产品页面）进行标识，从而引导消费者做出购买决策的。如对子类目销量排名第一的 listing 打上“Best Seller”标志，如图 3.2 所示。对客户评分高、价格低、物流快的 listing 打上“Amazon’s Choice”标志，如图 3.3 所示。这些标志是平台对于 listing 的一种认可。

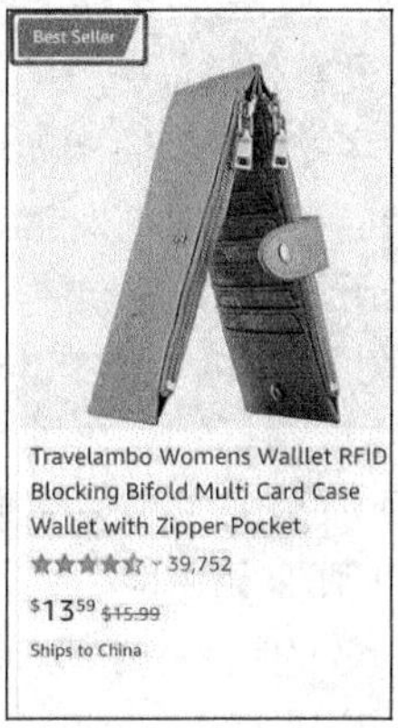

图 3.2　亚马逊“Best Seller”标志

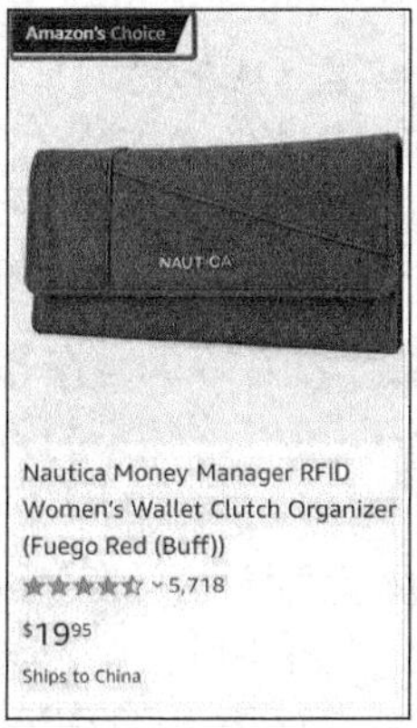

图 3.3　“Amazon’s Choice”标志

思考与讨论

亚马逊跟卖的逻辑是什么？

（5）亚马逊独有的跟卖政策。亚马逊重产品，注重用产品来提升客户的购物体验，其表现之一就是引入了竞价体系——设定跟卖机制。跟卖就是在已有卖家创建的产品页面上其他卖家也可以卖相同的产品，这是亚马逊独有的一种快速刊登产品的方式。跟卖的逻辑是，鼓励同一个品牌的不同代理商进行价格竞争，让利消费者，以此增加亚马逊的吸引力。亚马逊认为，同样的产品，只是价格不同而已，并不需要做不同的产品详情页。跟卖只需要填写产品的价格、库存量、产品新旧程度（是全新还是二手货）、发货方式（是自发货还是 FBA 发货）等内容即可。卖家跟卖的好处是可以共享热销产品的排名和流量，跟卖操作简单快捷，是非常经济的试销方法。但是跟卖的风险在于容易侵犯其他商家的知识产权（如商标权、专利权等）。跟卖的 listing 示例如图 3.4 所示，这款钱包有两个卖家卖，分别卖 19.99 美元和 23.99 美元。

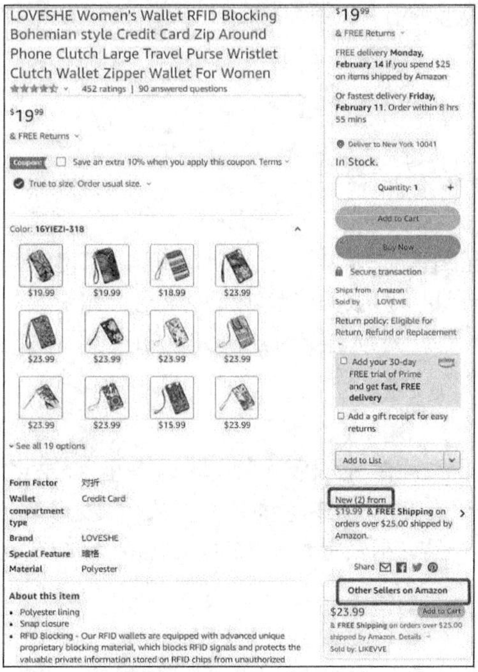

图 3.4　跟卖的 listing 示例

（6）适合精细化运营模式。跨境电商有两种经营模式，铺货模式和精细化运营模式。在平台的蛮荒期和成长期，铺货的商家是非常受欢迎的，因为平台需要更多产品去吸引买家。铺货模式的优势是对新手来说简单、易操作，只需要每天上新、上传更多的产品，进行概率性出单即可；劣势是工作量比较大，要大量上新品，对经营人员的耐心是极大的考验，且 SKU 太多，管理也比较困难。精细化运营模式注重单品打造，追求把产品打造成爆款。精细化运营模式下选品非常重要，重点在数据分析上，上新数量比较少，对商家的数据分析能力和供应链管理能力要求比较高。

（二）平台的搜索排名规则

在亚马逊上，买家查找产品主要有两种途径：一是在前台输入产品的关键词进行搜索，二是根据产品的类目查找产品。而买家会查找到什么产品是由亚马逊 A9 算法决定的。亚马逊基于 A9 算法会精准地对买家的产品搜索、购买等行为进行记录和分析，确保买家能尽快找到"真正想要购买的产品"，最终要达成的目的是在买家满意的前提下实现买家利益最大化。因此，卖家也须重视 A9 算法的应用。影响 A9 算法的因素有相关性、转化率和客户留存率等核心指标。

相关性指买家端的搜索结果与买家真实购买意向的一致性。在卖家端，能够与买家搜索的产品关键词匹配的内容主要有产品标题、产品描述和 Search Terms（即搜索词）等。另外，产品属性、品牌名称、技术参数等内容在一定程度上也是 A9 算法识别产品相关性的依据。

转化率是对相关性匹配结果的检验。影响转化率的因素主要包括销量、排名、买家评论（即 review）的数量和星级、产品图片（尤其是主图）和价格。买家可通过上述因素判断一个产品是否符合其需求以及品质是否能够达到其期望值。如果是，购买则容易达成。

客户留存率是卖家账号绩效的综合表现。影响卖家账号绩效的因素包括订单缺陷率、迟发率、店铺评分表现等。订单缺陷率是衡量卖家提供良好体验能力的主要指标，指在给定的 60 天时间段内存在缺陷的订单数占订单总数的百分比，如买家给了差评的订单就会被视为一个缺陷订单，卖家应维持低于 1%的订单缺陷率，否则可能会导致账号停用。

迟发率是指在预计发货时间之后确认发货的订单数占订单总数的百分比。迟发率仅适用于卖家自配送订单。卖家应将迟发率维持在 4%以下，否则可能会导致账号停用。

店铺评分是买家在一个店铺里真实购买过某个产品，根据自己的购物和使用体验，对卖家店铺包括产品、物流、卖家服务等做出的评价。买家给了差评的订单会计为缺陷订单，所以店铺评分的高低会影响卖家账号的安全。

（三）平台的开店费用

亚马逊每个站点的开店费用都不一样，下面以美国站为例进行讲解。

1. 月服务费

亚马逊的销售计划有两种，即个人销售计划和专业销售计划。个人销售计划的卖家是不需要缴纳月服务费的，而专业销售计划的卖家在美国站开店，月服务费是 39.99 美元，如果卖家注册的是北美联合账号，则只需要支付美国站的月服务费，无须再支付加拿大站和墨西哥站的月服务费。

2. 销售佣金

每售出一件商品，亚马逊会按照销售价格的一定比例或一笔最低金额来收取销售佣金，两者取其高进行收费。不同品类收取的销售佣金率不同，一般在 3%～45%之间，大多数品类为 15%，比如箱包、鞋靴、太阳镜、办公用品、图书、家居园艺产品、厨具等都是 15%。每件商品规定的最低销售佣金为 0.3～2 美元。

3. 物流费用

卖家可以选择使用 FBA 服务或自己配送商品，这将会产生不同的物流成本。如果使用 FBA 服务，将会产生以下费用。

（1）配送费用。配送费用包括订单分拣、包装、运输、客服等相关劳动力成本，按件收取，具体取决于商品的类型、尺寸和包裹重量。首先要确定卖家的商品是服装还是非服装商品，然后确定商品尺寸分段，是标准尺寸还是大件，最后计算包裹重量，确定需要支付的费用。例如尺寸为 13.8 英寸×9 英寸×0.7 英寸（1 英寸≈2.54 厘米），包裹重量为 2.88 盎司的手机外壳，配送费用为 3.07 美元。

（2）月度库存仓储费。亚马逊会向所有使用 FBA 服务的卖家收取月度库存仓储费，这些费用是根据卖家商品所需要的存储空间（立方英尺）来计算的。具体收费情况如表 3.2 所示。10—12 月是销售旺季，由于亚马逊仓库存储空间有限，月度库存仓储费会大幅上升。

表 3.2　月度库存仓储费表

月份	非危险品商品		危险品商品	
	标准尺寸商品	大件商品	标准尺寸商品	大件商品
1—9 月	每立方英尺$0.83	每立方英尺$0.53	每立方英尺$0.99	每立方英尺$0.78
10—12 月	每立方英尺$2.40	每立方英尺$1.20	每立方英尺$3.63	每立方英尺$2.43

注：1 立方米≈35.31 立方英尺。

（3）超龄库存附加费。除月度库存仓储费外，亚马逊还会对在其运营中心存放超过 271 天的库存每月收取一次超龄库存附加费，如表 3.3 所示。

表 3.3　超龄库存附加费

库龄	库龄为 271～365 天的商品	库龄达到 365 天或更长时间的商品
费用构成	按存放的每件商品收取，费率基于商品体积	按存放的每件商品收取，费率基于商品体积或商品数量（以较大者为准）
金额	每立方英尺$1.50	每立方英尺$6.90 或每件商品$0.15（以总值较大者为准）

（4）移除订单费用。如果卖家需要亚马逊把仓库里的库存退还或者处理掉，那么就会产生移除订单费用。此项费用按件收取，亚马逊会根据包裹尺寸和重量收取不同的费用。例如对于标准尺寸且重量不超过 0.5 磅的图书每件收取 0.52 美元的移除订单费用。

（5）退货处理费。如果卖家销售的商品由亚马逊向买家提供免费退货服务，亚马逊将会对退货的商品向卖家收取一笔退货处理费。退货处理费等于商品的总配送费。亚马逊向买家提供免费退货服务的品类有服饰、钟表、珠宝首饰、鞋靴、太阳镜和箱包等。例如，1 件衣服的配送重量为 6.1 盎司，亚马逊物流配送费用为 2.25 美元。如果买家决定退回该商品，则卖家需要支付 2.25 美元的退货处理费。

（6）计划外服务费用。亚马逊对商品有包装和预处理要求，例如套装商品必须在其包装上标注“Package sales”（套装销售）或“This is a set, don’t separate”（这是套装商品，请勿拆分）等。如果商品抵达运营中心时未经过适当的预处理或贴标，亚马逊将为卖家提供此项服务并按件收取费用。例如标准尺寸的母婴用品贴标签每件收费 0.20 美元。

4. 营销推广费用

营销推广费用包括站内推广费用和站外推广费用。站内推广包括发优惠券、打广告、参加平台活动等，站外推广包括找“网红”合作、deal（促销）网站推广等。

5. 退款手续费

如果卖家为已经付款的客户退款，亚马逊将退还该订单的销售佣金，但会减去一定的退款手续费，退款手续费为 5 美元或销售佣金的 20%，以较小者为准。

6. 收款工具费用

卖家可以通过亚马逊官方的收款工具（亚马逊全球收款）或者第三方收款工具（Payoneer、连连支付等）进行收款，但需要支付相应的费用。

视野拓展

如何确定商品尺寸分段

（1）确定商品的体积和尺寸。

（2）确定商品的实际重量和体积重量。

（3）使用上述值和表 3.4 确定商品尺寸分段。

表 3.4　确定商品尺寸分段

商品尺寸分段	单件重量	最长边	次长边	最短边	长度+周长
小号标准尺寸	16 盎司	15 英寸	12 英寸	0.75 英寸	不适用
大号标准尺寸	20 磅	18 英寸	14 英寸	8 英寸	不适用
小号大件	70 磅	60 英寸	30 英寸	不适用	130 英寸
中号大件	150 磅	108 英寸	不适用	不适用	130 英寸
大号大件	150 磅	108 英寸	不适用	不适用	165 英寸
特殊大件	超过 150 磅	超过 108 英寸	不适用	不适用	超过 165 英寸

二、易贝

易贝成立于 1995 年，其初期定位是全球网民的线上拍卖和购物网，兼有 C2C 和 B2C 交易模式。易贝在全球 200 多个国家和地区拥有超过 1.47 亿的活跃买家。

易贝有 48 个站点。其中，美国、英国、澳大利亚、德国站点是大多数中国卖家优先选择开店的站点，这些国家消费者的购买力较强，电商配套的基础设施较好，人口素质较高，所以成为卖家们的首选站点。尤其在澳大利亚市场，易贝的市场份额远超亚马逊和本地的电商平台 Woolworths、Coles 等。

（一）平台的特点

（1）优势品类。易贝的优势品类涉及汽配、家居及园艺、时尚、电子、商业用品和工业品等。易贝是专业的汽摩配平台，汽配类目是特别优势类目，浙江玉环、温州、宁波等地有很多卖家都在易贝上卖汽摩配产品。

（2）面向年轻人等人群，客单价低。易贝平均客单价在 12 美元左右。

（3）易贝的物流方式主要有两种，即自发货模式和海外仓模式。货物价值、售价、利润较低的商品，适合采用自发货模式。自发货模式的物流渠道有国际商业快递、国际 EMS、国际专线快递、国际小包等。货物价值、售价、利润较高的产品，例如家具、保健器材、服饰、首饰等，可以选择海外仓模式。万邑通、斑马、出口易等都是与易贝合作的海外仓服务商。

（4）重店铺，轻产品。亚马逊的核心运营思路是“重产品，轻店铺”，而易贝恰恰相反，易贝“重店铺，轻产品”。易贝会根据卖家的历史销售记录和向买家提供的服务质量，在每个月的 20 日对卖家账号进行评估，卖家账号等级分为优秀评级卖家、合格卖家和不合格卖家。对于优秀评级卖家，易贝会给予提升商品搜索排名和曝光、返还 10%的成交费，且给卖家店铺的所有商品刊登页面显示 eTRS（eBay Top Rated Seller，eBay 优秀评级）标志等好处，eTRS 标志如图 3.5 所示。相反，一旦账号等级降至不合格，listing 排名就会下降，卖家的成交费用也会增加 4%，销售额度提升受限，甚至被关店等。所以店铺状态的维护、风险把控在易贝卖家的日常运营中极其重要。

（5）销售方式有拍卖、一口价和两者结合的方式。拍卖是易贝独特的销售方式，众所周知，易贝是靠拍卖起家逐步发展为一家跨境电商巨头的，并一直保留拍卖这一特殊售卖形式。拍卖，顾名思义就是通过竞拍的方式进行销售，卖家设置商品的起拍价格和在线时间，对商品进行拍卖，商品下线时出价最高的买家就是该商品的中标者，商品即可以中标价格卖出。拍卖 listing 示例如图 3.6 所示。拍卖可在短时间内快速吸引流量，在拍卖结束前的一两个小时，商品会显示在首页以方便买家购买，所以拍卖成为易贝卖家日常运营的一部分。一口价就是以固定价格出售商品。“拍卖+一口价”方式，就是卖家在销售商品时选择拍卖方式，设置最低起拍价的同时，再根据自己对商品价值的评判设置一个满意的“保底价”，也就是一口价。这种“拍卖+一口价”的方式能够同时综合拍卖方式和一口价方式的优势，让买家根据自身需要和情况灵活地选择购买方式，也能为卖家带来更多的商机。

图 3.5　eTRS 标志

图 3.6　拍卖 listing 示例

（6）账号有销售额度限制。销售额度限制是易贝为了帮助卖家在实现更好的业务成长的同时保障买家获得更优的购物体验而设计的政策。比如，对于刚入驻平台的新卖家，易贝的销售额度限制是“每月 10 件商品，总价值不超过 500 美元”，运营一段时间后，卖家可以向易贝展示其信用表现，比如准时发货、提供优质客服、获取正面反馈等，以申请提高销售额度。

（二）平台的搜索排名规则

当买家搜索产品时，卖家都希望自己的产品能展示在首页，这时就涉及易贝的搜索排名规则。Best Match（最佳匹配）是易贝默认的搜索产品排序标准（见图 3.7）。易贝搜索引擎的目标是为买家展示最匹配的产品，易贝会尽可能地将最相关的搜索结果展示在页面顶部，帮助买家找到真正需要的产品。向买家提供的产品和服务的质量是决定卖家产品在 Best Match 页面中排名的关键。影响搜索排名的主要因素有以下几个。

（1）近期的销售转化率。对于一口价的产品，销售转化率越高，排名越靠前。

（2）即将下架的时间。离下架时间越近的产品，排名越靠前。

（3）产品的相关性。买家搜索的关键词与卖家产品标题的相关性越强，排名越靠前。

（4）产品的价格与运费。产品的价格越低排名越靠前，免运费的产品排名更靠前。

（5）卖家的账号表现。优秀评级卖家的产品排名更靠前，不合格卖家的产品排名靠后。

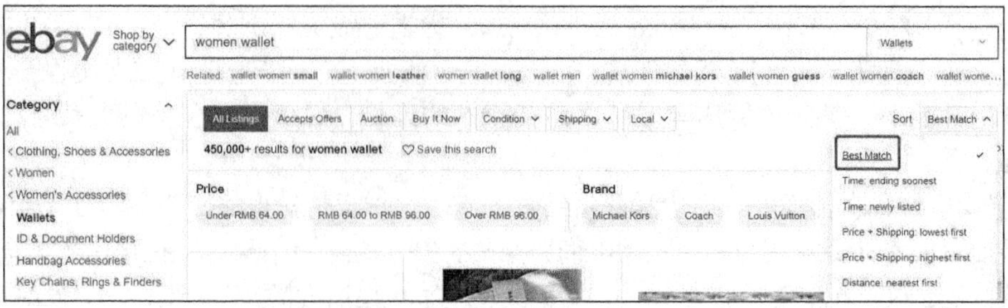

图 3.7　Best Match 页面

（6）是否提供退换货服务。能提供优质退换货服务的产品排名更靠前。

总之，影响卖家产品在 Best Match 页面排名的关键是：准确的标题，精准的分类和定位，精美的图片，有竞争力的价格和专业的卖家服务。

（三）平台的开店费用

注册易贝账号是免费的，易贝平台将卖家需要支付的费用分成两部分，包括基本费用和可选费用。

1. 基本费用

基本费用包含刊登费、成交费及 Payoneer 费用。①刊登费。易贝卖家刊登 listing 需要缴纳一定的刊登费，不过每个月可以获得一定的免费刊登额度。当 listing 刊登数量超过了免费刊登数量，易贝会收取一定的刊登费。②成交费。当卖家成功售出产品后，易贝会收取一定的成交费。成交费用按照销售总额的百分比金额加上每笔订单 0.30 美元的固定费用收取，大部分类目佣金率为10%。如果卖家订阅了店铺，那么刊登费和成交费会有一定程度的优惠。③Payoneer 费用，主要包括卖家使用 Payoneer 收款的手续费和 Payoneer 账户提现手续费。Payoneer 费用和销售额有关系，一般销售额越高，Payoneer 费用就越高。

2. 可选费用

可选费用主要是指店铺订阅费、功能升级费及广告费。

（1）店铺订阅费。易贝目前划分了五种店铺等级，即入门店铺、基础店铺、高级店铺、超级店铺和企业店铺，针对不同等级的店铺会收取不同的费用。该费用有月度和年度两种收费方式，而不同等级的店铺，每月可免费刊登 listing 的数量、刊登费及成交费收取的比例均不相同。店铺等级越高，免费刊登 listing 的数量就越多，且其他费用的费率越低。

视野拓展

易贝店铺等级分类

易贝五种等级店铺的具体情况如表 3.5 所示。

表 3.5　易贝店铺等级分类

项目	入门店铺	基础店铺	高级店铺	超级店铺	企业店铺
按年订阅	$4.95/月	$21.95/月	$59.95/月	$299.95/月	$2999.95/月
每月一口价免费刊登数	250 个	1000 个	10000 个	25000 个	100000 个
每月拍卖免费刊登数（特定类目）	250 个	250 个	500 个	1000 个	2500 个
一口价刊登费	$0.3/个	$0.25/个	$0.10/个	$0.05/个	$0.05/个
拍卖刊登费	$0.3/个	$0.25/个	$0.15/个	$0.10/个	$0.10/个
成交费率	0.5%～15%	0.5%～14.6%	0.5%～14.6%	0.5%～14.6%	0.5%～14.6%

（2）功能升级费。对于易贝的刊登，有些功能如副标题、标题字体加粗、第二分类等是可以升级得到的。易贝副标题可以弥补主标题的不足，添加副标题更容易吸引买家的眼球，但字符数限制在 55 个以内，并且要收费。例如美国站点规定，标价不超过 150 美元的商品添加副标题收取 2 美元，标价超过 150 美元的商品添加副标题收取 6 美元。

（3）广告费。Promoted Listing（PL）是易贝内部的付费推广服务，可以提高商品曝光度，增加卖出概率。设置了 PL 的刊登，会被展示在一些特定的位置。只有通过推广活动成功卖出商品后易贝才会收取相应比例的佣金，商品只被点击而并未售出则不会被收取广告费。

微视频

速卖通平台介绍

三、速卖通

速卖通是阿里巴巴旗下的面向国际市场打造的跨境电商平台，被广大卖家称为“国际版淘宝”。速卖通于 2010 年 4 月上线，面向海外买家，通过支付宝国际账户进行担保交易，并使用国际物流渠道运输发货，是中国最大的出口跨境电商 B2C 平台，也是全球第三大英文在线购物网站。

视野拓展

速卖通为什么在俄罗斯卖得好

速卖通与亚马逊、易贝不一样，不分站点，通过速卖通出海，卖家可以一站卖向全球 200 多个国家和地区，有机会触达海外 1.5 亿巨量用户。

速卖通的主要市场有俄罗斯、美国、西班牙、巴西和法国等。速卖通在海外市场的品牌知晓度和影响力都比较高，在消费者当中也比较受认可，例如在俄罗斯其品牌知晓度达到了 98%。

（一）平台的特点

（1）核心类目是时尚类服装、鞋包及消费电子，这些品类在很多国家的销售额中占比较高；另外，美容个护、母婴玩具等是高发展潜力的品类。

（2）面向中低端收入人群，客单价低。据统计，速卖通平均客单价为 10 美元左右。

（3）物流为直发模式，少量采用第三方海外仓模式。目前速卖通绝大部分卖家选择的都是直发模式，为了提升物流时效和降低物流成本，对于一些优质卖家的爆款和动销款产品可以针对性地选择海外仓发货，一般选择西班牙仓、美国仓和俄罗斯仓较多。

思考与讨论

速卖通是如何划分店铺等级的？

（4）重店铺，轻产品。速卖通重店铺、轻产品，根据卖家店铺综合表现将其分为金牌卖家、银牌卖家和普通卖家。平台对金牌卖家和部分平台邀约的银牌卖家授予“Top Brand”标志，如图 3.8 所示。“Top Brand”标志在速卖通的搜索页、店铺首页等地方出现，能大大提高买家对品牌的认同感，提升店铺信用度和潜在转化率。

图 3.8　速卖通的“Top Brand”标志

（5）交易佣金率低。速卖通大部分类目交易佣金率为 5%或 8%，比亚马逊低。

（6）运费模板设置比较复杂。因为速卖通单站点辐射 200 多个国家和地区，距离有近有远，

视野拓展
速卖通卖家故事

所以运费模板设置比较复杂。卖家要考虑发往哪些国家包邮，发往哪些国家要增加运费，以及增加多少运费等。

（7）平台数据透明度高，数据功能强大。速卖通后台有一个生意参谋，它是阿里巴巴重金打造的首个商家统一数据平台，面向全体商家提供一站式、个性化、可定制的商务决策方案，集成了海量数据及店铺经营思路，不仅可以更好地为商家提供流量、商品、交易等店铺经营全链路的数据披露、分析、解读、预测等功能，还能更好地指导商家进行数据化运营。

（二）平台的搜索排名规则

速卖通的搜索排名规则设置的目的就是要将最好的商品、服务能力最强的卖家优先推荐给买家。能带给买家好的购物体验的商品，排名就会靠前。影响商品搜索排名的因素主要有以下几个。

1. 商品的信息描述质量

商品的标题、发布类目、属性、图片、详情描述对于买家快速做出购买决策来说都非常重要，卖家务必要真实、准确地填写。

2. 商品与买家搜索需求的相关性

搜索引擎相关性技术涉及一套非常复杂的算法，简单地说就是在买家输入关键词与浏览类目时，判断卖家的商品与买家实际需求的相关程度，相关性越强的商品，排名越靠前。在判断相关性的时候，算法最主要是考虑商品的标题，其次会考虑发布类目、属性以及详情描述。标题的撰写是重中之重，要做到能真实准确地概括、描述商品，符合海外买家的语言习惯，没有错别字及语法错误等。另外，标题中切记避免关键词堆砌和虚假描述，比如卖家销售的商品是 iPhone 12，但为了获取更多的曝光，在标题中填写类似“iPhone 13/ iPhone 14”字样的描述，算法可以监测到此类作弊商品，同时虚假描述也会影响商品的转化率，卖家将得不偿失。

3. 商品的交易转化能力

速卖通会综合考察一个商品曝光的次数以及最终实现了多少成交量来衡量其交易转化能力。交易转化能力强的商品代表买家需求量大，有市场竞争优势，从而排名会靠前；交易转化能力弱的商品排名会靠后，甚至没有曝光的机会，会逐步被市场淘汰。一个商品累积的成交量和好评数有助于买家快速做出购买决策，其排名会靠前。

4. 卖家的服务能力

能提供优质服务的卖家的商品排名将靠前，服务能力差、买家投诉多的卖家的商品会受到排名严重靠后甚至不参与排名的处罚，同时也可能会受到平台的其他相关处罚。速卖通会重点考察卖家在以下几个方面的表现。

（1）卖家的服务响应能力，包括阿里旺旺以及邮件的响应能力，合理地保持阿里旺旺在线，及时答复买家的询问将有助于提升卖家在服务响应能力上的评分。

（2）订单的执行情况。卖家在买家下单后应及时发货。无货空挂、拍而不卖的行为会对买家的体验造成负面影响，同时不利于卖家所有商品的排名。

（3）订单的纠纷、退款情况。平台对纠纷少的卖家会进行鼓励，而纠纷多的卖家将会受到商品搜索排名靠后，甚至不参与排名的处罚。如遇到买家不满意，卖家应及时积极主动地与买家沟通、协商，避免纠纷产生。卖家特别要避免纠纷上升到需要平台介入处理的情况。

（4）卖家的 DSR（Detailed Seller Ratings，店铺动态评分）情况。DSR 与三个方面相关：商品描述的正确性、客户服务响应的速度、货物交付时间的合理性。它是在商品交易结束后，买家对于商品、卖家服务能力的评价，是买家满意与否的最直接的体现。平台会优先推荐 DSR 高的商品和卖家，给予更多曝光机会和推广资源，对于 DSR 低的卖家会进行大幅的排名靠后处理，甚至给予不准参与排名的处罚。

5. 搜索作弊行为

哪些属于搜索作弊行为呢？比如以超低价商品骗取曝光，卖家发布偏离商品正常价值较大的商品，以便在默认和按价格排序时，吸引买家注意，骗取曝光。再比如将商品价格与运费倒挂，卖家以超低价格发布商品，同时调高运费，吸引买家注意，骗取曝光。对于搜索作弊行为，平台会进行日常的监控和处理，处理手段包括使商品的排名靠后、使商品不参与排名或者隐藏该商品，对于搜索作弊行为恶劣或者屡犯的卖家，会给予店铺一段时间内整体商品排名靠后或者不参与排名的处罚，对于情形特别严重恶劣者，甚至会关闭其账号进行清退。

（三）平台的开店费用

在速卖通上，卖家的开店费用主要有以下几类。

（1）保证金。保证金按店铺入驻经营大类收取，1 万～5 万元不等，大多数类目如服装服饰、母婴玩具、箱包鞋类等的保证金都是 1 万元，手机是 3 万元，真人发采取定向邀约制，保证金是 5 万元。入驻速卖通缴纳的保证金是可以退回的，卖家关闭店铺，店铺所有订单完成，且不存在违规违约行为，平台会在 30 天内将保证金退回至卖家的支付宝账户。卖家如果出现违规行为，平台会扣取保证金进行处罚，金额为 500～3000 元不等，如虚假发货等一般违规扣 500 元，知识产权严重违规 2 次扣 3000 元。如果卖家保证金为 0 元，则全店商品会被进行下架处理。此时卖家要通过支付宝账户补缴保证金后才能重新上架商品。

（2）交易佣金。交易完成后平台会收取订单成交总金额（即产品金额和运费之和）5%～10% 的手续费。各类目的交易佣金率不一样，大多数类目的交易佣金率，如计算机与办公产品、婚纱礼服、鞋等都是 5%，家居园艺用品、箱包、美容健康用品、手表等都是 8%，只有假发类目是 10%。

（3）商标费用。平台要求部分类目下卖家要有品牌商标才能入驻，所以卖家可以注册商标（费用为 500～1000 元不等）或每年支付一笔授权费用以获取厂家商标授权从而达到注册要求。

视野拓展
Wish 卖家故事

（4）提现手续费。平台通过企业支付宝进行收款，若是提现人民币，则收取提现金额 0.3%的手续费，每笔最低收费 8 美元；若是提现美元，则每笔收取 15 美元的提现手续费，直接从提现金额中扣除。

（5）营销费用。速卖通主要的营销手段是直通车和联盟营销。卖家如果使用这些营销手段，需支付相应的营销费用。

四、Wish

Wish 于 2011 年在美国创立，是一家在纳斯达克交易所上市的科技公司。Wish 于 2013 年成功转型跨境电商，2014 年在上海成立了全资子公司以及中国总部。Wish 是一家专注于移动购物的跨境电商 B2C 平台，拥有 3 亿多移动用户，日均活跃用户有 1000 多万，日均订单量超 200 万。Wish 主要的市场是欧美国家，以女性用户为主，目标用户年龄为 18～30 岁。2020 年 Wish 消费者所在国占比如图 3.9 所示。

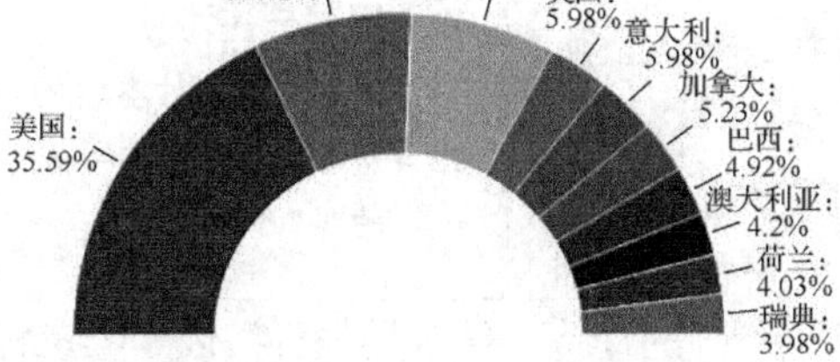

图 3.9 2020 年 Wish 消费者所在国占比

Wish 除了全品类外，还有 4 个垂直类目，即 3C 数码、母婴、美妆、家居用品。Wish 与速卖通一样，不分国家和站点，单站点辐射全球。

1. 平台的特点

（1）优势品类。时尚、3C 配件、家居用品、配件配饰是 Wish 上销售额最高的四大品类。

（2）面向中低端收入人群，客单价低。该消费群体更注重的是商品的实用性和价格这两个因素。平台上有很多“1+1 美元”的商品，即 1 美元的商品价格和 1 美元的运费。Wish 的平均客单价在 12 美元左右，卖家需要上传大量的 SKU。

图 3.10　Wish 前台

（3）专注于移动端，移动端购物高效。平台 98%的流量和 95%的订单来自移动端，复购率高达 75.5%。

（4）采用瀑布流形式展现商品（见图 3.10）。瀑布流的展现形式便于买家浏览，操作简单，买家在短时间内能获得更多信息。

（5）物流以直发模式为主，少量采用第三方海外仓模式。2015 年 6 月，Wish 与优质物流服务商合作，共同推出了 Wish 商户专属物流产品“Wish 邮”。

FBW（Fulfillment By Wish）是 Wish 平台提供的海外仓仓储及物流服务，其稳定快速的配送服务、更多的流量支持、物流延误免责等优势可助推商户成为大卖家。FBW 海外仓有美国芝加哥仓、美国洛杉矶仓、爱沙尼亚仓等，店铺加入 FBW 项目后，将商品备货至 Wish 指定的海外仓，即可开始享受 FBW 提供的物流服务，FBW 团队将提供后续的揽收、打包、配送等一系列服务支持。

视野拓展

“Wish邮”产品介绍

“Wish 邮”主要包括 Wish 邮-中邮小包、Wish 邮-E 邮宝、Wish 达等。Wish 邮-中邮小包是 Wish 与中国邮政合作，针对重量在 2 千克以下的轻小件物品，面向 Wish 平台卖家推出的空邮产品，产品分为平邮和挂号，运送范围覆盖全球 200 多个国家和地区。Wish 邮-E 邮宝是 Wish 与中国邮政合作的经济类速递产品，提供收寄、出口封发、进口接收和投递等实时跟踪查询信息服务，作业流程标准化，时效有保障。Wish 达是 Wish 推出的口岸直飞路向的物流产品，即时提供头程运输、口岸操作、出口交航、进口接收、实物投递等实时跟踪查询信息等服务。全程物流节点可在线实时跟踪查询，美国投送时效为 9～14 个自然日，加拿大投送时效为 12～15 个自然日，法国和瑞士投送时效为 10～12 个自然日。

（6）有专业客服团队。为了减少卖家的成本，让卖家能把更多精力放在产品运营和物流服务质量提升上，Wish 在全球很多地方建立了人数庞大的专业第三方客服团队来专门处理客户问题。Wish 大部分的客户问题都是由 Wish 客服来处理的，不需要卖家设立专门客服来做这个工作。

2. 平台的推荐机制

> **思考与讨论**
>
> Wish 平台对不同的类目收取的佣金比率是一样的吗？

Wish 区别于其他平台，弱化了搜索功能，强调个性化推送，实现了千人千面精准推送。每个人在 Wish 上看到的产品都是不一样的，由此可以获得愉悦的购物体验。Wish 的推送是通过标签来进行匹配的，即将用户标签和卖家标签进行匹配，如图 3.11 所示。平台会根据用户的兴趣特征、社会属性、自然属性，给每个用户贴上不同的标签，结合用户标签以及卖家标签进行匹配。兴趣特征包括用户的嗜好、流行风格、特长，社会属性包括用户的身份职业、受教育程度、消费水平、人生阶段，自然属性包括用户的性别、年龄。因为 Wish 能够通过 Facebook

账号直接登录，也可以通过谷歌邮箱账号直接登录，所以 Wish 会根据 Facebook、谷歌用户平时的习惯、个人爱好等对用户进行详细的分类，给每个用户贴上不同的标签。

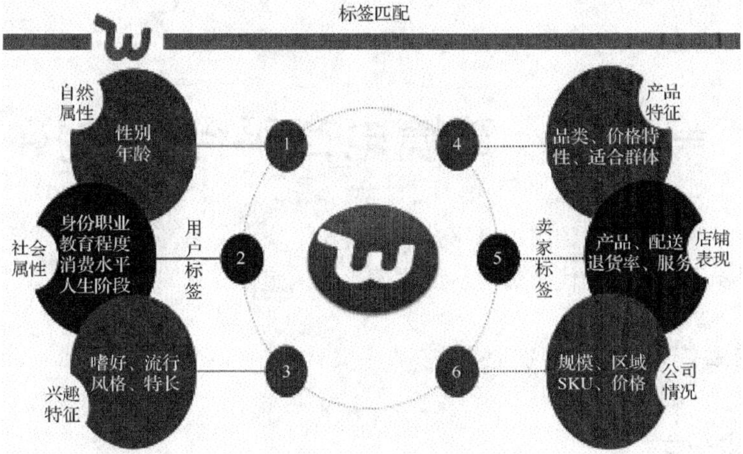

图 3.11　Wish 的推送机制

同时，Wish 会根据卖家的产品特征、店铺表现和公司情况给卖家贴上不同的标签。Wish 推送时主要抓取产品的品类、价格、特性、适合群体等信息。影响 Wish 推送的主要因素有产品转化率、产品评价、产品库存、物流时效性等。订单的处理是否及时、发货是否及时，也会影响产品被推送的概率。

3. 平台的开店费用

在 Wish 上，卖家的开店费用主要有以下几类。

（1）佣金。当卖家在 Wish 上成功售出产品时，Wish 通常会收取佣金，佣金模式主要有以下两种。

第一种是阶梯佣金模式。Wish 基于店铺等级、产品品类、产品价值等多个因素，在产生订单后计算应对卖家收取的佣金（已用于所有欧盟路向订单，且将会逐步覆盖其他地区）。

第二种是纯佣金模式，即 Wish 在产品价值（卖家设定的产品价格+卖家设定的运费）的基础上，根据每个订单的情况收取特定比率的佣金。

视野拓展

Wish店铺等级

Wish 店铺等级分为铂金、黄金、白银、青铜。较高等级的店铺将会享受一系列的政策支持，而级别一直较低的店铺（青铜级）可能会面临不利后果（如曝光量减少）。Wish 将根据过去几个月内店铺的订单处理情况，如用户评分、订单履行率、订单履行速度、有效物流跟踪率、Wish 政策合规情况、退款率等多个指标对店铺进行评估，得出该店铺最初的等级。店铺须持续提供优质的产品和服务，保持或提升店铺的等级。Wish 也会每几周评估一次指标表现，每次评估之后，根据店铺的表现情况，店铺的级别可能会上升、下降或保持不变。只要店铺持续不断地表现出色，就会一直保持在较高的级别或使级别上升。

（2）广告费。在 Wish 上卖家可以用 ProductBoost 进行付费推广。ProductBoost（即产品推广，简称 PB）是 Wish 推出的结合商业端数据与后台算法，增加产品曝光与流量的工具，换句话说，就是让卖家的产品展示给更多的潜在用户。ProductBoost 是按点击量收费的，即按用户点击产品（进入详情页了解更多/购买）的次数收费。按点击量收费会将卖家的广告预算投资于购买意向较高的用户行为，广告转化的效率更高。

（3）收款手续费。Wish 主要使用第三方收款工具收款，如联动优势（UMPAY）、payeco（易联支付）、Payoneer、PayPal 和 PingPong 等。卖家可选择其中一种方式进行收款，但需向这些支付服务商支付相应的手续费。

第三节　跨境电商平台的选择

对卖家来说，选择合适的跨境电商平台非常关键。卖家一方面要分析各个跨境电商平台的优劣势，另一方面要分析自身的优劣势，从而明确自己的定位。

一、主流跨境电商平台的优劣势

（一）亚马逊平台

1. 优势

（1）高流量。亚马逊平均每月能吸引近 2 亿用户访问。这意味着亚马逊的卖家可以接触到很多在其他渠道接触不到的用户。

（2）对新卖家比较友好。第一，后台中文界面便于新卖家上手。第二，亚马逊重视产品质量，哪怕卖家只上传了几件产品，如果质量好且运营得当，照样会出单。

（3）FBA 服务好。卖家使用 FBA 物流，可以享受平台提供的 7×24 小时专业客服。卖家的商品有资格享受亚马逊 Prime 会员免费隔日达服务。

（4）利润率较高。一个好产品可以达到 30%以上的利润率，如果产品独特，利润率甚至可以达到 100%以上。

2. 劣势

（1）平台准入门槛高。卖家要有公司资质才能注册账号，且平台对账号审核比较严格。

（2）开店成本高。在亚马逊上开店收费项目比较多，包括月服务费、销售佣金、物流费用、营销推广费用、退款手续费、收款工具费用等。

（3）资金压力大。在亚马逊平台上，卖家一般要使用 FBA 服务，备货占用资金大。

综上所述，亚马逊比较适合具有供应链优势、有一定资金实力、有长期经营心态的卖家。

（二）易贝平台

1. 优势

（1）开店门槛低。相对于在亚马逊开店，易贝的开店门槛较低，个人也可以开店。

（2）有专业客服。对于卖家来说，易贝具有专门的客服，可与买家通过电话联系或网络会话的形式进行沟通交流。

（3）定价方式多样。易贝的定价方式有多种，包括无底价竞标、有底价竞标、一口价成交等。

2. 劣势

（1）后台不易操作。易贝后台是英文界面，对于一些英文基础比较薄弱的卖家来说，增加了操作难度。

（2）规则偏向买家，对卖家要求严格。易贝更看重买家的购物体验，所以对于卖家的产品质量以及售后服务要求比较严格，店铺若被投诉，严重的话将被关店。

（3）收款项目较多。易贝开店费用包括刊登费、成交费、Payoneer 费用、店铺订阅费、功能升级费、广告费等。

综上所述，易贝比较适合个人和中小企业。

（三）速卖通平台

1. 优势

（1）准入门槛比较低。平台可以实现小企业开展跨境出口业务的愿望。

（2）提供一站式服务。卖家只需注册一个店铺，即可将产品销往全球 200 多个国家和地区。

（3）后台全中文操作界面。跟国内的淘宝操作相似，平台操作非常简便，适合初级卖家。

（4）自身物流体系健全。速卖通物流分为自发物流、速卖通无忧物流和海外仓。速卖通无忧物流是速卖通同菜鸟物流联合推出的官方物流服务，可为速卖通卖家提供包括境内揽收、国际配送、物流追踪、物流纠纷处理、售后赔付在内的一站式物流服务，不仅价格优惠、稳定安全、时效快，而且由速卖通无忧物流产生的物流纠纷无须卖家处理，平台会直接介入，核实情况并判责。由速卖通无忧物流纠纷导致的退款，无须卖家支付，而由平台承担。目前，速卖通可设置 22 个国家（俄罗斯、美国、英国、德国等）海外仓服务发货权限。

2. 劣势

（1）平台准入门槛低，导致很多创业者涌入，且同质化比较严重，竞争相对比较激烈。

（2）平台规则变化快，卖家需要及时适应。

综上所述，速卖通比较适合初级卖家，尤其是其产品特点符合境外新兴市场、性价比较高、有供应链优势的卖家。

（四）Wish 平台

1. 优势

（1）运营规则简单、直接，卖家容易上手，出单速度比较快。

（2）卖家不需要设客服，可以节约人工成本。

（3）智能推送，产品信息可精准触达用户。Wish 通过自己独有的算法，采用瀑布流的推送方式可将产品精准地推送给用户。利润率比较高，竞争相对公平。

2. 劣势

（1）产品审核慢。产品上传以后要经 Wish 审核通过才能在前台展现，审核时间比较长。

（2）退款率高。平台对用户采取无理由退款的政策，只要用户提出退款，基本都会通过，从而导致退款率较高。

（3）平台对仿品管控非常严格。所有产品均会接受仿品和知识产权侵权审核，卖家容易侵犯知识产权。产品如果被发现违反了 Wish 的政策，就会被移除，且所有付款将被暂扣。

（4）回款较慢。Wish 一个月有两个账期，分别是 1 日和 15 日，订单要物流服务商确认妥投或用户确认收货后才能获得放款资格，所以货款回笼慢，资金占用大。

综上所述，Wish 适合具有一定经验的贸易商和品牌经销商。

二、卖家选择跨境电商平台需考虑的因素

卖家要根据自己的实际情况并综合考虑多个因素，以便选择合适的跨境电商平台开店，这样

才能形成自己的竞争力，否则很容易亏本。

1. 考虑平台的规模和影响力

> **思考与讨论**
> 你认为四大主流跨境电商平台中哪个规模和影响力更大？

起步早、规模和影响力大的电商平台，具有丰富的平台运营管理经验，在会员管理、信息管理、网站宣传推广等方面拥有丰富的资源，可以为卖家提供较好的服务。

2. 考虑平台的入驻条件

每个平台的入驻条件都不一样，其中，入驻门槛较高的是亚马逊。中小企业若要开展跨境电商出口业务可以考虑入驻易贝或速卖通。

3. 考虑经营的品类是不是平台的优势类目

主流平台在长期运营过程中都形成了各自的优势类目，如亚马逊的优势类目为家居和厨房用品、书籍和音像等，易贝的优势类目为汽配、家居用品、服饰和新奇特产品等，速卖通的优势类目为服装、通信产品、鞋包、美容健康用品等，Wish 的优势类目为珠宝、服饰、手机、礼品等。

4. 考虑自己的目标市场与平台主要买家分布是否一致

亚马逊、易贝和 Wish 的买家主要来自欧美国家，而速卖通的买家主要来自俄罗斯、美国、西班牙、巴西、法国，该平台在俄罗斯、巴西等新兴市场很受欢迎。如果卖家的目标市场是俄罗斯等国，则可以选择速卖通。

5. 考虑平台的运营成本

卖家要考虑需投入多少资金，主流跨境电商平台的运营成本如表 3.6 所示。

表 3.6 主流跨境电商平台的运营成本

跨境电商平台	入驻费用	成交佣金	上传商品费用	提现费用
亚马逊	个人销售计划：无 专业销售计划：39.99 美元/月（美国站）	大多数类目的销售佣金率为 15%，同时亚马逊规定了每件商品最低销售佣金为 0.3～2 美元，取二者中的较高者计收销售佣金	无	Payoneer 为 1.2%，WorldFirst 为 1%～2.5%，PingPong 最高为 1%
易贝	注册免费，开设店铺需缴纳店铺订阅费，针对不同级别店铺收取不同的费用	成交费用按照销售总额的百分比金额加上每笔订单 0.30 美元的固定费用收取，大部分类目佣金率为 10%	上传商品收取刊登费。订阅店铺的卖家有一定的免费刊登额度，超过则收取刊登费。如美国站对基础店铺的每个商品收取 0.25 美元	Payoneer 为 1.2%
速卖通	按照不同类目收保证金	大部分类目按成交额的 5%或 8%收取佣金	无	收取提现金额 0.3%的手续费，每笔最低收费 8 美元
Wish	无	根据具体的订单类型、订单商品的类别有所不同，大部分为 15%	无	Payoneer 为 1.2%，易联支付为 1.2%

实训项目

跨境电商平台的比较与选择

一、实训目标

了解不同跨境电商平台的特点及优劣势，选择适合自己的跨境电商平台，为更好地开展跨境电商业务奠定基础。

二、实训情境

某个主营箱包类产品的商贸公司打算入驻跨境电商平台开启跨境电商之旅。在入驻跨境电商平台之前，该公司决策者需要了解各个跨境电商平台的特点和优劣势。

三、实训任务

选取几个具有代表性的跨境电商平台进行浏览，分析不同平台的特点及优劣势，完成表 3.7。经过比较分析后，确定选择哪一个平台开始跨境电商之旅，并说明理由。

表 3.7　跨境电商平台的特点与优劣势分析

跨境电商平台	特点	优势	劣势

四、实训步骤

在搜索引擎中输入想要浏览的跨境电商平台的名称，如“速卖通”“Wish”“亚马逊”等，在搜索结果页面中点击其网址链接，浏览其网站，总结其特点及优劣势。将了解到的信息分别填入表 3.7。

归纳与提高

本章主要介绍了出口跨境电商 B2B 平台阿里巴巴国际站和敦煌网的概况、特点、入驻条件；描述了出口跨境电商 B2C 平台亚马逊、易贝、速卖通和 Wish 的概况、特点、开店费用等；分析了主流跨境电商平台的优劣势和卖家选择跨境电商平台需考虑的因素：跨境电商平台的规模和影响力、跨境电商平台的入驻条件、经营的品类是不是所选跨境电商平台的优势类目、自己的目标市场与跨境电商平台主要买家分布是否一致、跨境电商平台的运营成本等。

练习题

一、单项选择题

1．速卖通成立于（　　）年，是中国最大的出口跨境电商 B2C 平台。

A．2010　　B．2011　　C．2013　　D．2009

2．（　　）平台对卖家有销售额度限制。

A．速卖通　　B．易贝　　C．Wish　　D．亚马逊

3．（　　）平台重店铺、轻产品、偏重品牌。

A．速卖通　　B．易贝　　C．Wish　　D．亚马逊

4．需要缴纳商品刊登费的平台是（　　）。

A．速卖通　　B．易贝　　C．Wish　　D．亚马逊

5．（　　）可以在阿里巴巴国际站上开店。

A．个人　　B．个体工商户　　C．企业　　D．其他

二、多项选择题

1．以下关于敦煌网的说法，正确的有（　　）。

A．敦煌网是一个在线交易小额批发平台

B．敦煌网的客户定位是小型零售商，如线下开小店或易贝网店的店主

C．敦煌网的盈利模式是收取会员费和营销推广费用

D．敦煌网的产品定位主要是日用消费品

2．以下（　　）平台是分站点的。

A．亚马逊　　B．易贝　　C．速卖通　　D．Wish

3．易贝平台的销售方式有（　　）。

A．拍卖方式　　B．一口价方式

C．“拍卖+一口价”综合方式　　D．其他

4．以下说法正确的是（　　）。

A．在四大主流跨境电商平台中，亚马逊平均客单价比较高

B．亚马逊允许跟卖，跟卖机制的初衷是维持单一产品单一页面，能给予买家更好的购物体验

C．亚马逊不分类目，交易佣金率都是15%

D．四大主流跨境电商平台的目标市场是一样的

三、复习思考题

1．简述阿里巴巴国际站的特点。

2．简述亚马逊的搜索排名规则。

3．简述亚马逊的开店费用。

4．简述速卖通的搜索排名规则。

5．简述 Wish 的推荐机制。

第四章　跨境电商选品与定价

【知识与技能目标】

熟悉跨境电商选品维度；掌握跨境电商选品方法；掌握跨境电商产品定价方法和定价公式；能够将市场化选品和数据化选品的相关知识应用于跨境电商店铺的实际运营中。

引例

跨境电商卖家如何正确选品

小刘在 Wish 上注册了一个店铺，主要卖饰品，已经上架了 300 多个产品，2 个月过去了，仍然没有出单，而他的好友上架了 30 多个产品，开店第 3 天就出单了。他开始焦虑，心想：为什么我辛辛苦苦上架的产品没有人买？这些产品都是我喜欢的啊，是我眼光有问题吗？我应该如何正确选品才能快速出单呢？

第一节　跨境电商选品维度

“七分靠选品，三分靠运营”的行话说明了选品对做好跨境电商业务的重要性。跨境电商选品包含选行业、选类目和选产品。一般来说，卖家可以从三大维度来进行选品，即市场维度、产品维度和货源维度。

一、市场维度

世界各地消费者的生活习惯、购买习惯、文化背景都不一样，一种产品不可能适合所有国家和地区的买家。比如，颜色鲜艳的服装可能更适合巴西市场，大尺码的服装相对更适合欧美市场。因此卖家在选品前，要开展市场调研，了解买家需求。

1. 市场容量分析

卖家可以根据产品的销售量、搜索量等数据来判断市场容量的大小；可以根据具体产品的销售情况估算本类产品的市场规模，从而了解整个市场的需求情况；也可以通过一些关键词分析工具查看与产品相关的关键词的搜索量来判断市场容量的大小。一般情况下，除了特意选择小而美的个性化产品外，卖家应尽量寻找市场容量大的产品，这样才能够保证有足够的购买者，从而降低库存风险。

2. 市场竞争态势分析

（1）界定竞品。竞品表现出与本产品在使用场景、使用人群上基本一致而且具有可替代性的特征。在跨境电商平台上，是以关键词为分析单位来区分竞品的。

思考与讨论

在电商平台上，玩具中的绕珠和指尖陀螺互为竞品吗？

（2）竞品的竞争力情况。①以关键词为分析单位，用某个关键词的月度搜索量与在线 listing 数量的比值来判断竞争程度，这个比值越小，竞争就越激烈。②以关键词为分析单位，分析销售量排在前 10 名或前 20 名的品牌的具体情况。如果有垄断情况，应判断垄断的程度与垄断原因。同时，通过品牌注册信息、品牌官网、社交媒体、购物网站等调查品牌背景，推断其不同时间段的战略规划，从中分析存在的挑战和机遇。另外，还要寻找非垄断品牌的销售情况，判断其市场竞争力大小。

视野拓展

如何收集根关键词？

根关键词就是准确描述产品的短尾关键词，通过根关键词可以把主要的竞品找出来，找全根关键词是调研和运营的前提。

如何收集正确的根关键词呢？第一步，通过直接翻译、图片搜索、询问外贸企业业务员和外国朋友等方法找到根关键词；第二步，通过英英词典、社交媒体搜索话题评论、竞争对手的产品描述等方法扩展根关键词；第三步，在跨境电商平台上搜索、验证和筛选根关键词，看搜索出来的产品是不是与自己想卖的产品相吻合。例如，通过上述方法可以为户外伞找到以下根关键词：beach umbrella（沙滩伞）、patio umbrella（庭院伞）、outdoor umbrella（户外伞）、cantilever umbrella（悬臂伞）、hanging umbrella（吊伞）、garden umbrella（花园伞）等。

3. 市场趋势分析

卖家可以通过一些营销工具判断自己想介入的某个子类目细分市场近一年或者近五年在全球或者目标国市场的发展趋势，从而决定是否选择该细分市场。

二、产品维度

卖家在了解了整体市场情况以后，还需要从产品维度进行分析，研判某款产品是否适合上架。卖家可以从产品的种类、产品的属性、产品的评价、店铺产品的结构、产品的知识产权等维度进行选品。

思考与讨论

目前在 Wish 上哪些是蓝海类目？

1. 产品的种类

（1）选择蓝海产品。卖家要优先选择蓝海行业中的产品，或者红海行业中的蓝海产品，即选择供需指数小的产品。

（2）选择容易通关的产品。一般情况下，粉末状物品、液体、易燃易爆品等都是不太适合跨境运输的。卖家还需要了解海外市场行情及通关政策。

（3）选择易耗品。卖家可以选择面膜、食品等易耗品，这样买家容易重复购买，易形成用户黏性。

2. 产品的属性

卖家要考虑产品的体积、重量、价格等，优先选择体积小、重量轻、便于储存和发运且客单价高的产品。

3. 产品的评价

卖家要考虑产品的评价情况，选择买家评分高的产品。

4. 店铺产品的结构

店铺产品的结构一般由利润款、引流款和常规款构成。利润款倾向于选择小众化、利润高的产品；引流款倾向于选择热门产品或紧跟热点并可能会流行的产品；常规款倾向于选择性价比较高的产品，即客户认为价值较高但价格适中的产品。选品要针对不同的目标客户，不能把所有的产品都选在同一个价格段和同一个品质水平内，一定的价格和品质阶梯能带来更多的订单。

5. 产品的知识产权

如果有人投诉或者平台经审查发现卖家上架的某款产品侵犯了商标权、著作权或专利权，跨境电商平台就会下架这款产品，并有相应的处罚措施，这对店铺的运营会产生比较大的影响，卖家要避免选择有可能侵权的产品。从长远发展的角度看，跨境电商卖家在发展过程中，注重自有品牌的打造和维护并进行知识产权的保护才是长久之道。

视野拓展

如何预防产品侵犯知识产权?

目前，境内卖家的国际品牌意识仍然比较薄弱，而境外的大卖家早已开始对其商标以及品牌进行布局了。近年来，境外律师事务所起诉中国卖家侵权事件频频发生，一些卖家账号被封、资金被冻结、以侵权为由被要求赔偿等，损失惨重。所以卖家在思想上要予以足够重视，只有合规化经营才能走得长远。

（1）卖家对产品要进行风控管理，对老产品可用软件或人工去查侵权词，对新产品要建立专门的审核机制，查询自己想上架的产品在目标国家和地区是否已经被注册了商标或申请了专利，并定期检查自己店铺的在线产品，时刻关注其是否已经被注册商标了。

（2）多关注美国四大律师事务所 GBC、EPS、Keith、SMG 维权的品牌，尽量避开这些品牌。同时，还要多看看以前发生的侵权案例，了解和解的方式，尽量避免侵权的发生。

（3）卖家应选择产品认证齐全的优质供应商，从源头上把控侵权风险。卖家在选择上游供应链方面要严格把关。首先要进行资质审核，其次对自己所经营产品的相关品牌要深入了解，做到无论外观设计还是品牌商标等都不与境外品牌雷同。

（4）刊登 listing 时，应使用原创图片和文字描述，不能使用带有他人品牌名称的关键词。另外，设置店铺名称时，要注意是否涉及已注册的商标，不能复制其他知名品牌名称，也不能使用容易误导买家的品牌名称。

（5）要时刻留意可疑的收货地址及买家 ID（登录名）。美国四大律师事务所常常会使用“钓鱼执法”的手段来收集证据，即伪装成买家购买产品。由于它们一段时间内要在大量的店铺进行取证，因此，卖家可多留意这些 ID 是否在某个时间段购买了大量的同一产品。

（6）要完善自己的产品线，尽快注册自有商标或申请专利，并把自己的品牌在平台进行备案，建立自己的“护城河”。例如，卖家在亚马逊上进行品牌备案后，可以防止跟卖，从而保护自己的 listing。

三、货源维度

在进行选品时，卖家还需要考虑自身是否具有货源优势。

对于初级卖家来说，如果所在地区有成规模的产业带，或者有体量较大的批发市场，则可以考虑直接从市场上寻找现成的货源。例如，离深圳比较近的卖家可以选择 3C 类目，从深圳华强北电子批发市场拿货；离河南许昌比较近的卖家可以选择假发类目，从许昌假发批发市场拿货；离辽宁葫芦岛兴城比较近的卖家可以选择泳装类目，从兴城泳装批发市场拿货。在没有货源优势的情况下，再考虑从网上寻找货源。

> **思考与讨论**
>
> 从货源维度来看，你所处的地区适合卖什么样的产品？

对于有一定销量基础并且已经积累了销售经验的卖家，如果能够初步判断哪些产品的市场接

> **视野拓展**
> 跨境电商产业带分布

受度较高，就可以考虑寻找工厂货源，针对比较有把握的产品，进行少量下单试款。

对于经验丰富并具有经济实力的卖家，可以尝试先预售，确认市场接受度后再下单生产，这样可以降低库存压力和资金压力。

总之，选品是一件很复杂的事情，选出的产品只有经过市场检验才知道对错，选品的过程实际上就是一个不断试错和纠错的过程。

第二节　跨境电商选品方法

> **微视频**
> 跨境电商选品方法

常见的跨境电商选品方法一般包括市场化选品和数据化选品。这两种选品方法各有优缺点，卖家一般须将这两种方法结合起来进行选品。

一、市场化选品

市场化选品主要是卖家通过观察在跨境电商平台或者供应链平台等上面销量大的产品，从中发现消费者的喜好并据此来进行选品。这种方法的优点是能快速知晓热卖产品，数据精准；缺点是比较费时费力。市场化选品一般可以从以下六个方面着手。

1. 根据跨境电商平台同行业卖家的热销品进行选品

> **思考与讨论**
> 卖家适合在产品生命周期的哪个阶段进入市场？

在跨境电商平台前台输入相关的关键词进行搜索，按照产品销量或者最佳匹配进行排序后浏览以便达到以下目的。①了解本平台的产品种类，了解客户偏好，找到同行热卖产品，进行跟卖或者找相似款产品。②了解产品更新换代的趋势。每种产品都有生命周期，产品的生命周期一般可分为导入期、成长期、成熟期、饱和期、衰退期五个阶段。例如，在速卖通可以通过某种产品的评单比（评价数除以订单量）来初步判断该种产品处于哪个阶段，要尽量选择尚处于成熟期之前的产品。③了解产品的市场价格，方便日后定价。

例如，在速卖通前台输入关键词“women wallets”进行搜索，按照 Orders 进行降序排列，结果如图 4.1 所示。卖家可以通过查看目前平台上销量较高的女式钱包的价格、颜色、款式等，从中发现消费者的喜好，进而跟卖同行热销品或者开发相似款产品。

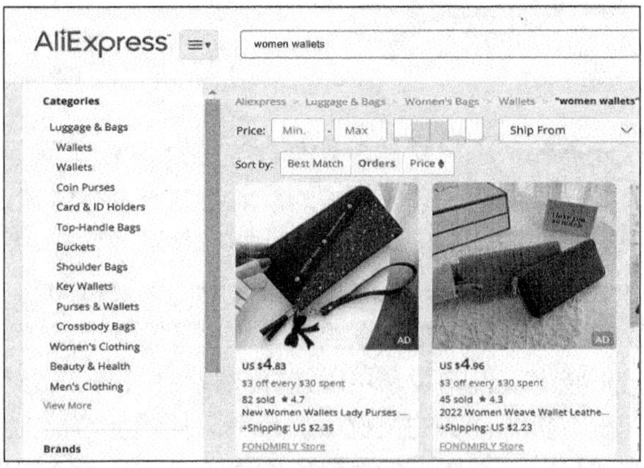

图 4.1　在速卖通前台输入关键词“women wallets”的搜索结果

2. 根据其他跨境电商平台的热销品进行选品

卖家可以根据相似跨境电商平台的热销品进行选品。如在 Wish 上的卖家可以参照亚马逊、易贝、速卖通上的爆款产品和潜力款产品进行选品。这种方法的优点是有助于开发出当前平台上没有的爆款产品，缺点是平台属性不同可能会导致数据的可参考性较差。

3. 借助跨境供应链平台进行选品

近几年，以阿里巴巴旗下的 1688、中财加速度的 S2B2C、雨果网的 CCEE 等为代表的跨境电商供应链平台发展迅猛，为卖家提供了优质的供应链服务。例如，卖家可以在 1688 跨境专供板块上寻找一些开业时间比较长、爆款产品多的源头供应商，如图 4.2 所示。由于这些供应商对市场比较敏感，因此卖家可以参考它们的店铺产品进行跟卖。

图 4.2　1688 跨境专供首页

4. 借助境外社交平台进行选品

由于境外社交平台是市场需求信息的集聚地，因此卖家可以关注这些社交平台的热词，进而以其作为选品依据。典型的境外社交平台有美国的 YouTube、Instagram，西班牙的 Tuenti，韩国的 LINE，法国的 Adopte un mec 等。

5. 借助境外同行业网站进行选品

卖家可以通过搜索引擎搜图或者搜索关键词找到一些境外目标市场的同行业网站进行选品，例如从这些网站的热销排行榜和发布的新品中寻找爆款产品。

6. 借助线下展会进行选品

卖家可以通过参加广交会、美博会、国际服装展、跨境电商选品展会、电子展会等线下展销会，挖掘引领未来的潜力款产品。

案例与思考

差异化选品成功案例

在亚马逊上，Anker 一直是亮眼的存在。很多中国卖家都在研究和模仿 Anker，而真正能够模仿 Anker 并做得很好的，少之又少，但基于对 Anker 的研究和学习，进而做出新的拓展，开拓出新的思路的卖家倒有几个。

Anker 以移动电源起家，其产品一直以黑白色调为主，Anker 从自己的调研中得出的结论是欧美人更喜好黑色，所以打开 Anker 的店铺就会发现，黑色调格外明显；同时 Anker 的产品以方正款式为主，以商务人士为首选客户群体，甚至亚马逊全球副总裁用的就是 Anker 的移动电源。很多想学习 Anker 的卖家，都采取了同样的黑色调和方正款式，可由此获得成功的案例并不多。有两家公司，同样以移动电源为主打，剑走偏锋，选择了走和 Anker 不一样的路子，却非常成功。

Jackery 同样以移动电源为主打，同样主推方正款式，却选择了和 Anker 完全不一样的颜色——橙色。不同于 Anker 的黑色给人冰冷、沉稳的印象，Jackery 以鲜明亮眼的橙色吸引了客户的眼球。从色彩层面来看，如果说 Anker 是以成熟稳重的商务人士为核心客户群体的，那么 Jackery 则明显更能获得年轻女性群体的青睐。在亚马逊的移动电源类目下，Anker 占据着霸主地位，而 Jackery 的另辟蹊径也让它“活”得非常好，从产品 Review（评价）数量可知，Jackery 的销售额也是以亿元为单位计的。

除 Jackery 之外，另一个移动电源品牌 Lepow 的品牌打造则更有意思。Lepow 以更加鲜活的形象切入移动电源市场，在品牌打造过程中，它选取了绿色和黄色为主推色调；同时，在款式的选择上，Lepow 以圆润款式，甚至带有卡通形象的款式为主打，一下子就虏获了年轻群体的心。在亚马逊上，Lepow 起步较晚，但走到当前，却一直走得很好。

回头看这三家公司的选品思路，Anker 凭首发优势，主要面对商务人士群体，成为移动电源类目的龙头。而 Jackery 在选品时，则从 Anker 的发展中看到了商机，同时，为了避免与 Anker 正面竞争，转而选择从侧翼进入，以亮色调得到了年轻女性群体的青睐。当 Lepow 进入移动电源这个市场时，想去撼动 Anker 的市场地位已经非常困难了，既然无法撼动，就迂回前行，以更加年轻的群体为目标，开发出针对该群体的颜色和款式的产品，也获得了成功。

可以说，选品思路的差异化成就了这三家公司。

启发思考：

（1）如何进行差异化选品？（2）选品步骤有哪些？

二、数据化选品

数据化选品就是充分利用数据分析工具进行选品。这种方法的优点是省时省力，缺点是数据往往有滞后性，成功率不高。数据化选品一般可以从以下三个方面着手。

（一）利用速卖通提供的数据分析功能进行选品

在速卖通平台的卖家后台，可以参照“生意参谋”中提供的数据来选品，生意参谋界面如图 4.3 所示。

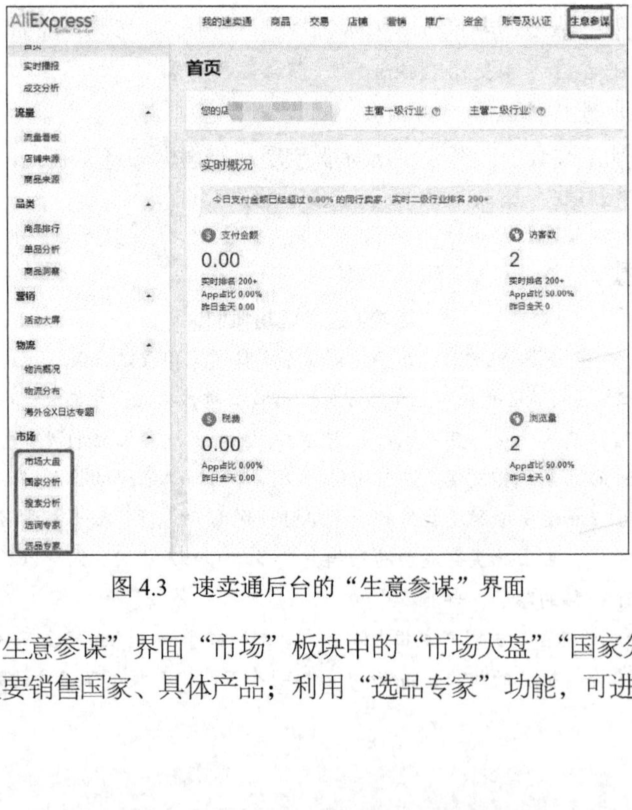

图 4.3　速卖通后台的“生意参谋”界面

卖家可以通过“生意参谋”界面“市场”板块中的“市场大盘”“国家分析”“选词专家”来分别选择子类目、主要销售国家、具体产品；利用“选品专家”功能，可进行类目及商品选择。

卖家可以根据“市场大盘”中的“行业构成”数据来选择子类目，如图 4.4 所示。卖家可以根据搜索指数、在线商家占比、供需指数等指标对同行业中的子类目进行对比，研判市场竞争情况，尽量选择搜索指数高但在线商家占比和供需指数低的子类目商品。

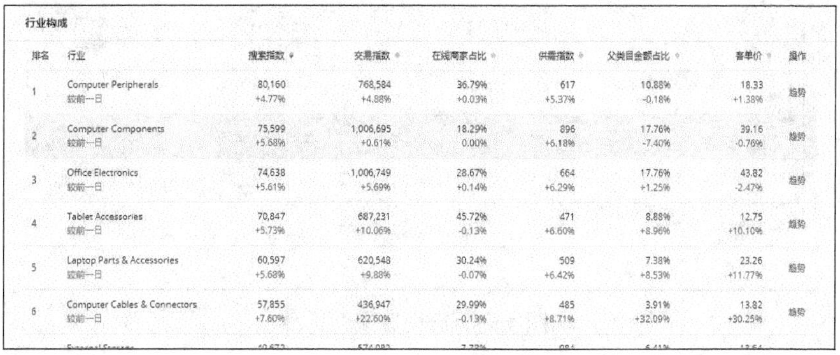

行业构成

排名	行业	搜索指数	交易指数	在线商家占比	供需指数	父类目金额占比	客单价	操作
1	Computer Peripherals 较前一日	80,160 +4.77%	768,584 +4.88%	36.79% +0.03%	617 +5.37%	10.88% -0.18%	18.33 +1.38%	趋势
2	Computer Components 较前一日	75,599 +5.68%	1,006,695 +0.61%	18.29% 0.00%	896 +6.18%	17.76% -7.40%	39.16 -0.76%	趋势
3	Office Electronics 较前一日	74,638 +5.61%	1,006,749 +5.69%	28.67% +0.14%	664 +6.29%	17.76% +1.25%	43.82 -2.47%	趋势
4	Tablet Accessories 较前一日	70,847 +5.73%	687,231 +10.06%	45.72% -0.13%	471 +6.60%	8.88% +8.96%	12.75 +10.10%	趋势
5	Laptop Parts & Accessories 较前一日	60,597 +5.68%	620,548 +9.88%	30.24% -0.07%	509 +6.42%	7.38% +8.53%	23.26 +11.77%	趋势
6	Computer Cables & Connectors 较前一日	57,855 +7.60%	436,947 +22.60%	29.99% -0.13%	485 +8.71%	3.91% +32.09%	13.82 +30.25%	趋势

图 4.4 “市场大盘”中的“行业构成”界面

视野拓展

“行业构成”界面中几个指标的介绍

（1）搜索指数，指统计时段内，所选类目下搜索次数的指数化指标。

（2）在线商家占比，指统计时段内，所选类目占父类目的在线商家数的比例。如果一个商家跨类目经营，该商家会被统计到多个类目中，所以子类目的在线商家数占比相加超过 100%是正常的。

（3）供需指数，指统计时段内，所选类目的需求人数与供给商家数的比值。

（4）父类目金额占比，指统计时段内，所选类目占父类目的支付金额比例。

（5）客单价，指统计时段内，所选类目的每位买家购买商品的平均价格。

“国家分析”界面中包括“机会国家”“单国家分析”“商品研究”。在“机会国家”中，卖家要重点关注“高 GMV 高增速”和“高 GMV 低增速”的国家。“单国家分析”可以具体分析每个国家的支付金额占比、访客数占比、买家的订单金额分布和年龄分布、节日，有助于针对人群的特点和节日进行选品。“商品研究”包括国家和地区、性别、年龄、订单金额分析等。

视野拓展

什么是GMV?

GMV（Gross Merchandise Volume）是指协议有效期内，在卖家所属经营大类下支付成功（排除因风控纠纷等引起的退款）的订单金额总和。

“选词专家”是“搜索分析”的升级版，搜索词增加了对应的翻译词，并且数据可以下载。“选词专家”界面中包括“热搜词”“飙升词”“零少词”，卖家可以用这些关键词来选择具体的产品，如图 4.5 所示。①利用“热搜词”进行选品。下载所选行业子类目下的“热搜词”表格，对表格进行整理，然后去掉品牌词，最后在表格中增加一个“搜索效果”指标。该指标等于“搜索指数”“点击率”“成交转化率”的乘积，可用于判断搜索词的使用效果。此外，还应考虑关键词的竞争指数大小。一般可使用“搜索效果”值大但“竞争指数”值小的关键词进行选品。②利用“飙升词”进行选品。要关注“飙升词”中“搜索指数”上升很快的关键词，这些词代表某些产品近期市场需求比较大，卖家要抓住机会开发此类产品。

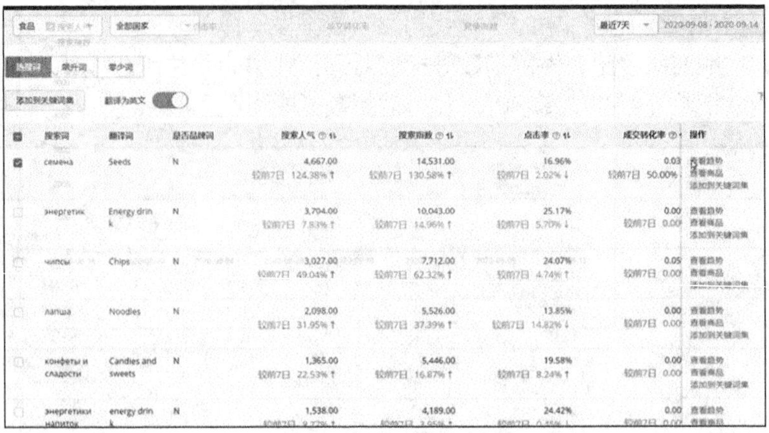

图 4.5 “选词专家”界面

为了帮助卖家更精准地定位目标品类及对应品类属性，“生意参谋”推出了“选品专家”功能，在卖家的类目选择及商品选择上予以数据支持。“选品专家”包含“热销”“热搜”两个功能。

1.“热销”功能

热销功能定位为展示当前商家同类目下各级类目销量表现及竞争表现。

（1）选择目标类目。类目词对应圆圈的大小代表销售热度。圆圈越大，该类目销量越大，同时颜色越深表示竞争越激烈。卖家可以根据不同类目的竞争激烈程度及销量情况选择重点类目，一般应选择竞争不激烈且销量大的类目。下面以选择女装类目下的“jacket”子类目为例进行讲解，如图 4.6 所示。

（2）分析目标类目下的关联产品。点击“jacket”进入关联产品界面。圆圈越大，表示产品销量越大；连线越粗，表示买家关注度越高；颜色越深，表示竞争程度越高。建议选择销量大、买家关注度高且竞争程度低的类目，如图 4.7 中的“parka”类目。

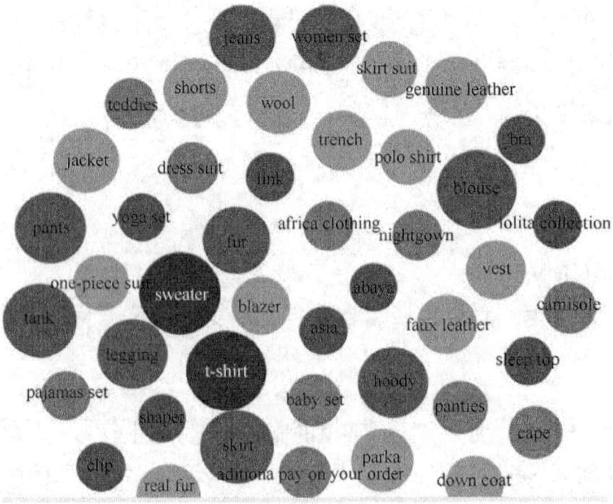

图 4.6 女装类目下的子类目界面

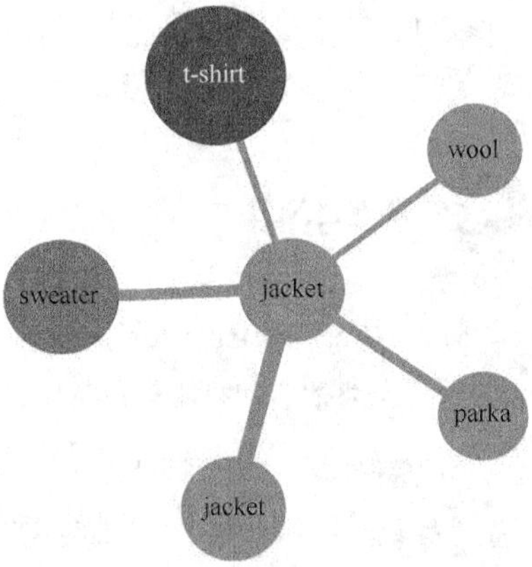

图 4.7 关联产品界面

（3）分析目标类目的热销属性。图 4.8 展示了“jacket”下面的品牌（brand name）、是否有帽子（hooded）等。圆圈越大表示产品销量越大。

（4）分析目标类目的属性组合。相同颜色代表一类属性组合，颜色占比越大表示销量越大。卖家可以根据属性组合并结合供应情况进行选品。建议选择同类颜色数量比较多，且圆圈比较大的属性组合，比如选择图 4.9 中虚线框中的浅绿色属性组合。

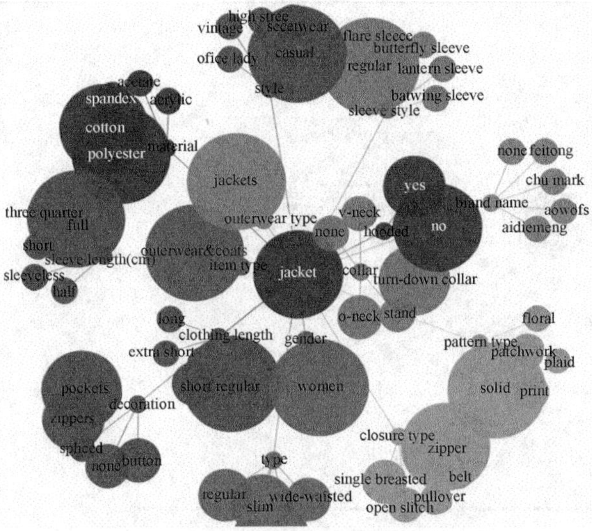

图 4.8　热销属性界面

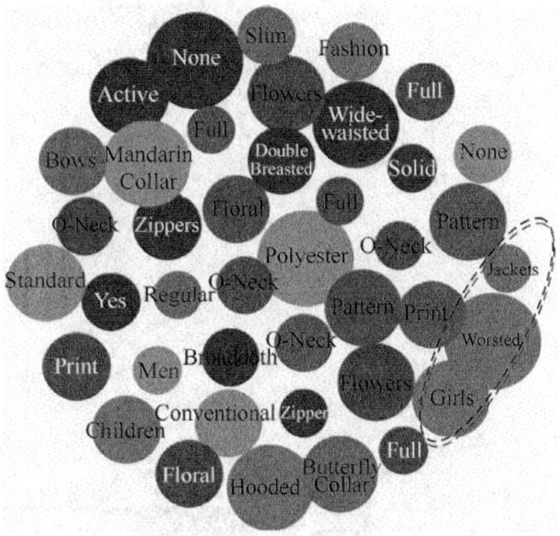

图 4.9　属性组合界面

2. “热搜”功能

“热搜”功能定位为展示当前商家同类目下各级类目销量表现及属性组合。

（1）分析目标类目下的热销子类目。以女装类目为例（见图 4.10），圆圈越大，表示对应的产品销量越大。

（2）分析目标类目下的关联产品。点击“tshirt”进入该类目的关联产品界面，如图 4.11 所示。圆圈越大，表示产品搜索量越大；连线越粗，表示既搜索关键词 A，又搜索关键词 B 的买家越多。

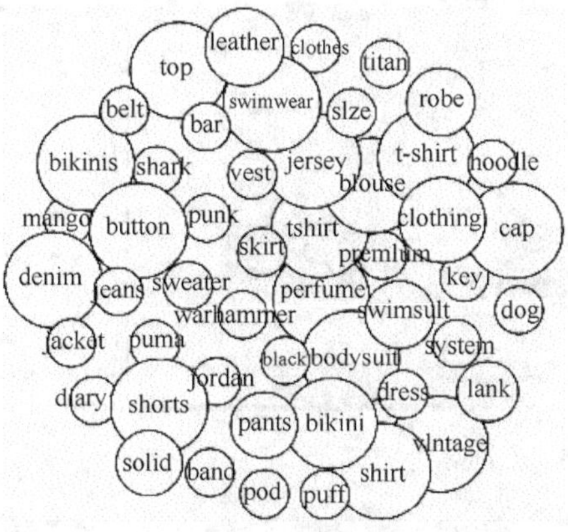

图 4.10　女装类目下的热销子类目界面

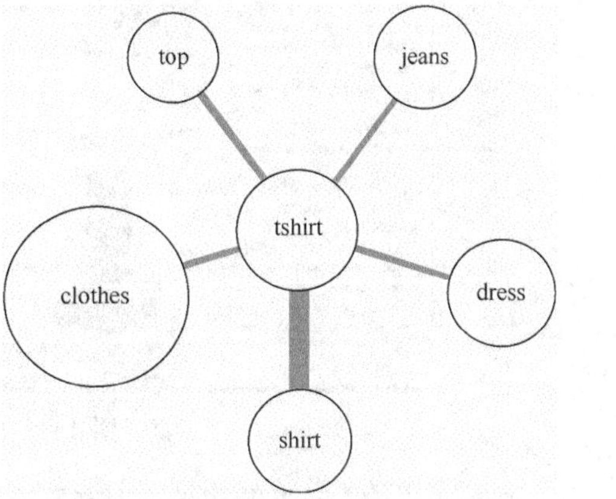

图 4.11　关联产品界面

（3）分析热搜属性。分析目标类目热搜属性，如图 4.12 所示，圆圈越大，表示产品销量越大。

（二）利用亚马逊提供的数据分析功能进行选品

亚马逊会为卖家推荐一些热销品，在亚马逊美国站首页点击“Best Sellers”菜单后，可分别进入亚马逊的“Best Sellers”（最佳销售排行榜）、“New Releases”（新品热销榜）、“Movers & Shakers”（销量飙升榜单）、“Most Wished For”（收藏排行榜）、“Gift Ideas”（礼品推荐榜单）界面，“Best Sellers”界面如图 4.13 所示。卖家可以根据相应排行榜进行选品。

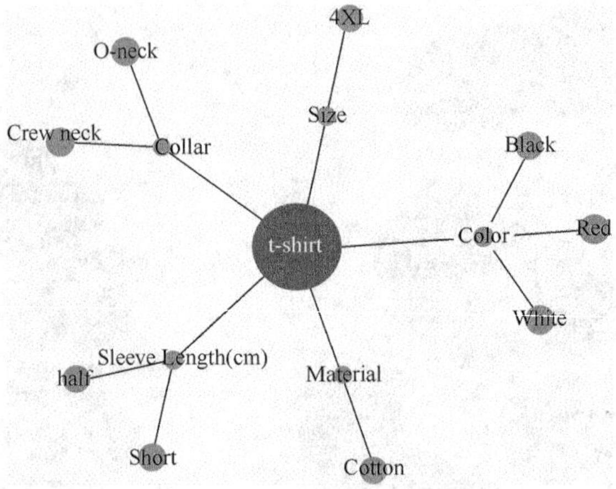

图 4.12　热搜属性界面

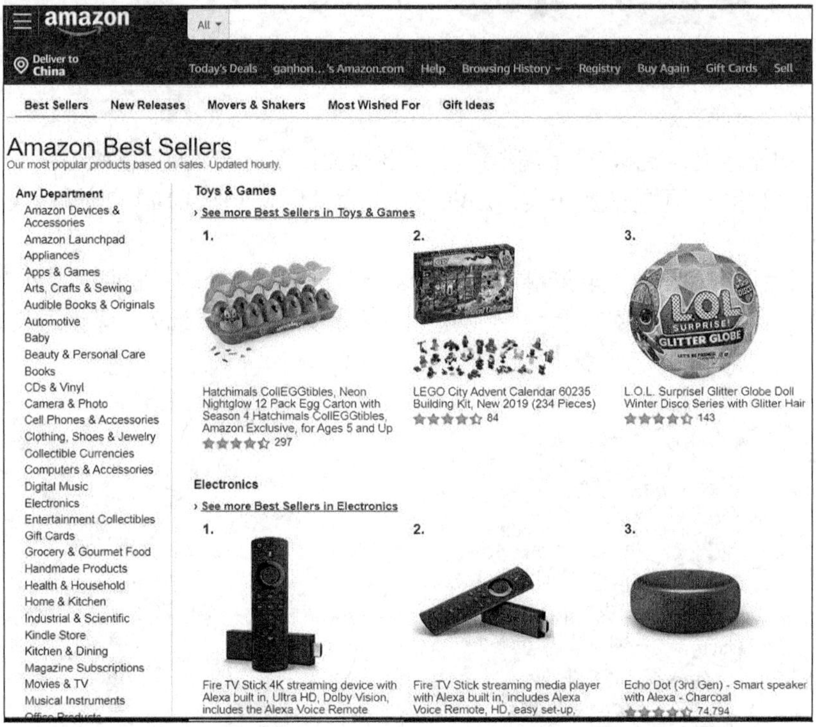

图 4.13　“Best Sellers”界面

“Best Sellers”是按照同类目中产品销量来排名的，销量越大，排名越靠前，每小时更新一次。“New Releases”是基于产品销量得出的热门新品榜单，每小时更新一次，卖家不仅可以看到目前的热销品，也可以据此预测下一个热销品及产品热销趋势。“Movers & Shakers”与“New Releases”有一定的相似性，不同的是前者反映了 1 天内同类目销量涨幅最快的产品。“Most Wished For”也称为愿望清单，当买家把产品加入愿望清单，就会收到关于亚马逊产品降价信息的邮件提醒。“Gift Ideas”主要针对的是礼品，卖家通过它可以判断买家更愿意选择哪些产品作为礼品，从而在节日来临前更有针对性地进行备货。

如果某款产品同时出现在这几个榜单中，卖家则要多关注，而如果某款产品仅仅出现在收藏排行榜中而没出现在其他榜单中，则不能轻易选择该款产品。

（三）利用第三方数据分析工具进行选品

第三方数据分析工具有很多，每种数据分析工具的数据分析精准性和针对的平台往往也不一样。跨境电商平台常用的第三方数据分析工具如表 4.1 所示。

表 4.1　跨境电商平台常用的第三方数据分析工具

跨境电商平台	常用的第三方数据分析工具
亚马逊	Jungle Scout、CamelCamelCamel、Keepa 等
易贝	Terapeak、数字酋长等
速卖通	无
Wish	牛魔王、海鹰数据、卖家网等

这里以海鹰数据为例介绍如何利用第三方数据分析工具进行选品。

海鹰数据是一款第三方数据分析工具，主要为亚马逊、易贝、Wish、Shopee、Lazada 等跨境电商平台上的卖家提供大数据选品、数据监控等数据分析服务，如图 4.14 所示。

图 4.14　海鹰数据首页

因为海鹰数据对 Wish 平台的数据抓取最全面，数据分析也更具体，所以使用海鹰数据的 Wish 卖家更多一些，在此以 Wish 为例进行说明。海鹰数据主要从平台、商品、店铺这三个维度对数据进行分析。

“平台分析”栏目主要从“商品总数”“商品数量”（总购买数大于 0）“商品数量（总购买数大于 10）”“商品数量（评论数量大于 0）”“店铺总数”“店铺数量（评论数量大于 0）”“类目数量”等方面对 Wish 数据进行分析。“商品分析”栏目分为六个子栏目，分别为“商品搜索”“潜力新品”“热销商品”“热销新品”“海外仓热销商品”“海外仓热销新品”。在“热销商品”子栏目下，Wish 卖家可以设置相应的参数，进而精确搜索自己需要的数据。搜索步骤如下：在商品标题栏中输入商品名称（支持多个名称输入）→设置商品总价→设置商品上架时间→设置销售件数（总销售数）→设置评分和总评论数→设置是否有海外仓→点击“搜索”按钮。根据海鹰数据搜索的结果，Wish 卖家可以很直观地分析某类商品在某段时间内，有哪些卖家上架了这类商品，商品定价多少、销量如何。海鹰数据还支持在线打开商品链接和下载数据。除了“热销商品”子栏目，“热销新品”和“海外仓热销新品”同样是两个重要的子栏目。Wish 卖家可以通过这两个子栏目直接看到最近热销的商品，判断哪些商品可能会成为爆款。

“店铺分析”栏目包括“店铺搜索”“店铺热销”“热销新店”三个子栏目。海鹰数据从店铺评分、商品总数、总销售数、总收藏数、总评论数、前 30 天新增评论数、前 60 天新上架商品数、店铺开张时间等八个方面来分析店铺数据。卖家可以选择爆款率高的店铺重点研究，参考目标店铺来优化自己店铺商品的图片、文字描述，分析自己商品的定价是否具有竞争力等。

案例与思考

如何在Wish上进行选品

（据 Wish 电商学院 2019-03-29 报道） 从 2012 年初次出海失利，到 2014 年退回境内市场优化供应链、积累发展经验，再到加入 Wish 等跨境电商平台再次出海，杭州子午线服饰有限公司（以下简称“子午线公司”）在 2016 年实现了跨境电商的一个突破，成功打造了第一个爆款产品，产品日均出单超过了 5000 单。该公司是如何根据 Wish 的特点进行针对性选品的呢？

一、产品的市场分析

产品的市场容量是子午线公司选品的第一个参考因素，其使用第三方工具分析 Wish 各个品类的产品，从大品类到细分品类一步步去分析，找出目前潜在的蓝海产品。选择在售产品较少、增长态势较好、店铺数量较少、产品均价居中的品类，更有可能取得较好的效果。

1. 类目选择

从产品数量、销售增长率等多个角度进行分析，选择在售产品数量较少、销售增长率较高、产品销量较好、销售额较大的类目。

2. 子类目选择

在确定了类目后，子类目可按同样的逻辑进行筛选。产品数量少、店铺数量少、类目的爆品率较低的子类目通常就是一个比较容易进入的蓝海市场。行业在售产品数量和店铺数量较少，说明该子类目的竞争程度低于平均水平。类目的爆品率较低，意味着该类目产品的流量没那么集中，产品成为爆品的潜力就更大。同时，卖家也可以考察产品价格相对于行业平均价格水平的高低，针对不同价格水平的产品采用不同的运营方法。

二、产品的选择与开发

子午线公司选择或开发产品的方式主要有自主开发、现货选择和其他渠道三种，自主开发是子午线公司产品开发的主要方式，约占公司产品的 50%。而无论采用何种开发方式，产品都有成为爆款的机会。

子午线公司主营服装品类，季节性是服装品类的主要特性之一，跨境电商销售平台、境外的社交媒体、境内的采购网站和供应商等都是产品开发的灵感来源。比如，子午线公司的第一个爆款产品是一款沙滩毯，该产品的开发灵感就来自跨境电商平台的相关数据，最终该产品实现了日均超过 5000 单的销售业绩。

三、产品数据整合

Wish 的发展有其自身的特点，如何结合产品的销售数据，持续打造符合该平台销售规律的产品，持续更新产品，实现长久发展？子午线公司是从以下四个方面进行产品数据整合，打造品类优势，持续保持竞争力的。

1. 分析竞争对手情况，排除竞争对手过多的待开发产品

竞争对手较少的类目更适合产品的发展，过多的竞争对手不利于产品的发展，会加大一款产品发展的难度，产品成为爆款的概率较低。因此子午线公司积极分析竞争对手情况，排除竞争对手过多的待开发产品。

2. 查看同款产品，多维度寻求创新和新的卖点

虽然 Wish 对新产品的扶持力度较大，但开发一款全新产品的难度也不小，同款是不可避免的，因此，子午线公司希望通过多维度的创新，无论是产品的创新还是运营方式、物流方式的创新（如 FBW 海外仓、WE 海外仓的使用），均可为消费者提供更多的选择、更实惠的价格。

3. 充分拓展品类，形成类目优势

爆款产品毕竟只是单品，子午线公司充分利用爆款产品的优势，寻找相似的元素、款式等，迅速针对此

类目进行款式的拓展，不断为消费者提供充满新鲜感的产品，实现对该类目市场的占领，形成类目优势。

4. 不断开发新产品

跨境电商的竞争越来越激烈，新品类的成长空间也是巨大的。子午线公司意识到，要想保持竞争力，就需要一直寻找新的品类和产品，只有这样才能实现长久的发展。

从店铺整体来说，子午线公司的产品有明显的分层：以物美价廉的流量款产品进行引流，以多元化的利润款产品来实现主要的利润，以储备创新的类目款产品为店铺未来发展做好准备。多层次的产品组合既保证了店铺的整体利润，又促进了店铺的持续发展。

启发思考：

子午线公司选品成功的原因是什么？

第三节　跨境电商产品定价

一、产品定价方法

价格是卖家参与竞争的重要手段，也是影响交易成败的重要因素，因此产品定价非常重要。常用的产品定价方法有成本导向定价法、需求导向定价法和竞争导向定价法。

1. 成本导向定价法

成本导向定价法是在产品单位成本的基础上，加上预期利润作为产品的销售价格。这是一种比较理性的定价方法，易于理解，使用广泛，但是如果预估成本和实际成本相差较大，就可能会导致企业亏损。

2. 需求导向定价法

需求导向定价法是根据境内外市场需求状况和消费者对产品的价值感受来确定产品销售价格的，主要考虑的是消费者可以接受的价格以及在这一价格水平上的需求数量，而不是产品的成本。在该定价方法下，即使是同一种产品，只要需求程度不一样，卖家就可以制定不同的价格。

3. 竞争导向定价法

竞争导向定价法是以市场上竞争者的类似产品的价格作为产品定价参照系的方法。该方法的优点是可增强产品价格在市场上的竞争力；缺点是过分关注价格上的竞争，而容易忽略其他营销组合可能带来的产品差异化竞争优势，容易引起竞争者报复，导致恶性的降价竞争，并且竞争产品价格的变化难以被精确估算。

以上三种产品定价方法各有利弊，卖家要结合实际情况，采用多种组合定价方法，才能更好地适应市场。

二、产品定价计算

（一）产品价格的构成

产品价格是指产品在跨境电商平台上销售给客户的价格，一般包含产品价值、跨境电商平台费用、物流成本、第三方收款工具费用、其他成本以及销售利润等。其中跨境电商平台费用包括交易佣金、月租费或者年费、刊登费等，其他成本指广告费和退货成本等。

（二）产品定价公式

1. 速卖通

在速卖通上，对于主流销售国家，卖家刊登的产品价格一般都是包邮的价格。下面以一个卖家通用的产品定价公式为例进行介绍。

产品销售价格（美元）=（产品采购价+境内运费+境外运费）÷（1-速卖通佣金率-预期利润率-其他成本比率）÷美元汇率

其中，产品采购价、境内运费、境外运费均以人民币计价，其他成本比率指联盟佣金率、纠纷赔偿率等。

例如，某卖家在 1688 批发平台上采购了一批连衣裙，采购价为 22 元/件，境内运费为 7 元/件，假设当前人民币兑美元汇率是 7.08，预期利润率为 20%，速卖通佣金率为 8%，境外运费为 30 元/件，其他成本比率为 3%，请计算该产品的销售价格。

解： 产品销售价格 = (22+7+30)÷(1−8%−20%−3%)÷7.08≈12.08（美元）

视野拓展

什么是联盟佣金率？

联盟营销是速卖通专门针对卖家的产品所做的站外引流，速卖通联盟按成交金额的一定比例收费。卖家参加联盟营销，联盟会将产品投放到 App、社交及导购网站等站外渠道进行推广，若有买家通过联盟营销的链接进入店铺购买产品并交易成功，卖家则需要支付佣金给联盟。卖家可针对不同产品设置不同的佣金比率，未设置佣金比率的产品，将默认按照该产品对应类目下的标准佣金比率计算佣金。佣金是在订单交易成功（买家确认收货）时扣除的。

2. Wish

Wish 上的产品销售价格是指买家为购买产品而支付的金额，不包含国际运费。在实际运用中，产品销售价格会涉及多个因素，卖家可以根据自己的实际情况进行调整。下面以一个卖家通用的计算公式为例进行介绍。

产品销售价格（美元）=（产品采购价+境内运费）÷（1-Wish 佣金率-预期利润率-收款手续费率-其他成本比率）÷美元汇率

其中，产品采购价、境内运费均以人民币计价，其他成本比率指退款率、丢包赔偿比率、付费推广费率等。

例如，某卖家在 1688 批发平台上采购了一批连衣裙，采购价为 22 元/件，境内快递费为 7 元/件，假设当前人民币兑美元汇率是 7.08，预期利润率为 20%，Wish 佣金率为 15%，收款手续费率为 1%，其他成本忽略不计，请计算该产品的销售价格。

解： 产品销售价格 = (22+7)÷(1−15%−20%−1%)÷7.08≈6.40（美元）

三、产品价格设置技巧

在计算出产品价格以后，卖家最终应给产品设置什么价格合适呢？下面介绍一些产品价格设置技巧。

1. 设置非整数

一般情况下，一些消费者在购买日用消费品时，比较乐意接受非整数价格，而不太喜欢整数价格，特别是对于一些购买频繁的日用品来说更是如此，消费者求廉求实的心理表现更为突出。

例如，一袋洗衣粉价格为0.97美元，跟1美元相比，虽然只相差3美分，却给人一种更便宜的感觉，能有效地刺激消费者的购买欲望，从而增加产品的销量。

2. 设置折扣价格

由于两个价格的对比更容易刺激消费者购买，因此卖家可以同时设置两个价格。比如，在亚马逊上，可以同时设置标准价（Standard Price）和折扣价（Sale Price）；在Wish上设置产品销售价格（Price）和制造商建议零售价（MSRP）。MSRP与超市中促销前的“原价”类似，可以起到促销提示作用。

3. 设置价格区间

如果某款产品有多个SKU，卖家可以针对不同的SKU设置不同的价格。价格以区间的方式呈现出来可以提高产品排名，从而有利于提高转化率。

思考与讨论

一款男装有黑色、蓝色和灰色三种颜色，有S、M、L、XL、XXL五种尺码，请问这款男装的SKU有多少个？

视野拓展

SKU

SKU（Stock Keeping Unit，库存保有单位）即库存进出的计量单位，可以以件、盒、托盘等为单位，是物理上不可分割的最小存货单元，可以唯一标识每种产品。对于一种产品，当其品牌、型号、配置、颜色、包装数量、生产日期、用途、产地等属性与其他产品存在不同时，就可单独将其作为一个SKU。

每个卖家可根据需要自行编写SKU代码，大多数卖家常用的SKU编码规则通常为：品类+款式编码+颜色+尺码。

4. 设置梯度价格

根据一次所购产品数量的不同设置梯度价格，可以刺激消费者购买更多产品。例如买1支牙膏的价格为3.99美元/支，买3支牙膏的价格为3.69美元/支，买10支牙膏的价格为2.99美元/支。

5. 设置带有弧形线条数字的价格

带有弧形线条的数字易被人们接受。据国外市场调查发现，在生意兴隆的商场、超级市场中商品定价时所用的数字，按其使用的频率排序，先后依次是5、8、0、3、6、9、2、4、7、1。这种现象不是偶然出现的，究其根源是顾客消费心理的作用。带有弧形线条的数字，如5、8、0、3、6等似乎不带有刺激感，更易为顾客接受；而不带有弧形线条的数字，如4、7、1等相比之下就不大受欢迎。所以，在商场或超市的商品销售价格中，5、8等数字最为常见，而1、4、7出现的次数则要少得多。

实训项目

速卖通选品调研与产品定价

一、实训目标

掌握跨境电商选品常用的方法和产品销售价格的计算。

二、实训情境

某国内电商卖家想转型做跨境电商，打算在速卖通上开店，但他究竟应从哪个行业、哪个类目开始做起呢？选什么样的产品才能快速出单呢？

三、实训任务

4～5 人为一个小组，以小组为单位进行市场调研，确定每个小组在速卖通上开店选择的行业、类目和具体的产品（至少 5 个），撰写一份不少于 1000 字的市场调研报告，并填写表 4.2。

表 4.2 中，国际运费计算以发中国邮政挂号小包为例，假设挂号服务费为 25 元/包裹，配送服务费为 59 元/kg。速卖通交易佣金率为 5%（家用电器、家具、计算机、手机、鞋子等类目）或者 8%（美容与健康用品、男装、女装、箱包、手表、办公文具等类目），人民币兑美元汇率为 6.36，预期利润率为 30%，其他成本比率为 3%。（备注：国际运费=挂号服务费+配送服务费×产品包裹重量）

表 4.2　选品与定价表

产品编号	产品图片	采购链接	采购成本（元）	包裹重量（kg）	国际运费（元）	报价（美元）

四、实训步骤

（1）了解速卖通涵盖的具体行业和类目，可以到前台首页查找，也可以在速卖通后台的“帮助中心”中查找。

（2）小组成员进行分工，运用所学方法，在中国制造网、敦煌网、亚马逊、速卖通、1688 等网站上进行市场调研。讨论以下内容：①我们的店铺选择什么行业？为什么要选择这个行业？这个行业的发展趋势怎么样？②这个行业下的类目有哪些？各类目的销售数据怎样？③所选类目下的单品价格、重量、运费一般是多少？④所选类目下的热卖产品有哪些？列举出几个；⑤所选类目下的大卖家有多少？他们的店铺经营状况怎么样？⑥我们选哪些产品？和大卖家相比，我们在产品价格、款式、质量、店铺服务、装修、详情描述、标题等方面是否具有优势？我们该制定怎样的价格策略和销售策略？

（3）小组讨论后确定要经营的行业、类目和产品，撰写市场调研报告，并填写表 4.2。

归纳与提高

本章主要介绍了跨境电商选品的维度与方法、如何进行跨境电商产品定价等内容。跨境电商卖家一般可以从市场维度、产品维度、货源维度进行选品。跨境电商选品方法有市场化选品和数据化选品两种。

通过本章的学习，读者应能掌握跨境电商选品的维度与方法，熟悉产品定价方法，具备作为一个新手卖家应该掌握的选品和定价知识。

练习题

一、单项选择题

1．关于数据化选品，以下说法错误的是（　　）。

A．费时费力　　　　B．数据有滞后性

C．成功率不高　　　　D．适合对选品有一定经验的卖家

2．进行数据化选品时，数据获取的渠道主要是（　　）。

A．跨境电商平台　　B．第三方数据分析工具

C．各类搜索引擎提供的数据　　D．以上都是

3．产品价格一般包含（　　）、第三方收款工具费用、其他成本以及销售利润等。

A．产品价值　　B．跨境电商平台费用

C．物流成本　　D．以上都是

4．跨境电商选品维度包括（　　）。

A．市场维度　　B．产品维度　　C．货源维度　　D．以上都是

5．跨境电商选品的方法有（　　）。

A．市场化选品　　B．数据化选品　　C．原创设计　　D．以上都是

二、多项选择题

1．市场化选品的思路包括（　　）。

A．参考同行业卖家热销品　　B．平台推荐选品

C．参考相似平台选品　　D．借助第三方数据分析工具进行选品

2．亚马逊平台上的榜单有（　　）。

A．Best Sellers　　B．New Releases

C．Movers & Shakers　　D．Most Wished For

E．Gift Ideas

3．店铺产品的结构一般由（　　）构成。

A．利润款　　B．引流款　　C．常规款　　D．其他

4．海鹰数据是一款第三方数据分析工具，主要为（　　）跨境电商平台上的卖家提供大数据选品、数据监控等数据分析服务。

A．亚马逊　　B．易贝

C．Wish　　D．速卖通

E．Shopee

5．以下有关选品说法正确的是（　　）。

A．选品的目的就是选能出单的产品　　B．选品包括选行业、选类目和选产品

C．选品是一个不断试错和纠错的过程　　D．选品对卖家来说非常重要

三、复习思考题

1．如何收集正确的根关键词？

2．市场化选品的优缺点分别有哪些？如何进行市场化选品？

3．数据化选品的优缺点分别有哪些？如何进行数据化选品？

4．主流跨境电商平台常用的第三方数据分析工具有哪些？

5．产品定价方法有哪些？

6．如何在速卖通上利用“生意参谋”功能进行选品？

第五章　跨境电商网店实操

【知识与技能目标】

了解主流跨境电商平台后台基础设置的主要内容；掌握如何进行产品信息收集以及如何发布产品；了解跨境电商客服职责，掌握如何回复客户问题；熟悉主流跨境电商平台上主要的收款方式和放款规则；能够熟练地在跨境电商平台上注册自己的店铺；能够为自己的店铺发布产品和处理订单。

引例

新卖家如何在跨境电商平台上注册和运营店铺

小王是一名在校大学生，家里有工厂，主要生产袜子，在淘宝上也开了店。最近工厂生意很不好，订单下滑严重，于是想转型。小王了解到目前跨境电商非常火热，学校也鼓励学生创业，他想和同学合作开一家跨境电商网店，把自家工厂生产的袜子销售到海外。跨境电商平台主要有亚马逊、易贝、速卖通、Wish 等，他应该选择哪个平台开店呢？如何成功注册一个店铺呢？注册店铺后又如何进行后台基础设置、发布和推广产品、进行订单处理和客户服务、成功收回货款呢？

卖家要在跨境电商平台上销售产品，一般要经过账号注册与认证、后台基础设置、产品发布与推广、订单处理和客户服务、跨境收款等步骤。每个跨境电商平台的注册条件、规则和运营技巧等都不一样。本章主要介绍跨境电商网店实操的基础知识。

第一节　账号注册

一、账号注册材料

> **思考与讨论**
> 如果在主流跨境电商平台上开店，你会选择哪个平台呢？

卖家要想把产品销售到海外，就要在了解各大跨境电商平台特点的基础上，结合自身资金情况、市场定位、货源情况等选择合适的跨境电商平台。在每个跨境电商平台上注册账号都有一定的门槛，卖家要准备相应的材料，经平台审核通过以后，才能开店。

在亚马逊、易贝、速卖通、Wish 四大平台中，Wish 账号注册已改为“邀请制”，只邀请企业入驻。易贝是允许个人开店的。个人账号一般是卖家在跨境电商平台官网上自己注册的。企业账号既可自己注册，也可通过招商经理注册。在每个跨境电商平台上注册账号所需要提交的材料都不同，平台允许注册的账号数量也不同。相较于其他平台而言，亚马逊账号比较难申请，审核比较严格。主流跨境电商平台账号注册对比如表 5.1 所示。

表 5.1　主流跨境电商平台账号注册对比

跨境电商平台	亚马逊	易贝	速卖通
个人是否可以注册	不可以	可以	不可以
每个实体可以注册的账号数量	1 个实体可以注册多个站点，1 个站点只能申请 1 个账号	1 家企业可以注册多个站点，1 个站点可以申请多个账号。个人在 1 个站点只能申请 1 个账号	1 个实体最多可开设 6 家店铺，可以经营相同的类目，也可以经营不同的类目
账号注册所需材料	电子邮箱、手机号码、双币信用卡、过去 90 天的信用卡账单、法定代表人的身份证、营业执照、用于收款的银行卡等	电子邮箱、手机号码、双币信用卡、身份证、营业执照等	企业支付宝账号或企业法人支付宝账号、产品清单、营业执照等
开店费用	佣金、广告费、Payoneer 等收款工具费用、月租费、FBA 费用等	佣金、广告费、Payoneer 费用、店铺订阅费、刊登费、特色功能费等	佣金、广告费、国际支付宝等收款工具费用、技术服务费年费（或保证金）等

在开店费用中，相同的是每个跨境电商平台都要收取佣金、广告费和收款工具费用，其中佣金是当商品成功售出时，平台按照买家付款总金额的一定百分比向卖家收取的费用。目前，亚马逊的销售佣金比例为 3%～45%，同时规定了每件商品最低销售佣金为 0.3～2 美元，亚马逊取二者中的较高者计收销售佣金。易贝的成交费按照销售总额的百分比金额加上每笔订单 0.30 美元的固定费用收取，佣金比例为 0.5%～15%；速卖通的佣金比例为 5%～10%；Wish 的佣金比例为 5%～25%。不同的是，在亚马逊上，店铺的销售计划分为专业和个人两种，二者在功能、缴费等方面均有所不同。专业销售计划卖家要交月服务费，个人销售计划卖家则按照每售出一件商品缴费。在易贝上，卖家订阅店铺要交店铺订阅费，上传商品要交刊登费，开通特色功能（特大图片展示、副标题服务）也要付费。目前申请入驻的新卖家无须向速卖通缴纳年费，仅提供保证金即可。

二、账号注册流程

每个跨境电商平台的账号注册流程都不同，由于篇幅有限，这里不再赘述。亚马逊、速卖通的账号注册流程可以到其官网上下载注册指导手册进行学习，易贝的账号注册流程可以到“eBay 大学”网站的自学资料中查看相关文章，也可以咨询平台的招商经理。另外，很多视频网站都有跨境电商平台账号注册流程的讲解视频，读者可自行搜索观看。

第二节　后台基础设置

卖家账号注册完成以后，要登录跨境电商平台进行后台基础设置，设置完成后才能发布产品。每个跨境电商平台卖家后台界面和所需设置的内容都是不一样的。下面主要介绍亚马逊、易贝、速卖通、Wish 的后台基础设置。

一、亚马逊后台基础设置

登录亚马逊美国站后台，可以看到“设置”菜单界面。亚马逊后台基础设置选项包括“账户信息”“通知项选项”“登录设置”“退货设置”“配送设置”“用户权限”“你的信息和政策”“亚马逊物流”等，具体内容如表 5.2 所示。其中，只有使用亚马逊物流的卖家才需要设置“亚马逊物流”

选项，自发货的卖家不用设置此选项。自发货的卖家只要把“配送设置”设置好就可以发布产品了。

表 5.2　亚马逊后台基础设置的主要内容

设置选项	简介
账户信息	有关付款信息和公司业务信息等
通知项选项	设置订单通知、退货和索赔通知、商品通知、出价通知等
登录设置	编辑登录姓名、邮箱地址、手机号码、密码、两步验证设置等
退货设置	指定退货条件及退货期限等细节
配送设置	自发货的卖家要进行此项设置，包括指定订单处理时间、提供的物流方式及送达时间、运费等信息
用户权限	不同的用户可以设置不同的权限，被授予权限的用户可完成库存管理、处理发货确认等
你的信息和政策	通过增加卖家个人资料、常见问题解答、凭证和证书等信息，让消费者了解卖家实力
亚马逊物流	使用亚马逊物流的卖家要进行可选服务设置、入库设置、不可售商品自动移除设置等

二、易贝后台基础设置

易贝后台基础设置包括业务政策设置和站点偏好设置。

1. 业务政策设置

业务政策（Business Policies）设置的目的是简化撰写和管理 listing 的流程，提升卖家的工作效率。业务政策设置包括付款政策、退货政策和物流政策设置。付款政策用于设置买家在购买商品时的付款方式，例如使用 Payoneer 进行支付。退货政策是指提供退换货服务的卖家要设置退换货条件及退换货期限等细节。物流政策明确有关运送的细节，如指定订单处理时间、提供的运送方式以及运费等。

登录易贝美国站，点击“My eBay”→“Account”→“Business policies”，即可进入业务政策设置页面，如图 5.1 所示。

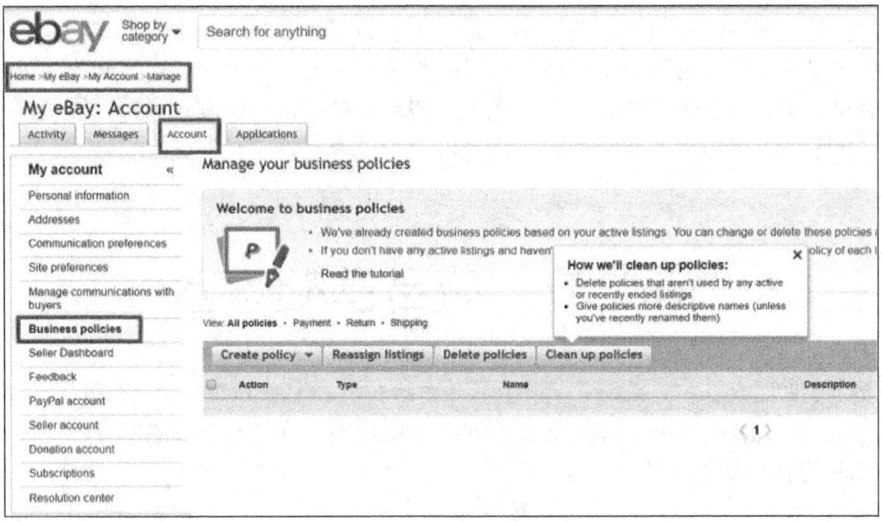

图 5.1　业务政策设置页面

2. 站点偏好设置

listing 刊登前的站点偏好设置对于卖家而言非常必要，能够在后期的运营中消除一些隐患。站点偏好设置包括无货隐藏设置、客户电话设置、屏蔽不发货地区设置、每日截单时间设置（平台默认是每个太平洋时间工作日的下午 2 点）、屏蔽买家设置、常见问答设置、未付款纠纷自动处理和自动退货设置。

登录易贝美国站，点击“My eBay”→“Account”→“Site Preferences”，进入站点偏好设置页面，如图 5.2 所示。

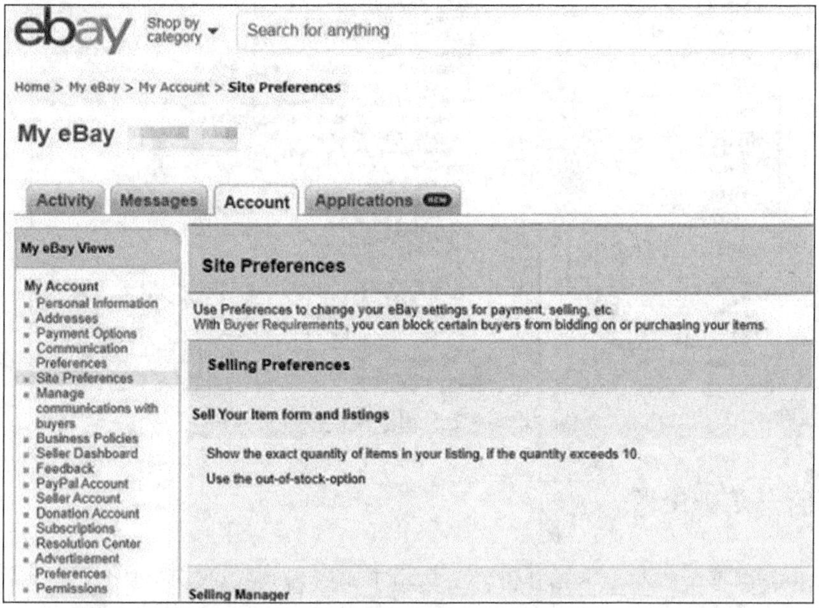

图 5.2　站点偏好设置页面

三、速卖通后台基础设置

登录速卖通后台，卖家可以看到“账号及认证”菜单下有“账户管理”和“子账号管理”等选项，如图 5.3 所示。“账户管理”可用于设置账户基本资料，修改注册邮箱、手机号和登录密码，代扣支付宝账户绑定设置等。“子账号管理”可用于对不同的子账号设置不同的权限，如发布商品、修改商品、做营销活动、处理订单等。每个主账号（管理员账号）下可以设置 50 个子账号。

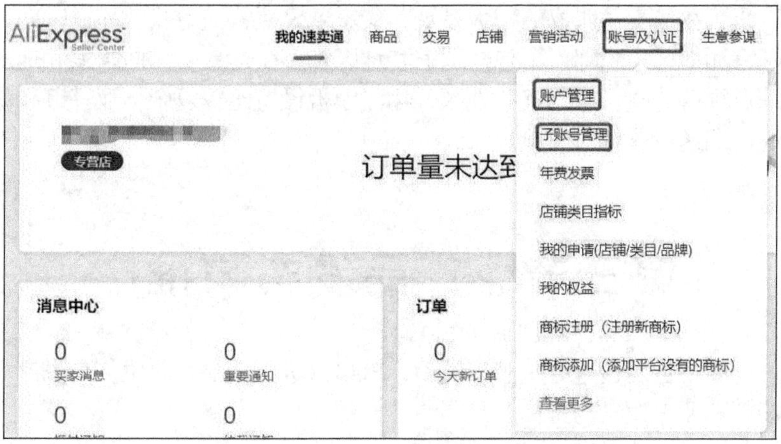

图 5.3　速卖通后台设置页面

速卖通物流模板设置路径为“商品”→“模板”→“物流模板”→“新增运费模板”，主要可设置物流方式、配送区域、运费等内容，设置页面如图 5.4 所示。

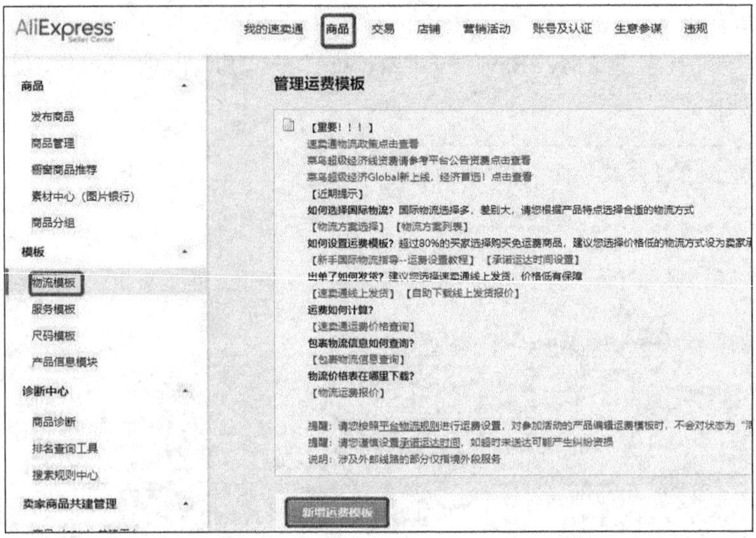

图 5.4　速卖通物流模板设置页面

四、Wish 后台基础设置

登录 Wish 商户平台，在左下角“设置”菜单下可以看到基础设置模块，主要包括账户设置、配送设置、假期设置、子账户设置等选项，具体内容如表 5.3 所示。

表 5.3　Wish 后台基础设置的主要内容

设置选项	简介
账户设置	包括登录和安全、基本信息、WishPost（Wish 邮）、邮箱偏好设置、语言设置、货币设置等选项
配送设置	配送范围和配送运费设置
假期设置	卖家在春节等假期，可以选择所有仓库均运营、主仓库履行时限延长、仅暂停主仓库、暂停所有仓库等
子账户设置	创建多个子账户给团队成员使用，并对子账户的权限进行管理；子账户没有付款设置、假期设置等权限

综上所述，四个主流跨境电商平台后台基础设置都涉及账户设置、配送设置、子账户设置的内容。其中配送设置在速卖通叫物流模板设置，卖家要设置物流方式、配送时间、哪些国家和地区包邮、哪些国家和地区不包邮、不包邮国家和地区加多少运费、哪些国家和地区不发货等。速卖通平台的单站点辐射 200 多个国家和地区，物流模板设置比较复杂，亚马逊和易贝是按照国家和地区分站点的，配送设置相对简单。

第三节　产品发布与推广

卖家对跨境电商平台后台进行基础设置后，就可以进行选品并收集相应的产品信息，按照跨境电商平台的规则和要求发布与推广产品了。

一、产品信息收集

一般而言，跨境电商平台产品信息主要包括类目、标题、图片、价格、产品属性、产品详情描述等。除此之外，亚马逊和易贝还需要卖家填写 UPC 码，Wish 还需要卖家填写标签等。UPC 码是美国统一代码委员会制定的一种商品用条形码，由 12 位数字组成，不包含字母或其他字符，用于跟踪商品，主要用于美国和加拿大。

（一）类目

类目（category）是跨境电商平台为了让买家能够有针对性地购物而对商品做出的归类。跨境电商平台的类目有很多，而且每个平台的类目也不一样。亚马逊的类目有玩具和游戏、汽车、电子产品、图书、女士时尚、男士时尚、宠物用品、体育和户外用品、美容和个人护理等。易贝的类目有鞋服及配饰、家居园艺用品、eBay Motors、收藏品、健康与美容、邮票、古董等；速卖通的类目有服装配饰、美容美发、3C 数码、珠宝首饰、家居、母婴玩具、箱包、运动和娱乐等；Wish 的类目有时尚、3C 数码、母婴、美妆、配件、鞋、家居装饰等。这些一级类目下面还有二级类目和三级类目。

类目的精确性是影响产品搜索排名的一个关键因素，所以选择合适的类目对卖家而言非常关键。确定类目通常有以下两种方法。

1. 通过关键词搜索确定类目

在跨境电商平台后台用于产品发布的类目搜索框中输入关键词，系统会推荐一些产品的类目，卖家可根据产品的实际情况从中选择一个合适的类目。这种方法遵循的原则是核心关键词必须与类目有关，即产品与类目的匹配度要尽量高。如果有些产品既可以放在 A 类目，也可以放在 B 类目，则选择放在流量较大的类目下更合适。

2. 参考同行类目

在确定类目时，卖家可以参考同行的相似产品类目设置。比如，卖家可以先在亚马逊前台搜索“iphone case”，查看各个站点前十几名卖家的类目设置情况，再做出决定。

（二）标题

微视频
产品标题

1. 标题定义

产品的标题（title 或 product name）就是向买家展示产品特点的词语。标题应符合买家的搜索习惯，并且能激发他们的兴趣。一个产品之所以能够出现在买家的搜索结果中并吸引买家点击，标题起着很大的作用。好的标题需包含简单的产品信息，并尽可能包含多个相关性高的产品搜索关键词。

2. 撰写标题的基本要求

标题应尽量准确、完整、简洁，用一个完整的语句描述产品。跨境电商平台对标题的撰写有一定的要求，其中对标题字符数的规定如表 5.4 所示。

表 5.4　跨境电商平台对标题字符数的规定

跨境电商平台	亚马逊	易贝	速卖通	Wish
最大字符数	200 个	主标题：80 个 副标题：55 个	128 个	200 个

除了对标题有字符数的规定以外，各大平台对标题撰写还有一些其他的要求。

（1）亚马逊规定：①标题首位必须是品牌名；②每个词的首字母必须大写，a、an、and、or、for、on、the 之类的词除外；③不能使用特殊字符或标点符号，如®、©™、$、&、!；④数字要用阿拉伯数字，不要用文字，如要写“2”，不能写“Two”；⑤批量销售的产品要在产品名称后面添加“pack of x”，其中“x”指产品个数；⑥不能出现促销和运费或者与产品本身无关的信息等；⑦标题要简明扼要，不要堆砌关键词。

（2）易贝规定：①不得在标题中添加无关的标注符号，不得含有网站地址、电子邮箱或电话号码；②不得含有亵渎或猥亵的语言；③不得使用涉及侵权的关键词；④确保标题单词拼写正确等。

（3）速卖通规定：①不能堆砌关键词，同一个词不能出现两次以上；②不能使用限制词，如“Free Shipping”“Free Tax”等；③不能使用与产品不同类目的词，如T恤衫不能使用“Dress”。

（4）Wish 规定：①标题首字母要大写，介词和连词全部小写；②能使用数字就使用数字，而不使用单词，不能包含类似!、*、$、？等特殊符号；③只能包括与产品本身相关的信息，不能包括促销信息，例如不可以写成“Free Shipping”“New Arrival”等。

3. 好标题的标准

一个好的标题应该符合以下几个标准：①关键词与产品本身高度相关，按照一定的顺序进行组合，而不是简单堆砌；②能够与买家的搜索习惯相匹配，匹配度越高，被搜索到的次数也就越多；③能够充分利用跨境电商平台最大字符数的规定，对产品进行更详尽的描述；④能够为产品导入精准的流量并激发买家的购买欲望。

4. 如何撰写好标题

标题的基本要素包括关键词和标题的结构。卖家首先要懂自己的产品，然后再收集和整理关键词，并对关键词进行筛选，最后选择合适的关键词，以恰当的方式将其布局在产品标题中。

（1）收集关键词。标题的关键词越精准，卖家的产品就越能被更多的买家搜索到。收集关键词的方法有以下几种。

① 通过站内搜索确定关键词。例如在亚马逊前台输入“blooth earphone”，亚马逊推荐的词就会出现在下拉框中。卖家要尽量选用这些关键词，因为它们是买家常常搜索的词，体现了买家的需求。

② 从竞争对手的产品标题中提取关键词。卖家可以参考优秀同行的关键词。向优秀同行学习是卖家得以快速成长的一种行之有效的方法，如在易贝前台找出有“Top Rated Seller”（优秀评级卖家）标志的同行，在亚马逊前台找出类目 TOP100 中的同行，卖家就可以从这些优秀同行的产品标题中挑选一些高频词。

③ 从竞争对手的 review（评论）中提取关键词。卖家从 review 中能直接了解买家的关注点，比如产品尺寸、是否掉色、是否防水、是否由金属材料制成等，把买家的关注点直接体现在标题中，可以提高产品的曝光量和转化率。

④ 通过平台首页类目查找关键词。卖家可以在平台首页类目中查找关键词。这些类目词一般是大词，如图 5.5 所示。

图 5.5　通过平台首页类目查找关键词

⑤ 通过第三方数据分析工具收集关键词。卖家可通过 Terapeak、数字酋长、Merchant Words、Jungle Scout 等第三方数据分析工具收集关键词。

⑥ 参考社交平台热词。卖家可以参考主流社交平台 Facebook、Twitter、Pinterest、Instagram、Linked In 等上面的热词。

⑦ 参考速卖通“搜索词分析”里的关键词。在速卖通，卖家可以利用后台“生意参谋”中的“搜索词分析”来整理相关的热搜词和飙升词等关键词。

（2）筛选关键词。卖家在收集关键词后，还要对关键词进行筛选，最终形成自己的词库表。筛选关键词的方法包括以下几个。①去掉品牌词。可以把关键词放到跨境电商平台前台的搜索框中检索，查看是否是某个卖家的品牌或商标。②去掉相关性差的关键词。如果在标题中放入与自己产品相关性很差的关键词，则不利于买家搜索到想要的产品，导致平台不会给该款产品分配太多的流量。所以要把关键词放到跨境电商平台前台的搜索框中去检索，通过跨境电商前台展现量及展现的产品来判断关键词的相关性。如果展现量较高且产品是相似的，则说明这是一个比较精准的关键词。③去掉搜索量太低的关键词。标题中的关键词要有一定的搜索量，如果这个关键词的搜索量太低，则不适合出现在标题中。

视野拓展

关键词的分类

关键词有很多种类，通常可分为大词、精准词、长尾词、广泛词。大词是所在类目中流量最大的词；精准词是与商品属性最相关的词，质量分相对比较高，转化率很高；长尾词是通过精准属性拓展出来的词，精准性比较高；广泛词的范围就比较广了，简单来说，是能给这个类目的商品带来更多流量的词。

（3）标题的写法。常见的标题写法为“品牌名+核心关键词+属性词+其他词”，如图 5.6 所示。

图 5.6　产品标题写法示例

①品牌名。为了宣传自己的品牌，品牌名可以放在标题的最前面。如果是不知名的品牌，则可以放在标题靠后的位置；但需要注意的是，亚马逊规定品牌词必须放在标题最前面。②核心关键词。一般来说，一个标题中包含两三个核心关键词即可。核心关键词主要说明这个产品是什么，其特点是搜索量相对较高，但是用户定位不够精准，竞争相对较大，如“Wireless Headset”“Power Bank”“T-shirt”。③属性词。属性词是指描述产品本身一些功能、特点、材质等的关键词，能体现产品的卖点。产品的卖点要在标题中体现出来，让用户在阅读的一瞬间就能被触及痛点和关切

点，如“Waterproof”“Cotton”。④其他词。其他词包括形容词、场景词、适用范围等，如“For Outdoor Activities”。

当然，标题的写法不止一种，卖家在实践中也可以参考跨境电商平台官方推荐的标题写法，如表 5.5 所示。

表 5.5　跨境电商平台官方推荐的标题写法

跨境电商平台	亚马逊	易贝	速卖通	Wish
官方推荐的标题写法	品牌名+属性+产品名	无推荐	品牌名+属性+产品型号/类型	主品牌+子品牌、系列或产品名称+最多 3 个关键属性+通用产品类型

视野拓展

产品标题撰写的注意事项

（1）不得使用涉及侵权的关键词。不能将“iPhone”“iPad”“Samsung”等品牌关键词直接加入标题中，否则会误导买家认为这是苹果或三星等公司的产品。正确的写法应该是“××××for iPhone 7”或“××××for Samsung Galaxy S8”。

（2）避免堆砌标题关键词。比如，在同一标题中不能出现“MP3，MP3 player，music MP3 player”关键词堆砌，否则可能会导致该款产品不但不能提升排名，反而还会受到搜索降权处罚。

（3）标题中切记避免虚假描述。比如，卖家销售的产品是 Xiaomi12，但为了获取更多的曝光，在标题中填写类似“Xiaomi12/Xiaomi13”字样的描述，系统会监测此类作弊产品，同时虚假的描述也会影响产品转化率。

（4）避免出现与标题不相关的用词，如“Free Shipping”“New”等词。

（5）标题单词拼写要正确，遵守英文标题书写规则，符合海外买家的语言习惯。

（三）图片

买家往往会依据产品图片（image）做出购买决策，因此卖家要重视产品图片的规划、拍摄和后期处理，以便能直接展示产品的卖点并对买家产生视觉冲击，提高产品转化率。

1. 图片处理的基本要求

卖家需要按照跨境电商平台的要求进行产品图片发布。如果图片不符合要求，将导致产品无法发布或者影响产品的曝光量等。跨境电商平台对图片处理的基本要求如表 5.6 所示。

表 5.6　跨境电商平台对图片处理的基本要求

跨境电商平台	亚马逊	易贝	速卖通	Wish
主图背景	纯白色	没有具体要求，建议用纯色背景	白底或者纯色	没有具体要求，建议用纯白色背景
图片大小	1000 像素×1000 像素～10000 像素×10000 像素	500 像素×500 像素～1600 像素×1600 像素	800 像素×800 像素以上	800 像素×800 像素以上
边框、水印	都不允许	允许有水印	都不允许	都不允许
建议图片格式	JPEG	JPEG	JPEG	JPEG
主图主体大小	要求产品至少占据图片 85%的空间	没有具体要求，建议产品占据整个图片的 80%～90%	各个类目产品所占图片的比例要求不一样，如女装和童装是 70%以上，婚纱礼服类是 80%以上	没有具体要求，产品建议占据图片 85%左右的空间
Logo	不允许	不允许	放置于主图左上角	不允许（产品本身的 Logo 是允许的）
刊登图片数量	主图 1 张，副图最多 8 张	主图 1 张，副图最多 12 张	主图最多 6 张，详情图 5 张以上	主图 1 张，副图最多 20 张

2. 优质图片的标准

优质图片的标准如下：①图片要传递真实准确的产品信息给买家；②图片要传递质感和超价值感；③图片要美观大气，不失真；④图片要自己拍摄，不能盗图；⑤图片要能抓住买家眼球；⑥要有从不同角度展示产品独特卖点的细节图、功能图和应用场景图等。

（四）价格

在不同的跨境电商平台发布产品时，产品价格（price）的设置也是不一样的。

亚马逊的产品价格设置包括标准价格、销售价格和制造商建议零售价格。标准价格是卖家根据自己想要的价格来填写的，一般比销售价格要高一些，销售价格即折扣价格。

速卖通的产品价格设置包括零售价格、区域价格和批发价格。零售价格即原价（包含交易手续费）。区域价格指按照不同的国家和地区设置的差异化价格。批发价格是对于支持批发的产品，依据起批数量不同设置的价格。批发价格以折扣形式填写，例如零售价格为 100 美元，批发价格在零售价格的基础上减免 10%，即 9 折，表示批发价格为 90 美元。

易贝的产品价格设置包括固定价格、拍卖价格、拍卖价格和固定价格并用三种。固定价格即一口价。拍卖价格是以“拍卖方式”销售的产品价格，既可以输入产品的起拍价格，也可以输入产品的保底价格。拍卖价格和固定价格并用是指同一产品既可以设置拍卖价格，也可以设置固定价格。

Wish 的产品价格设置包括销售价格和制造商建议零售价格。制造商建议零售价格在 Wish 上显示为带删除线的价格。

（五）产品属性

产品属性（product properties）一般包括颜色、款式、尺码、材质、数量等，需要由卖家按照平台提供的格式填写，有助于买家在搜索产品时按自己的需求进行精确筛选。产品属性需要填写的内容较多，分必填项和可选项，其中以红色星号标识的项目是必填项。不同类目的产品，必填项的内容和数量也不同，卖家要根据产品特性如实填写。产品属性的完整性会影响产品的搜索曝光率，因此卖家应该尽量填写完整。卖家也可以自定义添加买家关注的产品属性，以便让买家清晰地了解产品，减少买家的顾虑，提升交易成功率。

（六）产品详情描述

1. 产品详情描述类型

产品详情描述（item description）是对产品详细、准确的描述，分为图文版描述和纯文字描述两种类型，其中图文版描述通过图片和文字相结合的方式展示产品细节，能让整个产品描述页面看起来更活泼。

在亚马逊上填写产品详情描述时，只有成功通过了亚马逊品牌注册的卖家，才可以创建“A+”页面，即图文版产品详情页面。没有通过亚马逊品牌注册的卖家，只能用纯文字展示产品细节。速卖通和易贝上的产品详情页都可以通过图文版描述展示产品详情，但在易贝上添加图片时，需要先把图片传到另外的免费图片空间里，再将图片的 HTML 链接地址插入相应的图片位置，相对比较麻烦，卖家可以采用店小秘、芒果店长、马帮等 ERP 工具上传产品图片来解决该问题。Wish 的产品详情描述一般用纯文字描述，没有提供图文版描述的功能。

2. 产品详情描述写法

产品详情描述建议按照以下思路填写。

（1）宣传品牌故事和品牌优势。一个有故事的品牌，更能获得买家的认可，引起其情感上的共鸣。

（2）强调产品的差异性。卖家要重点阐述产品的参数、工艺等各种细节，特别是产品的特色。卖家可以学习同行竞争对手的 listing，也可以关注和提取同行客户留评中所包含的大量客户关心和需要的有用信息。

（3）提供无忧售后服务。卖家要为客户提供各种品质保证和售后服务，以此打消买家的种种顾虑。

（4）介绍产品包装信息。卖家要把产品、配件和赠品一一罗列在包装清单中，让买家觉得物超所值。

（5）进行关联营销。卖家可以通过以下方法进行关联营销：①同类关联，如卖手机，那就全部关联手机的 listing；②搭配关联，如卖裙子，那就对腰带、项链等可以搭配在一起的产品进行关联营销。

好的产品详情描述，除了要包含上述内容以外，还要注意页面的排版。比如，在亚马逊，卖家可以运用加粗、换行等功能对产品详情描述文字进行排版，让产品信息一目了然，这样有助于提高产品转化率。

二、产品发布

（一）产品发布方法

产品发布方法有以下两种。

1. 通过跨境电商平台后台上传

跨境电商平台后台一般提供两种产品上传方式：单个产品上传和批量产品上传。其中，批量产品上传就是根据跨境电商平台指定的 CSV（Excel 的文件格式）模板批量填写产品信息之后生成文件并上传。这两种方法各有利弊，批量上传产品效率高，但容易出错。比如，在 Wish 批量上传产品过程中，容易发生 SKU 重复添加、出现系统不支持的颜色、必填属性选项漏写等错误。

2. 借助第三方工具上传

常用的上传产品的第三方跨境电商 ERP 工具有店小秘、芒果店长、马帮等。一个 ERP 账号可同时授权多个平台的多个店铺，从而很好地解决了店铺关联问题。

视野拓展

产品发布注意事项

产品信息的准确性会影响产品的转化率，同时较高的准确性还可以防范由货不对版问题所引起的纠纷。卖家填写好所有产品信息后，应当核对一遍再提交。要重点核对产品的各个参数是否填写齐全，内容是否与标题、产品描述、图片等相一致。卖家发布产品以后，跨境电商平台要进行产品审核，审核通过以后产品才能在前台展示，其中 Wish 的审核时间相对较长。

（二）产品发布流程

下面以在速卖通上传单个产品为例介绍产品发布流程。

（1）登录速卖通后台，点击菜单栏“商品”中的“发布商品”，如图 5.7 所示。

图 5.7 “发布商品”界面

（2）进入“基本信息”界面，选择发布语系，输入商品标题并选择商品类目，如图 5.8 所示。标题建议按“品牌名+属性（材质/特点/颜色/风格等）+商品型号/类型”的格式填写，切勿堆砌关键词。

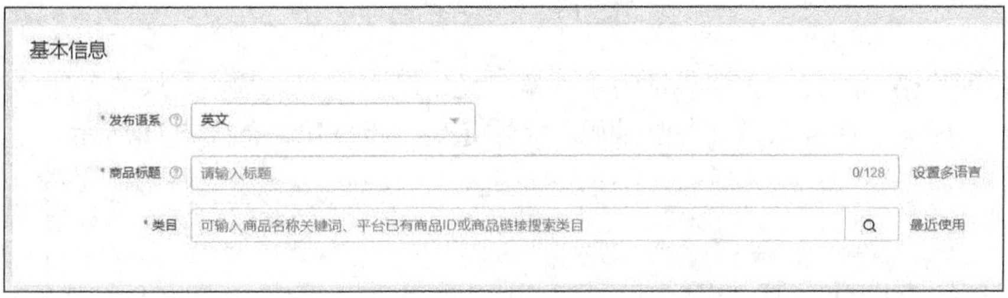

图 5.8 填写基本信息

（3）添加产品正面图、背面图、实拍图、侧面图、细节图等，多角度展示商品的卖点，大大提高买家对商品的兴趣。卖家也可以添加营销图和产品视频，如图 5.9 所示。白底／透明图上传后，后续卖家报名参加任何平台活动，系统会自动引用这张图，无须再次上传。添加产品视频可以提高产品转化率，建议视频比例为 1∶1、3∶4 或 9∶16，时长 30 秒内，大小 2GB 内，内容含产品主体，非 PPT、无黑边、无水印、无中文等。

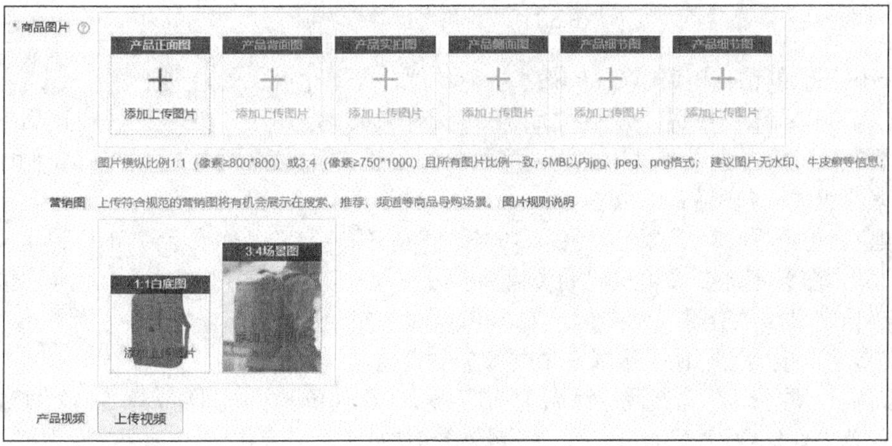

图 5.9 上传图片界面

（4）填写产品属性，如实、完整、准确地填写即可，如图 5.10 所示。

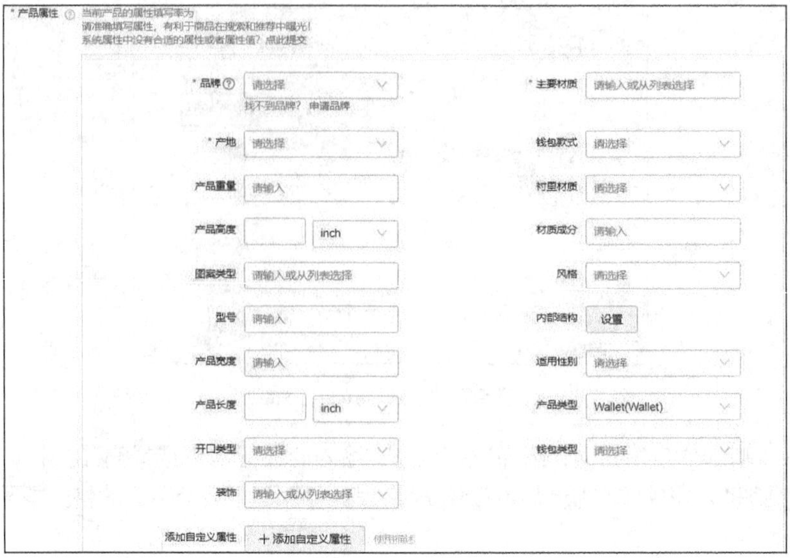

图 5.10　填写产品属性

（5）填写价格与库存，主要包括最小计量单元、销售方式、颜色、尺寸（部分类目）、发货地、零售价（USD）、库存数量、商品编码、区域定价、批发价，如图 5.11 所示。

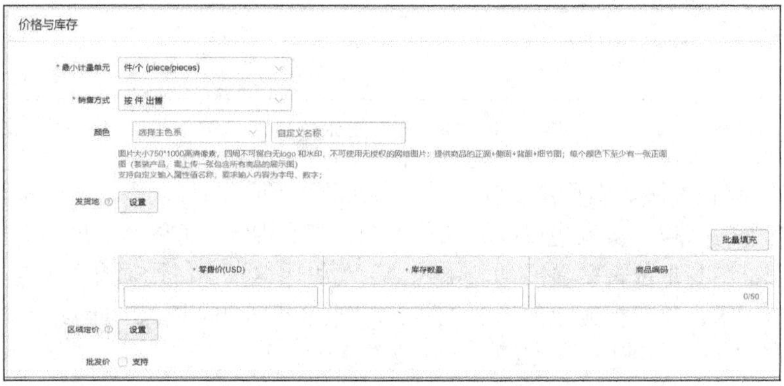

图 5.11　“价格与库存”界面

① 最小计量单元：售卖的产品的最小度量单位，即单个产品的量词。

② 销售方式：根据重量、体积和货值决定是单件出售还是打包出售。一般产品单价较高，重量和体积较大的产品适合单件出售；而产品单价较低，重量和体积较小的产品（例如 3C 配件等）适合多个组成一包出售。

③ 颜色：可选择一个或多个主色系，并设置对应的自定义名称或上传 SKU 自定义图片。

④ 尺寸：服装等需要设置尺码的类目需要设置尺寸。卖家可以勾选通用尺寸，也可以自定义属性值，自定义属性值时只允许输入字母和数字。

⑤ 发货地：根据实际情况选择一个或多个发货地。

⑥ 零售价：原价（包含交易手续费）。实际收入=零售价×（1-佣金费率）。多 SKU 产品在设置价格时，首先在标题栏填写零售价、库存数量等信息之后，点击“批量填充”，则全部 SKU 价格将被填充。

⑦ 库存数量：表示特定属性的产品是否有货。

⑧ 区域定价：在产品发布端，按照“ship to”区域不同，向卖家提供差异化定价的功能。

⑨ 批发价：对于支持批发的产品，可勾选“支持”。卖家可以在弹出的窗口中设置起批数量和批发价格，批发价格以折扣形式填写。例如零售价为 100 美元，“批发价在零售价的基础上减免 10%，即 9 折”，表示批发价为 90 美元。

（6）填写产品详细描述，平台提供了 PC 详描编辑和无线详描编辑两种模式，如图 5.12 和图 5.13 所示。平台数据显示，添加了无线详描的产品的成交转化率远高于没有添加无线详描的产品。尤其对非标产品来说，更多更高质量的详描展示，有助于增强买家的黏性及停留时长。

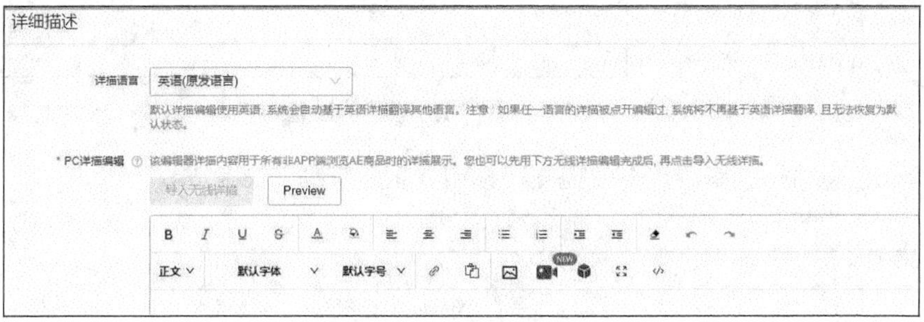

图 5.12　PC 详描编辑界面

（7）设置包装与物流（见图 5.14）。发货时间从买家下单付款成功且支付信息审核完成（出现“发货”按钮）后开始计时。假如发货期为 3 天，如在北京时间星期四 17:00，订单支付信息审核通过（出现“发货”按钮），卖家则必须在 3 日内（周末、节假日顺延）填写发货信息，即在北京时间下一个星期二 17:00 前填写发货信息。若未在发货期内填写发货信息，系统将取消订单，货款全额退还给买家。建议卖家及时填写发货信息，避免出现损失订单的情况。卖家要合理设置发货期，避免产生成交不卖的情况；还应准确填写包装后重量和产品包装尺寸，避免因填写错误而造成运费损失和成交活跃度下降。

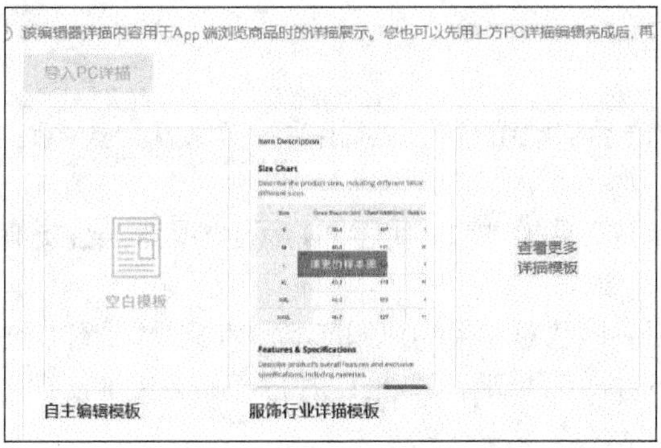

图 5.13　无线详描编辑界面

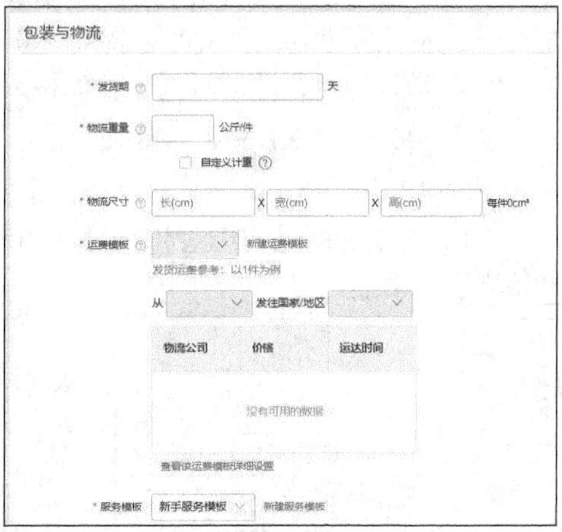

图 5.14　“包装与物流”界面

（8）其他设置（见图 5.15）。商品分组能帮助买家快速查找商品，也方便卖家管理商品。卖家可以根据需要设置商品组，将同类商品放在一个商品组内。库存扣减方式包括下单减库存和付款减库存。下单减库存是买家拍下商品后即锁定库存，付款成功后进行库存的实际扣减，如超时未付款则释放锁定库存，该方式可避免超卖发生，但是存在被恶拍的风险。付款减库存是买家拍下商品且发起付款时锁定库存，付款成功后进行库存的实际扣减，如超时未付款则释放锁定库存，该方式可尽量避免商品被恶拍，并且可避免超卖的发生。

视野拓展
Wish 平台产品发布

图 5.15 “其他设置”界面

（9）全部信息填写完毕后点击“提交”按钮，至此产品发布完成。

三、产品推广

产品推广包括站内推广和站外推广，亚马逊、易贝、速卖通的产品推广具体内容见第六章。这里以 Wish 为例介绍站内推广。Wish 上的产品流量来源于自然流量和付费流量，付费推广就是利用 ProductBoost 工具进行的产品推广。

1. ProductBoost 简介

ProductBoost（缩写为 PB）通过结合卖家端的数据与 Wish 后台算法，可增加相关产品的流量。对于使用 PB 的产品，卖家需要支付相应的广告费。

为了帮助卖家便捷高效地使用 PB，Wish 用 PB 智能版全面替代了 PB 常规版。通过 PB 智能版，卖家可以提交所选产品和预算来创建产品推广活动，而无须提交关键词和竞价（PB 常规版需要），但可为 PB 智能版活动中的产品添加可选关键词。通过卖家提供的额外关键词，加入 PB 智能版产品推广活动中的产品可能会得到额外的曝光机会和更高的排名。

Wish 数据显示，活动时间、整体投入、产品是影响 PB 推广效果的三个关键因素。

2. 使用 ProductBoost 的好处

使用 PB 进行产品推广具有以下三个好处。

（1）能增加产品的流量和销量。如果卖家的产品与消费者的需求相关，卖家就会获得更多产品流量和销量。

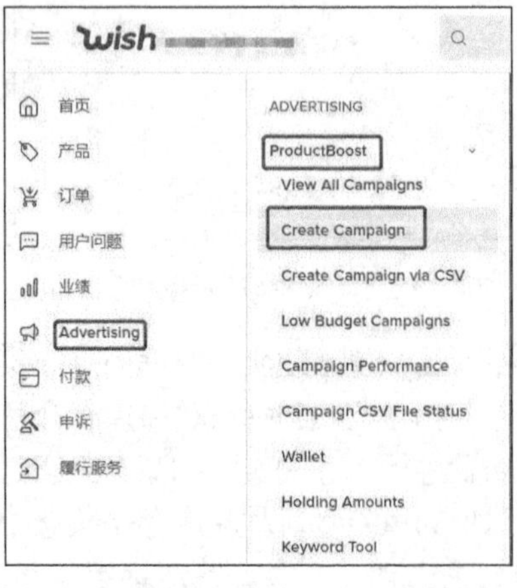

图 5.16 创建 ProductBoost 活动页面

（2）能提高产品的排名。使用 PB 后，产品排名会提高，从而获得更多的曝光。

（3）能更快地凸显卖家的热销产品。卖家最了解自己的产品，当他们选择好的产品来做推广时，产品会更加热销。

3. 创建 ProductBoost 活动

PB 活动既可以以单个产品进行创建，也可以批量创建。这里以为单个产品创建 PB 活动为例来介绍，具体步骤如下。

（1）登录 Wish 后台，点击“Advertising”→“ProductBoost”→“Creat Campaign”，如图 5.16 所示。

（2）完成活动基本信息的填写，如图 5.17 所示。编辑活动名称和活动的起止时间，勾选“完成后自动续期”。卖家可以选择启用 IntenseBoost 功能，启用此功能参与活动的产品将拥有优质的广告位置和更快获得流量支持两大优势。开启了 IntenseBoost 功能的 PB 活动的最低预算要求要高于传统的 PB 活动。

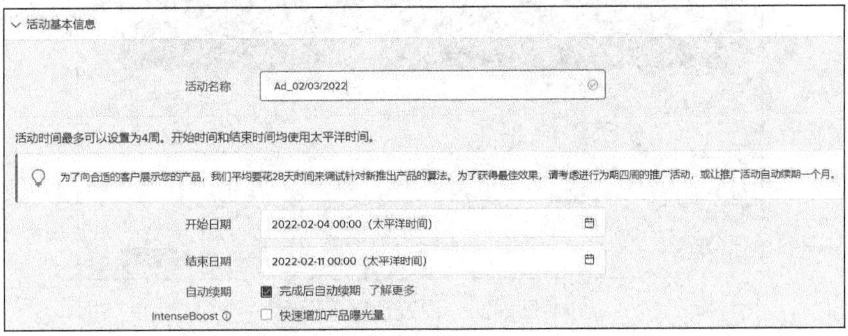

图 5.17　活动基本信息设置

（3）选择参加 PB 活动的产品，如图 5.18 所示。卖家可以通过产品的 ID/SKU 或者产品名称等来编辑。一个 PB 活动最多可选择 200 个活动产品。

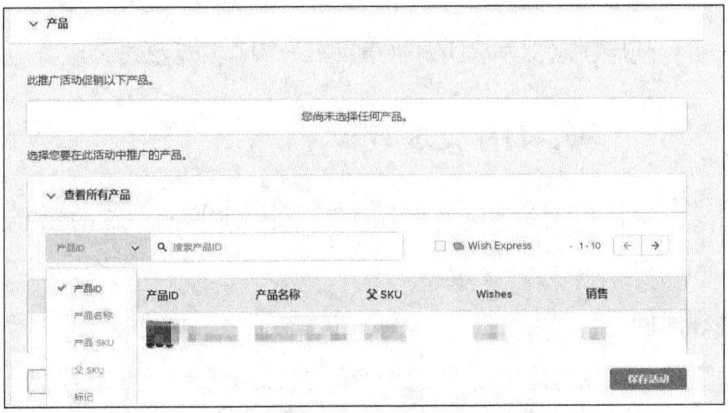

图 5.18　选择参加 PB 活动的产品页面

（4）设置可选关键词。对于所选产品，卖家可设置可选关键词，以便向更多的买家展示产品，如图 5.19 所示。建议卖家自己补充关键词，每个产品设置 5～6 个精准词，不要太多。

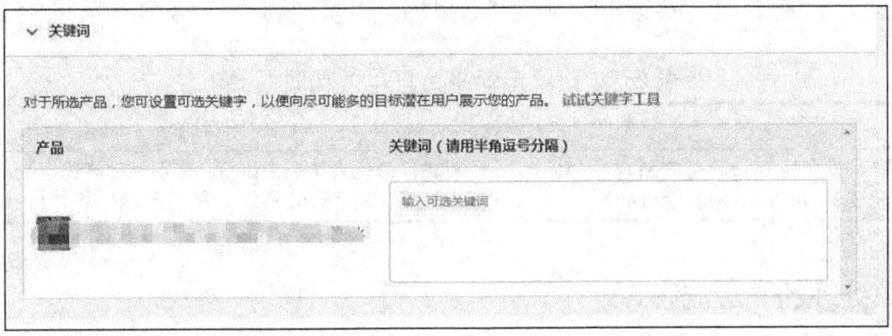

图 5.19　设置可选关键词页面

（5）根据产品的特性和卖家的预期设定本次活动的预算，如图 5.20 所示。系统会根据产品的特性自动建议最低预算，若预算金额低于系统建议，预算有很大可能在计划的结束日期之前用完。

（6）以上所有内容准确填写完成并检查后，点击“保存活动”按钮，PB 活动就创建好了。

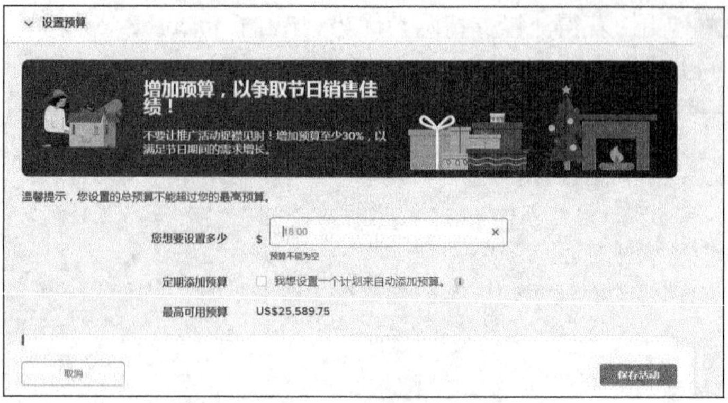

图 5.20　设置预算页面

第四节　订单处理与客户服务

买家下单并完成付款后，卖家要尽快对订单进行处理，并做好客户服务。

> **思考与讨论**
>
> 如果卖家没有及时处理订单，会产生怎样的后果？

一、订单处理

跨境电商平台对订单处理时间有一定的要求，卖家要及时处理订单。

（一）订单处理时间

订单处理时间是指从买家付款成功后生成订单信息到卖家标记发货的时间。

跨境电商平台订单处理时间要求如表 5.7 所示。卖家可以根据平台给出的时间范围自行设置订单处理时间。

设置的订单处理时间是卖家对买家做出的发货时间承诺，它的长短在一定程度上会影响买家的购买决策。如果卖家没有及时处理订单，将会面临平台自动取消订单的风险。如果超过了承诺的时间发货，也会影响平台对卖家的绩效考核，所以卖家及时处理订单非常重要。

表 5.7　跨境电商平台订单处理时间要求

跨境电商平台	亚马逊	易贝	速卖通	Wish
订单处理时间	自发货产品不超过 30 天	直邮产品为 1～30 天，海外仓产品为 1～2 天	一般类目最长为 7 个工作日，个别类目最长为 15 天（家纺成品或室内灯饰灯具）或者 30 天（手机、自行车等）	不超过 5 个自然日

（二）订单处理的一般流程

卖家可以登录跨境电商平台后台进行订单处理，也可以用店小秘、芒果店长等软件对订单进行处理。这些软件可以绑定多个跨境电商平台的多个店铺，使用比较方便。

订单处理的一般流程如下。

1. 订单检查

卖家在发货前须对订单信息进行检查，只有确认无误，才能有效避免不必要的麻烦。针对新买家，卖家需要检查订单上的地址信息、联系电话等是否全面。如果没有包含邮编和电话号码，需与买家联系获取，这对于产品被顺利送达非常重要。另外，还要关注订单备注或留言，查看买家对颜色、尺码等方面的特殊要求，避免因发错货而带来不必要的损失。

2. 填写物流面单

确认订单信息没问题后，填写物流面单。物流面单填写是否正确规范，对于货物的派送及分拣、清关、入关等影响较大，卖家需认真对待。物流面单要整洁干净、字迹清晰、内容完整，有破损或者字迹模糊的物流面单需要重新打印。不同物流方式的面单内容和格式会有所不同，中国邮政国际小包面单如图 5.21 所示。

图 5.21　中国邮政国际小包面单

3. 拣货

卖家拿着拣货单到仓库拣货时，应检查产品质量是否合格、产品是否与自己上传的图片相符、颜色与数量是否正确等。

4. 打包

卖家要根据产品类型选择合适的包装材料对产品进行包装，确保包装安全和美观，产品包装好后要把物流面单贴在包装上。贴物流面单时应确保条码不被遮挡和折叠，以免造成物流服务商（货代）扫描不到相关信息而无法派送给买家。

5. 发货

卖家预约物流服务商上门揽收。如果卖家不在物流服务商的上门揽收范围，则要把包裹送至物流服务商处。将包裹交给物流服务商后，一般 24～48 小时后可以查询物流信息。

6. 填写发货通知

发货完成以后，卖家要填写发货通知。发货通知的内容一般包括发货地、发货时间、物流服务商名称、货运跟踪单号等信息。

（三）常用发货物料准备

卖家在发货时，要注意控制包装成本，选用合适的发货物料。

1. 包装材料

跨境物流中常使用的包装材料有瓦楞纸箱、包装袋、气泡膜、气柱袋、透明胶、封口胶、编织袋等。

瓦楞纸箱分为高强度纸箱和一般强度纸箱。其中一般强度纸箱既便宜又容易切割，颇受卖家青睐，如图 5.22 所示。不能挤压的或易碎的产品一般用纸箱装，同时配合气泡膜使用。气泡膜可对产品起到缓冲保护作用，其宽度有 20cm、30cm、40cm、50cm、60cm、80cm 等多种规格，如图 5.23 所示。

图 5.22　瓦楞纸箱（一般强度）

图 5.23　气泡膜

包装袋又称为快递袋，常见的有塑料和纸质两种材质的，如图 5.24 和图 5.25 所示。

气柱袋是发运带大屏幕电子产品的必备材料，需要配合充气机或者打气筒使用，如图 5.26 所示。气柱袋弥补了气泡膜强度不够、气泡容易破裂等缺陷，尤其适用于平板电脑、手机等带屏幕的产品。

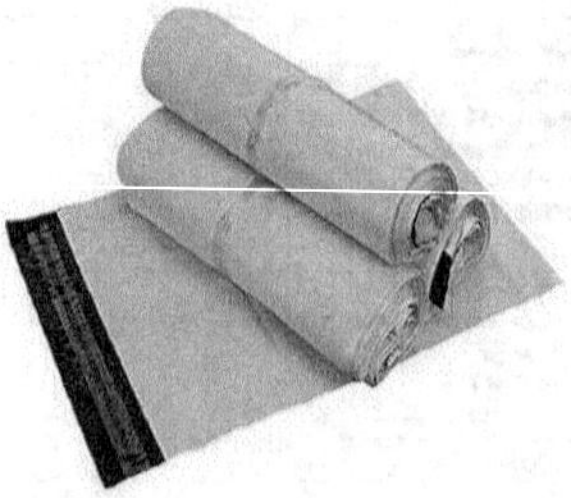

图 5.24　塑料快递袋

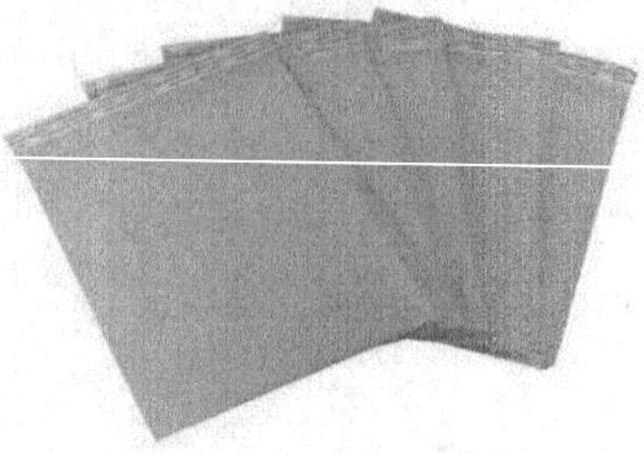

图 5.25　纸质快递袋

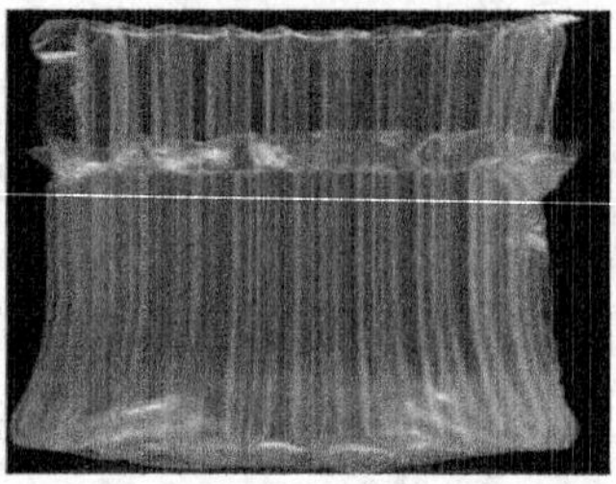

图 5.26　气柱袋

2. 配套设备

配套设备是指仓库里面与发货操作配套的硬件，用好这些设备能提高工作效率、降低出错概率。常用的配套设备有打印机、电子秤、卷尺、扫描枪、打包器、剪刀等。

打印机可以选用普通打印机或热敏打印机。热敏打印机（见图 5.27）打印速度快、故障率低、性价比高，较受卖家欢迎。与热敏打印机配套使用的打印纸通常为不干胶标签纸，如图 5.28 所示，常用规格为 10cm×10cm，建议使用防油、防水、防酒精的“三防”标签打印纸。

图 5.27　热敏打印机

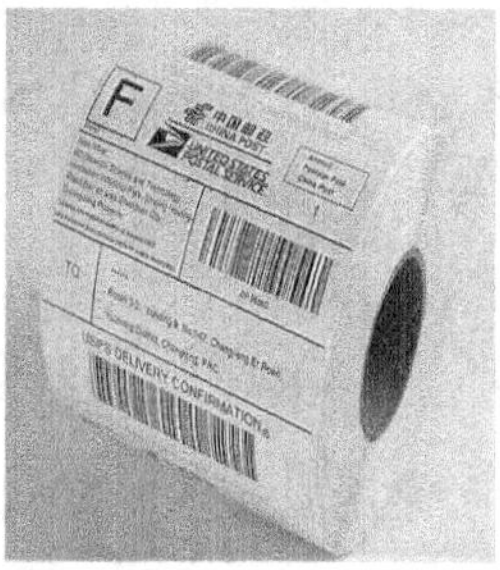

图 5.28　不干胶标签纸

对于轻小物品，称重时最好选用高精度的电子秤。卷尺较常用的是钢质卷尺，它的作用是测量外纸箱的长、宽、高，以便更好地控制货物的体积。

二、客户服务

做好客户服务非常重要，能够帮助店铺吸引更多的回头客，降低营销成本，提高店铺利润。

（一）客服职责

跨境电商客服人员的主要职责包括解答客户咨询、促进产品销售、解决售后问题、反馈相关问题给职能部门。

（1）解答客户咨询。在跨境电商交易中，部分买家在下单之前会咨询产品信息、讨价还价、询问物流和关税等问题，客服人员需要及时、准确地给予解答。

（2）促进产品销售。客服人员要注意维护好客户关系，使买家成为回头客，以促成多次销售。

（3）解决售后问题。在卖家发货后，可能会出现买家未收到货或收到货后发现产品与描述不符等要求退货退款的情况，客服人员需要妥善处理这类问题。

（4）反馈相关问题给职能部门。客服人员由于直接与买家接触，能够了解交易中存在的问题，因此需要对买家反馈的问题进行分类，并及时反馈给采购主管、生产主管、仓储主管、物流主管等决策者，以便优化相关流程。

（二）客户服务常用的沟通模板

客户服务工作包括售前沟通、售中沟通、售后沟通三个方面的内容。

1. 售前沟通模板

售前沟通主要是为客户解决关于产品细节信息、讨价还价、询问物流及运输时间、支付方式、关税等方面的问题，促使买家尽快下单。客服人员要站在买家的角度考虑问题，及时、耐心、专业地回答买家的问题，不可敷衍了事。

（1）关于询问产品细节的回复

Dear friend,

Size(M) of this dress will fit you pretty well. Any other questions, feel free to let me know.

Nice Day and Best Regards!

（your name）

（2）回复讨价还价问题

Dear friend,

Thank you for your interests in my item. Perhaps we can't accept the price you offer. I'm sorry for that. In fact the price is reasonable. We only have a low benefit. But we are going to offer you some discounts if you buy more products at one time. If you buy more than 3 products, we will give 5% discount to you. If you have any other questions, please tell us.

Nice Day and Best Regards!

（your name）

（3）关于物流及运输时间的回复

Dear friend,

Thank you so much for your great support on us.

It may take (29-60) days to be delivered.We will wait the package together with you.If you have any other questions, please tell us.

Best Regards!

（your name）

（4）关于支付方式的回复

Dear friend,

Thank you for your inquiry.

For simplifying the process sake, I suggest that you pay through PayPal. As you know, it always takes at least 2-3 months to clear international check so that the dealing and shipping time will cost too much time.

PayPal is a faster, easier and safer payment method. It is widely used in international online business. Even if you do not want to register a PayPal account, you can still use your credit card to go through PayPal checkout process without any extra steps.

Hope my answer is helpful to you.

Nice Day and Best Regards!

(your name)

（5）关于关税问题的回复

Dear friend,

I understand that you are worrying about any possible extra expense for this item. According to past experience, it did not involve any extra expense at buyer side for similar small or low cost items. Please don't much worry.

However, in some individual cases, buyer might need to take some import taxes or customs charges in import countries. As to specific rates, please consult your local custom office. Appreciate for your understanding.

Nice Day and Best Regards!

(your name)

2. 售中沟通模板

售中沟通主要包括提醒买家尽快付款、回复缺货问题、给买家发发货通知、物流信息的沟通等。其中，物流信息的沟通非常重要。当回复买家关于所购产品的物流信息的咨询时，客服人员最好用买家本国语言，同时提供三个信息点：可跟踪的包裹单号、可以追踪到包裹信息的网站、最新的追踪信息。这样会方便买家查询物流信息。

（1）提醒买家尽快付款

Dear friend,

Much appreciate for your purchasing from us, but we haven't received your payment for that item yet. As a friendly reminder, we send you this mail to inform of you that the instant payment is very important. The earlier you pay, the sooner you will get the item.

Please make the payment at your convenience as soon as possible. If you meet any problem during you are paying, please feel free to let us know to give you a hand. We committed to provide you good buying experience and make you satisfaction.

Nice Day and Best Regards!

(your name)

（2）关于缺货问题的回复

Dear friend,

I am sorry to tell that the item you ordered is out of stock, our factory stopped producing it. It's really sad, I also like this item. We have same type item of this series, would you like to change? Here is the link for your reference. https:___.We will give you 5% discount as compensation.

Sorry again.

Nice Day and Best Regards!

(your name)

（3）给买家发发货通知

Dear friend,

The item you ordered has already been shipped out and the tracking number is ___. The shipping status is as follows: ___. You will get it soon. Thanks for your support!

Nice Day and Best Regards!

(your name)

（4）物流信息的沟通

① 刚发货，物流信息尚未更新

Dear friend,

We just sent your package out couple days ago, there's no tracking for now. It will be updated in 15 days.We are here all the time and wait for the package delivery together with you. We will do every effort to help you and make everything ok.

Nice Day and Best Regards!

（your name）

② 包裹离开中国很久，但物流信息仍未更新

Dear friend,

This is(your name), customer service manager, the parcel left China on (date), I asked my express company, they replyed the tracking will be updated in 7 days, don't worry, my friend, we will be responsible for you all the time, and we will focus on your tracking everyday, it must be on its way approaching to your terminal address. I hate myself for always letting you wait, but if we want to solve the problem, we need to do it together, my friend, I need your support.

Nice Day and Best Regards!

（your name）（附 17Tract 截图）

③ 物流信息显示包裹已签收，但买家未收到货

Dear friend,

The tracking shows your package is delivered on (date). There might be a little delay, I believe 2-5 days should be enough for the goods finally delivered, here is the query link(http://www.**track.net). Maybe someone collected it for you, according to our usual practice, we suggest you make a phone call to local post office and ask them what's wrong with your order.

Nice Day and Best Regards!

（your name）（附 17Tract 截图）

④ 单号查询有问题

Dear friend,

This is(your name), I've been focused on the tracking of your order these days, then there might be something wrong with the package, I am so sorry about it.

1) We will resend you the item, there's not reasonable for you to take the lost, it's our responsibility that warehouse department made a mistake. We are really sorry.

2) Start a dispute, choose reason "No tracking information". Thank you for understanding, we just want to help you.

Nice Day and Best Regards!

（your name）

⑤ 海关问题（因海关安检导致物流延误，买家来信询问）

Dear friend,

We're sorry to inform of you that your item may be delayed for the stricter customs inspection. We just got the notice that all packets from all countries to (destination) would be subject to stricter screening by the customs. Due to the intensive customs control and screening, the shipping time to (destination) will be longer than normal.

Your understanding and patience is much appreciated. We will keep tracking the shipping status, and try our best to resolve the problems that caused by this unexpected issue. Please let us know if you have any questions or concerns. Keep in touch.

Nice Day and Best Regards!

(your name)

3. 售后沟通模板

售后沟通主要涉及买家收到商品之后的一些问题处理和买卖双方留评等事宜。一般而言，当买家收到的商品有问题时，卖家首先要真诚道歉，分析问题产生的原因，主动承担责任；其次要安抚买家的情绪（常以下次购买给予折扣优惠或者赠送礼物等方式进行安抚），并提供多个解决方案让买家选择；最后强调买家有任何问题，可随时联系。

（1）买家收货后发现商品有问题

① 剪线头类的小问题请其自行解决

Dear friend,

I am sorry that this is negligence of our warehouse, thank you for checking the product quality for us, could you please cut strings for us? We would be really appreciated, I sincerely hope that I can do it for you if it's not so far away. Please understand, sorry again.

Nice Day and Best Regards!

(your name)

② 实物与图片有一些差异

Dear friend,

I'm sorry that physical and photos have some error because shooting from different angles, so please forgive us, we hope you can understand, thanks.

Nice Day and Best Regards!

(your name)

③ 颜色/款式发错货

Dear friend,

Thank you for checking the product, it's our negligence, you are not the one who should take the lose, we will take the responsibility, we will refund you $10 as compensation, is that ok?

Sorry again.

Nice Day and Best Regards!

(your name)

④ 质量有问题，同意重发或退款

Dear friend,

I'm sorry for the inconvenience. If you are not satisfied with the products, we will resend it again or give you a full refund.We hope to do business with you for a long time. We will give you a big discount in your next order.

Nice Day and Best Regards!

(your name)

（2）买家收到商品，卖家求好评

Dear friend,

Thanks for your continuous support to our store, and we are striving to improve ourselves in terms of service, quality, etc. It would be highly appreciated if you could leave us a positive feedback, which will be a great encouragement for us. If there is anything I can help with you, do not hesitate to tell me.

Nice Day and Best Regards!

(your name)

（3）求好评成功后，感谢买家

Dear friend,

I like you very much, not everyone will be so considerate and polite. Thank you so much. Nice to know you from so many people all over the world.

Nice Day and Best Regards!

(your name)

第五节　跨境收款

及时收回货款事关店铺的正常运营，因此卖家要高度重视跨境收款环节。

一、跨境电商平台的收款方式

卖家一般通过跨境电商平台官方收款工具或第三方收款工具实现收款，其中通过第三方收款工具收款比较常见。跨境电商平台的主要收款方式如表 5.8 所示。

表 5.8　跨境电商平台的主要收款方式

跨境电商平台	亚马逊	易贝	速卖通	Wish
官方收款工具	全球收款服务（ACCS）	自主管理支付	无	无
第三方收款工具	WorldFirst、Payoneer、PingPong、连连支付等	Payoneer	国际支付宝	Payoneer、UMPAY、payeco 等

亚马逊的主要收款方式有第三方收款工具和亚马逊提供的 ACCS。第三方收款工具如 WorldFirst、Payoneer 和 PingPong 都是知名度比较高的收款工具，在安全性、经济性、便捷性上都比较不错，是中国卖家广泛使用的收款工具。ACCS 可以绑定国内银联卡，直接使用本地货币接收全球付款，货款在 1～3 个工作日内就能存入卖家的国内银行账户。这种收款方式的优势是安全、快捷，但是使用的人不多，因为相对于第三方收款工具来说它的手续费比较高。

易贝的主要收款方式有第三方收款工具 Payoneer 和自主管理支付。Payoneer 是一家总部位于纽约的跨境数字支付平台，专注于跨境支付。它成立于 2005 年，旨在帮助全球范围内的个人和企业等方便地进行在线支付。它的服务范围涵盖全球 200 多个国家和地区，支持 150 多种货币进行交易。易贝的自主管理支付能帮助卖家直接收款并存入其银行账户，为买卖双方提供了更多的支付选择。目前易贝美国站和德国站已经有很多卖家采用了自主管理支付，取得了一定成效。

速卖通用第三方收款工具国际支付宝收款。国际支付宝由阿里巴巴与蚂蚁金融服务集团联合开发，是为了保护国际在线交易中买卖双方的安全所提供的一种第三方支付担保服务（工具）。

Wish 主要使用第三方收款工具收款，如 UMPAY（联动优势）、payeco、AllPay、Payoneer、PayPal 和 PingPong-直达中国账户等。这些第三方收款工具处理货款的时间和收费标准都不同，具体如表 5.9 所示（注意 Wish 后台会实时更新数据）。处理时间是指在 Wish 定期转款日之后，款项到达卖家账户或者服务商账户中的时间。

表 5.9 Wish 支持的第三方收款工具比较

第三方收款工具	处理时间	收费标准	提现速度	第三方收款工具	处理时间	收费标准	提现速度
UMPAY	5～7 个工作日	0.4%	1～3 个工作日	payeco	5～7 个工作日	1.2%	1～3 个工作日
Payoneer	5～7 个工作日	1%或更低	1～3 个工作日	AllPay	5～7 个工作日	0.8%	5～7 个工作日
PingPong-直达中国账户	5～7 个工作日	1%或更低	1 个工作日	连连支付	5～7 个工作日	最高 0.75%	2 小时～1 个工作日
PayPal	5～7 个工作日	0.1%	1～7 个工作日				

二、跨境电商平台的放款规则

放款规则包括放款时间和放款条件，跨境电商平台的具体放款规则如下。

1. 亚马逊的放款规则

亚马逊的账期是 14 天。在卖家注册店铺成功 14 天后，如果卖家已出单且已确认发货，亚马逊即向卖家银行账户存入其销售收入。此后，每隔 14 天结算一次。

2. 易贝的放款规则

目前易贝没有对外公布具体的放款规则，放款速度与卖家的账号表现、产品是否发海外仓等有关。整体上对账号表现好的卖家要比对账号表现差的卖家放款要快，发海外仓的产品要比发直邮的放款快。另外，卖家可以在后台设置每天或每周二提现。

3. 速卖通的放款规则

速卖通会根据卖家的交易额、纠纷率、好评率、拒付率、退款率等综合经营情况评估订单的放款时间，具体如下。

（1）提前放款订单。在发货后的一定时期内进行放款，通常为发货后 5～7 天。

（2）非提前放款订单且账号为未关闭状态。订单保护期结束后放款，即买家确认收货或系统自动确认收货加 15 个自然日后放款。

（3）账号关闭且不存在任何违规违约情形。订单发货后 180 天放款，不享受提前放款服务。

4. Wish 的放款规则

Wish 放款给卖家的时间为每月 1 日和 15 日。具体放款条件如下。

（1）物流服务商确认订单已妥投后，卖家立即获得放款资格；或者订单在被释放之日起的 30 个自然日内被物流服务商确认履行，则卖家在买家确认妥投的 5 个自然日后可获得放款资格。

（2）卖家也可以更快获得放款资格，具体取决于配送订单所用的物流服务商级别。

1 级：物流服务商确认 Wish Express 订单妥投后卖家立即获得付款资格，或者在物流服务商确认订单履行后 45 个自然日获得放款资格。

2 级：在 2 级物流服务商确认订单履行后的 45 个自然日后获得放款资格。

3 级：在 3 级物流服务商确认订单履行后的 75 个自然日后获得放款资格。

4 级：在 4 级物流服务商确认订单履行后的 90 个自然日后获得放款资格。

（3）若订单使用的物流服务商不在物流选择向导列表中，且订单未确认妥投，则卖家将在物流服务商确认订单履行之后的 90 个自然日后获得放款资格。

视野拓展

什么是已确认履行和已确认妥投

订单在被物流服务商第一次跟踪扫描包裹时，即被视为已确认履行。

当物流服务商确认妥投或买家确认收货后，订单即被视为已确认妥投。

Wish 建议使用 1 级和 2 级物流服务商进行配送，因为它们有着更低的物流退款率并能让卖家更快获得放款。

综上所述，易贝卖家对于账号表现好和产品发海外仓的卖家的放款速度快，速卖通的部分卖家可以享受提前放款。因此，对于卖家来说，在这两个平台上开店资金回笼较快，而 Wish 的回款周期较长。

实训项目

实训 1　整理词库表和撰写产品标题

一、实训目标

掌握关键词的收集方法和撰写产品标题的方法。

二、实训情境

某卖家在速卖通开了一家箱包专卖店，开发了一些手提包、双肩背包和钱包，打算把产品上架到店铺中。产品标题是影响产品曝光的重要因素，撰写好标题非常关键。店铺运营总监要求员工小李整理词库表，并为其中一款产品撰写标题。请同学们帮助小李完成以下任务。

三、实训任务

（1）整理关于箱包的词库表，要求整理至少 60 个英文关键词，填写在表 5.10 中。

表 5.10　词库表

核心关键词（英文）	核心关键词（中文）	属性词（英文）	属性词（中文）	其他词（英文）	其他词（中文）

（2）为图 5.29 所示的产品撰写标题，填写在表 5.11 中。这款钱包的主要属性如下：①材质为 PU 皮；②有搭扣和拉链，短款；③产品重量为 84g；④产品尺寸为长 12.5cm×宽 10cm×高 12.5cm；⑤颜色为红色。

标题撰写具体要求：①能突出产品的卖点；②标题首字母要大写，介词和连词全部小写；③充分利用速卖通对标题最大字符数的规定；④不能堆砌关键词；⑤不能使用侵权词。

图 5.29　钱包

表 5.11　产品标题表

产品编码	标题	标题字符数

四、实训步骤

（1）运用所学方法收集关于箱包的关键词，然后对关键词进行筛选，整理在词库表中。

（2）从词库表中筛选出合适的关键词，按照速卖通对于撰写标题的规定为产品撰写标题。

实训 2 速卖通产品发布前的主要信息收集

一、实训目标

熟悉速卖通产品发布前的主要信息收集方法。

二、实训情境

某速卖通店铺主营服饰类产品，近期开发了一款连衣裙，店铺运营人员想把这款新品上架到店铺中，因此需要收集产品的主要信息。

三、实训任务

收集这款连衣裙的主要信息，完成表 5.12，具体要求如下：①标题在 128 个字符以内，要能突出产品的特点；②主图清晰，大小为 800 像素×800 像素；③定价合理；④产品详情描述图文并茂，并做关联营销；⑤其他栏目填写完整。

表 5.12 产品主要信息收集

产品编码	类目	标题	主图（6 张）	定价（美元）	产品属性	产品详情描述

四、实训步骤

在速卖通前台搜索框中输入“women dress”，按照“Best Match”（最佳匹配）或“Orders”（订单）进行排序，浏览第一页的产品，学习竞争对手撰写标题、拍摄主图、填写产品属性和产品详情描述等方面的经验，提高产品发布的质量。

归纳与提高

本章主要介绍了在主流跨境电商平台上如何进行后台基础设置、产品发布与推广、订单处理、客户服务、跨境收款等整个开店流程，其中重点介绍了发布产品前应如何收集类目、撰写标题、上传图片、设定价格、设置产品属性和产品详情描述等内容。

本章重点介绍了在 Wish 上如何进行付费推广，从而为卖家顺利运营店铺提供了指导。

通过本章的学习，读者应基本掌握在跨境电商平台上如何进行店铺注册、订单处理等操作，能在亚马逊、易贝、速卖通、Wish 上正确发布产品，并掌握基本的店铺运营方法。

练习题

一、单项选择题

1．Wish 要求主图一定要清晰，突出产品重点，图片大小最好为（　　）以上。

A．200 像素×200 像素　　B．400 像素×400 像素

C．800 像素×800 像素　　D．1600 像素×1600 像素

2．目前，速卖通平台的收款方式是（　　）。

A．UMPAY　　B．Payoneer　　C．国际支付宝　　D．PayPal

3．亚马逊对图片大小的要求是（　　）以上。

A．500 像素×500 像素　　B．800 像素×800 像素

C．1000 像素×1000 像素　　D．300 像素×300 像素

4．某商户上架了一款鞋子，这款鞋子的颜色有 3 种，尺码有 10 种，则这款产品的 SKU 有（　　）个。

A．13　　B．30　　C．60　　D．20

5．目前，Wish 放款给商户的时间为每月的（　　）日和（　　）日。

A．1，20　　B．15，30　　C．10，20　　D．1，15

二、多项选择题

1．Wish 上的产品标题通常包含（　　）。

A．关键词　　B．品牌词　　C．属性词　　D．物流优势

2．以下各项属于属性词的有（　　）。

A．Soft Leather　　B．Dress　　C．Shoes　　D．Red

3．打包发货常用的物料有（　　）。

A．包装袋　　B．胶带　　C．气泡膜　　D．纸箱

4．使用 ProductBoost 的好处有（　　）。

A．缩短配送时间　　B．增加产品的流量和销量

C．更快地打造热销产品　　D．加速产品的曝光

5．下列说法正确的有（　　）。

A．速卖通规定标题字符数限制在 128 个以内

B．速卖通主图大小最好是 1600 像素×1600 像素

C．亚马逊的账期是 14 天

D．易贝的主要收款方式有第三方工具 PayPal 和自主管理支付方式

三、复习思考题

1．在速卖通上注册账户需要准备哪些资料？

2．好标题的标准是什么？如何写出好标题？

3．如何写好产品详情描述？

4．在速卖通上发布产品需要填哪些信息？

第六章　跨境电商网络营销

【知识与技能目标】

掌握跨境电商网络营销的概念；了解跨境电商网络营销的发展趋势；掌握跨境电商网络营销的渠道与方法；掌握跨境电商站内和站外网络营销的方法，并将其应用在具体的项目中。

引例

大疆无人机的营销

1. 用谷歌关键词定位送礼人群

谷歌帮助大疆总结了送礼人群经常搜索的关键词，包括咖啡机、滑板、游戏机、耳机、键盘等品类，这些品类和大疆的部分产品价格相当，所以购买这部分品类的送礼人群可能会转买大疆的产品。通过这些关键词设定，大疆就定位了目标人群。

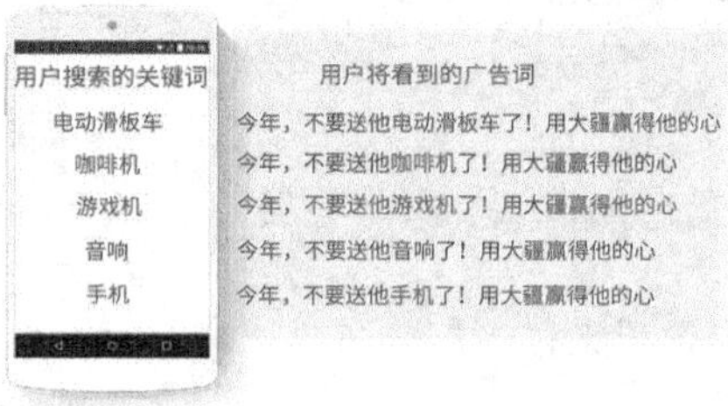

2. YouTube：假日营销最好的一张牌

大疆针对旗下四款产品制作了 4 支长度为十几秒的视频广告，作为 YouTube 的广告素材。为了让客户更容易被吸引，谷歌把客户搜索用的关键词和客户在视频播放前看到的广告语做了匹配，共生成了 80 多个定制化版本，真正做到了千人千面。

比如，当一个女孩在 YouTube 上搜索 PS4 游戏机时，谷歌就已经记录下了她的行为，那么她在看 YouTube 视频时，就会在视频开始前看到“今年，不要给他送游戏机了！用大疆赢得他的心。”她仿佛能看到男朋友拿到一架大疆 Mavic 无人机时手舞足蹈的样子。对应地，还有“今年，不要送他咖啡机了……”“今年，不要送他健身器了……”“今年，不要送他耳机了……”版本的视频，都会有针对性地被投放到搜索过这些词的用户面前。

这是大疆无人机在 2017 年圣诞节采用的谷歌关键词广告营销方法，并取得了较好的效果。那么除了关键词广告营销，跨境电商网络营销还有哪些方法呢？

第一节　跨境电商网络营销概述

一、跨境电商网络营销的概念

众所周知，在电商领域，流量是一切销量的基础，没有流量的网站、App 和第三方平台的店铺都将是一潭死水，销量和盈利根本无从谈起。随着跨境电商卖家的不断增加，卖家之间的竞争也日益加剧，流量仍将是稀缺资源。如何吸引境外买家的注意，并将其注意力转化为购买力是值得跨境电商卖家关注的问题。今后，跨境电商卖家只有不断积累跨境电商网络营销的经验，利用线上线下等多种渠道，合理应用如搜索引擎、社交媒体、网络广告等各种网络营销工具引入更多流量，并将其转化为销量，同时达到塑造品牌形象和扩大品牌影响力的目的，才能在跨境电商竞争中处于有利的地位。

跨境电商网络营销是基于互联网和社会关系网络连接企业境外用户和公众，向境外用户和公众传递有价值的信息和服务，为实现境外顾客价值和企业的跨境营销目标所进行的规划、实施和运营管理活动。在消费升级的驱动下，整个跨境电商产业的供应链优化升级始终围绕着两个终极目标展开——降低产品成本和增加产品价值。跨境电商网络营销当然也不例外，其主要通过流量的精细化运营和塑造品牌两个抓手实现降本和增值的目标，精细化运营有助于提高营销效率并降低成本，即提高投资回报率（Return On Investment，ROI），塑造品牌则可以实现创造溢价和增值的目标。

二、跨境电商网络营销的发展趋势

随着跨境电商发展的不断深入，以及互联网营销工具的不断涌现，跨境电商网络营销的发展呈现出如下趋势。

1. 跨境电商网络营销的品牌化趋势

跨境电商品牌化建设有助于满足消费者对优质的产品和服务的需求，有助于培育消费者的信任感并促使其进行重复购买，也有助于企业获得较高的产品收益，帮助企业脱离低端的价格竞争，将有限的资源投入产品升级以及客户体验与服务水平提升中去，从而实现企业发展的良性循环。总而言之，跨境电商品牌化建设是跨境电商企业长远发展的基石。当然，在移动端和社交媒体崛起的时代，和消费者做个性化、深度的沟通变得更容易，这使得品牌有可能在更短的时间内建立起来。

2. 跨境电商网络营销的社交化趋势

有关数据显示，截至 2022 年 1 月，全球社交媒体用户数超过 46.2 亿，相当于世界总人口的 58.4%。2022 年，全球社交媒体用户增长了 10%以上，平均每天超过 100 万，有 4.24 亿用户开启了社交媒体之旅。随着社交媒体的兴起，在全世界范围内，社交媒体渠道成为电商流量的重要来源，许多跨境电商平台在社交媒体渠道做广告，甚至推动整个平台朝着社会化营销的方向转型，那么对于入驻平台的卖家而言，通过社交媒体从站外引流无疑是一种重要的营销推广方法。

3. 跨境电商网络营销的内容化趋势

跨境电商网络营销已经步入了以内容营销为主的时代，内容营销在搜索引擎、社交媒体等营销渠道中成为制胜的关键。做内容的核心目标是获取用户，通过不同形式的内容获取不同类型的用户，同时还可以了解不同用户的需求。以“什么值得买”平台为例，该平台境外用户男多女少，18～34 岁的用户占比为 71%，近 70%的用户更喜欢浏览具有深度的内容。

视野拓展

“什么值得买”平台是如何满足不同层次用户的内容消费需求的？

“什么值得买”平台建立了境外站内容生产金字塔模型，其核心策略是构建三级内容生态系统，以此满足不同层次用户的需求。最下面一层占 60%，主要是来自境外的 UGC（User Generated Content，用户生成内容），不同国家和地区、不同语种的用户来到“什么值得买”平台上时，平台会主动提供一些信息，如对购买的某款中国产品的评价等内容；第二层占 30%，主要是来自 PGC（Professional General Content，专业生产内容），即境外专业博主和专业媒体关于品牌口碑打造、新品评测等方面的信息；最上面一层占 10%，主要是头部 KOL（Key Opinion Leader，关键意见领袖）发布的信息，通过覆盖主流媒体中头部 KOL 的粉丝来达到较好的传播效果。

4. 跨境电商网络营销的智能化趋势

跨境电商的网络营销工具不仅种类越来越多，而且还呈现出了智能化趋势。无论是社交媒体还是搜索引擎，它们作为智能化营销工具的共同特征是操作越来越简单，卖家在了解了这些智能化营销工具背后的商业逻辑后，能让它们为自己的网络营销提供更有力的帮助。

三、跨境电商网络营销的渠道与方法

1. 跨境电商网络营销渠道

跨境电商网络营销渠道呈现出多元化的特征，主要包括第三方电商平台、PC 端独立站、移动端 App 等渠道。以深诺集团 2017 年的营销费用为例，PC 端独立站占 62%，移动端 App 占 28%，第三方电商平台占 10%。第三方电商平台一直以来是跨境电商卖家的首选，相对于 PC 端独立站费用较低，而且第三方电商平台是个天然的流量池，但境外第三方电商平台只占据 40%～50%的市场份额，因此 PC 端独立站发展潜力巨大，而且 PC 端独立站对于沉淀独立用户、追踪和挖掘数据、自建营销闭环，以及建立渠道品牌、规避电商平台规则调整带来的风险都有独特的优势。例如，深圳的许多大卖家在原来运营第三方电商平台店铺的基础上，就已开始转型建立 PC 端独立站，以培育自己的电商用户。随着移动端用户数量的不断提升，移动端 App 的价值很有可能超越 PC 端独立站。第三方电商平台、PC 端独立站和移动端 App 三种跨境电商网络营销渠道优缺点的对比见表 6.1。无论是新卖家还是大卖家，都要合理规划第三方电商平台、PC 端独立站、移动端 App 等各种渠道，全渠道覆盖有助于卖家在激烈的跨境电商市场中吸引更多的客户，并脱颖而出、赢得先机。

表 6.1　三种跨境电商网络营销渠道优缺点的对比

	优点	缺点
第三方电商平台	门槛低，费用少，拥有天然流量	限制多，无法建立营销闭环
PC 端独立站	可建立营销闭环，用户数量将超过第三方电商平台	费用高，引流难度大
移动端 App	可建立营销闭环，用户数量将超过 PC 端独立站	费用高，引流难度大

2. 跨境电商网络营销方法

跨境电商卖家在三种不同的渠道中发布商品信息后，需要合理利用各种网络营销方法将商品信息展现给买家，以引起他们的注意并最终达成交易。不同的网络营销渠道可以采用的网络营销方法也不同，通常可以将网络营销方法分为跨境电商第三方平台内的网络营销方法与跨境电商第三方平台外的网络营销方法（下文简称“跨境电商站内网络营销方法”和“跨境电商站外网络营销方法”）。前者主要包括站内促销、站内搜索引擎优化、站内付费广告、站内 Deals 营销等；后者主要包括早期的网络广告、搜索引擎营销、电子邮件营销、论坛营销、站外 Deals 营销等，以及最近几年流行的 SNS 营销。无论是站内还是站外，每一个新营销工具的出现和广泛应用都会带来一波流量红利，如何紧跟并熟悉各种已有的营销方法，或敏锐地捕捉新趋势和新方法，并整合所有方法进行营销对企业而言非常重要。

第二节　跨境电商站内网络营销方法

跨境电商站内网络营销方法主要包括站内促销、站内搜索引擎优化、站内付费广告和站内Deals营销四种方式。本节主要对亚马逊、易贝、速卖通和Wish等知名跨境电商平台上的这四种网络营销方法进行介绍。

一、站内促销

（一）亚马逊的站内促销

亚马逊的站内促销主要有以下五种形式。

1. 优惠券

优惠券是一种面向所有卖家的常见促销手段，设置门槛相对较低。卖家可以通过优惠券为单个商品或一组商品创建折扣，优惠券的持续时间一般为1～90天，创建的优惠券信息通常在专属的促销页面、搜索结果的商品列表页、商品的详情页等地方出现。卖家满足表6.2中所示的条件才能获得创建优惠券的资格。

表6.2　创建优惠券的资格

资格条件	要求
折扣要求	2～9.5折（日本站点：5～9.5折）
专业销售计划	✓
商品评价星级/数量	当拥有1～4条评论时，商品评分必须不低于2.5星； 当拥有5条及以上评论时，商品评分必须不低于3星； 允许商品处于0条评论状态
店铺评价	3.5星及以上（日本站点：4星）
新品	✓

2. Prime专享折扣

Prime专享折扣是面向Prime会员的专属折扣，提供Prime专享折扣的商品会向Prime会员展示带删除线的定价和节省信息。同时折扣价格也将显示在面向Prime会员的详情页面的购买按钮上。Prime专享折扣可以帮助卖家吸引更多的会员关注店铺。创建的Prime专享折扣信息通常在搜索结果的商品列表页、商品的详情页等地方出现。

3. 清仓促销和清仓销售

当卖家有处理库存积压或换季清理库存的需求时，可以选择使用清仓促销和清仓销售工具，以减轻库存压力。

（1）清仓促销。限时（通常是2周）是放置在Outlet页面上的促销优惠，是清理积压库存的一种促销手段，能帮助卖家有效增加曝光，快速清除积压库存。参与活动的商品的折扣价格必须不高于过去30天内最低成交价的7折（北美站点）或8折（日本站点、欧洲站点）。

（2）清仓销售。清仓销售是卖家通过降价而创建的常规促销。参与活动的商品，折扣后的价格必须处于过去30天内最低成交价的7折到7.5折之间，通常清仓销售的折扣要求低于清仓促销。

4. 积分

亚马逊积分是日本站点独有的促销工具，旨在提升买家的忠诚度，消费者可按照1积分相当于1日元的比例，以1积分为最小使用单位兑换积分。积分工具是在不影响商品本身价格的情况下为卖家额外提供的积分促销方式，它能使买家在亚马逊购买商品时积累额外的奖励。由于日本盛行积分制文化，因此亚马逊日本站点为卖家提供积分工具，有助于吸引买家，并提升买家忠诚度。

5. 社交媒体促销代码

社交媒体促销代码能帮助卖家创建更具有针对性的促销活动，可以用于专属页面，也可以与亚马逊联盟、亚马逊“网红营销”合用进行站外引流。卖家可以为符合条件的商品向买家提供折扣，也可同时为多款商品创建促销代码，并且所创建的促销信息将不会显示在商品详情页上，而只会体现在专属的促销页面和买家的购物车中。

（二）易贝的站内促销

以美国站为例，易贝上的站内促销有以下五种形式。

（1）Order discount（订单折扣）。Order discount 是指基于订单的金额或采购数量给予买家一定的折扣，这种促销方式使用比较广泛，卖家认可度最高。

（2）Volume pricing（批量定价）。Volume pricing 是指买家在购买不同数量的同一商品时会享受不一样的价格折扣。目前，只有美国站支持批量定价功能。

（3）Codeless coupon（优惠通道）。Codeless coupon 可以为卖家特定的客户群设置一个专属的虚拟折扣券。这是一种卖家通过发券鼓励买家购买更多商品，同时给予买家折扣的站内促销方式。设置 Codeless coupon 重要的一点是只有收到 coupon URL 的买家才能享受折扣。

（4）Shipping discount（运费折扣）。通过此项设置，当买家购买商品达到一定的金额或数量时，可享受运费折扣或者升级的物流服务。当买家对于得到商品有迫切需求，而卖家又提供了更快速的物流选项的时候，这种方式可以促使买家增加单次购买量。

（5）Sale event+Markdown（降价活动）。Sale event 是把所有打折商品做成合辑的形式统一展现给买家；Markdown 是针对选中的商品或品类进行降价。

（三）速卖通的站内促销

目前，速卖通的站内促销包括以下四种方式（见图 6.1）。

图 6.1　速卖通的站内促销方式

（1）单品折扣。单品级打折优惠，用于店铺自主营销。单品的打折信息将在搜索结果页、详情页、购物车等买家路径中展示，能提高买家购买转化率，快速出单。

（2）满减活动。满减活动包含满立减、满件折、满包邮三种活动类型，均不限制活动时长和活动次数。满包邮活动通过包邮作为利益点，可有效提升客单价。另外，满减活动同店铺其他活动优惠可累计使用。对于已经参加单品折扣活动的商品，买家购买时以单品参加折扣活动后的价格再参加满减活动，因此卖家要准确计算利润。

（3）店铺 code（新版）。为降低同质化工具数量，减少商家工作量及贴近海外用户习惯，原店铺优惠券和店铺优惠码合二为一，升级为店铺 code（新版）。店铺 code（新版）集合原店铺优惠券和店铺优惠码的优势，同时对原有链路进行了简化和升级，如活动生效周期更短、操作界面更加简洁等；卖家只需要设置一个工具，就可在店铺首页、详情页、购物车等渠道展示，提升商品转化率，同时实现站外传播引流推广。买家输入 code 后领取的优惠券或优惠码可后续使用或即时使用。店铺 code（新版）是速卖通店铺运营的必备工具。

（4）互动活动。互动活动目前仅可设置互动游戏。卖家可设置“翻牌子”“打泡泡”“收藏有礼”三种互动游戏，并自行设置活动时间、买家互动次数和奖品，设置后选中放入粉丝趴帖子中可快速吸引流量到店。

① 翻牌子：一种九宫格互动活动，8 张牌对应 8 种不同的奖励，买家可以通过点击不同的牌获取不同的奖励，其中的奖励由卖家自行设置（可以有空奖），一个买家一次只能点击一张牌。

② 打泡泡：一种买家发射箭击破泡泡的互动活动，游戏中共有 18 个泡泡，其中的奖励由卖家自行设置（可以有空奖），买家一局游戏只能互动一次。

③ 收藏有礼：一种卖家自行设置的互动活动，买家收藏店铺之后，可以获得相应的奖励，奖励由卖家自行设置。

（四）Wish 的站内促销

Wish 支持符合条件的铂金、黄金和白银级别商户通过商户促销平台或 CSV 文件创建促销活动，从而吸引用户并提高销量。

目前，Wish 提供一种促销工具——特价。“特价”是商户可对符合条件的产品设置促销折扣（降价 5%～80%），活动持续 7～14 个自然日。产品必须满足相应要求才能参加促销，如表 6.3 所示。不符合要求的产品将被拒绝参与促销。

表 6.3 “特价”促销工具对产品的要求

项目	具体要求
产品评分	3 星以上
销售记录	90 个自然日内售出至少 1 笔
促销记录	同一产品在过去 30 个自然日内没有参与过完全相同的“特价”活动
库存	必须至少有 1 件库存
变体	如果参与“特价”的产品有变体，则必须有至少 60%的变体参与促销
折扣（应用于产品价格，不包括运费）	降价 5%～80%

商户在促销平台创建的“特价”促销活动会在 Wish 移动应用的“Deals”（精选优惠）板块和网页版上的 Deals Hub 促销活动板块中进行展示，同时标有折扣率和促销结束倒计时，从而增强买家的紧迫感，激发购买欲。

> **视野拓展**
>
> 推荐读者在雨果网的搜索框内输入关键词“搜索排名规则”，以进一步了解亚马逊、易贝和速卖通三大跨境电商平台的搜索排名规则。

二、站内搜索引擎优化

跨境电商卖家不仅需要选择第三方跨境电商平台作为自己的营销渠道，还需要针对跨境电商平台进行搜索引擎优化，这是平台内网络营销的一项重要工作。

不同的跨境电商平台因搜索规则不同，其优化的要求也不同，但大体思路基本一致，主要包括以下五个关键点。

（1）优化标题。商品标题是商品刊登后最显著的部分之一，对于搜索引擎优化来说也是至关重要的。对所有的跨境电商平台来说，好的标题应该符合与产品的相关性高、与买家的搜索习惯相匹配、富有描述性和不冗余等几个标准。但是不同平台对标题的要求又有一些不同，比如在易贝上，一般标题的组成与顺序排列应符合以下规则：标题＝核心关键词＋重要关键词＋次关键词＋差异化关键词（创新）。其中核心关键词主要用于说明这个商品是什么；重要关键词用于说明该商品有什么；次关键词用于说明该商品还有什么，比如特点、功能等；差异化关键词用于说明相比竞争对手的同类商品，该商品具有哪些“我有他无”或者“他有我优”的优势。

（2）对商品进行正确的分类。不同的跨境电商平台对商品的分类有所不同，境内外电商平台的商品分类更是不同，但是不管卖家在哪个跨境电商平台，都需要对商品进行正确的分类，这样才能够使商品更容易被搜索引擎发现。例如，如果卖家正在销售热带风味鸡尾酒所使用的小纸伞，那么把这个商品归入厨具或酒吧酒具类别中，将比归入服饰与配件类别中更恰当。

（3）善用搜索词条。使用搜索词条是对优化标题的有效补充，标题不仅要呈现关键词，还要体现整体美观性，有些搜索词虽然有搜索流量，但是放入标题内会影响标题的整体美观性，比如在标题中同时放入拼音、同义词等容易造成堆叠的视觉效果，影响消费者的阅读体验，此时，将这些词语放入搜索词条中就可以有效地解决这个问题。以亚马逊为例，刊登每个商品时可添加5个搜索词条，每个搜索词条最多不超过50个字符，可以使用多个词组成一个搜索词条。卖家可以将商品标题中没有用到的关键词放入搜索词条中，比如替代拼写和同义词就是非常好的搜索词条，这样一来，不仅不会让商品标题看起来臃肿，还可以提高商品被搜索到的概率。

（4）全方位呈现商品属性。商品的一些特征，比如衣服的材质、颜色、款式等被称为商品属性。用户在搜索商品的时候通常会用商品属性来细化搜索结果，当然，它们不仅非常适用于搜索细化，还能被电商平台搜索算法用来匹配搜索查询，以便展示更相关的结果。例如，当卖家为浴室设备添加“铜”这一金属属性后——当用户使用“铜”这个搜索词条进行搜索时，平台就能够帮助用户做适当的匹配。

（5）优化详情页的文字描述。卖家需要确保自己所售商品的描述是完整的、丰富的，详情页不仅要包括图片，还必须带有关于商品的描述性文本，以符合搜索引擎优化的需要。

另外，Wish平台不注重搜索功能，商品之所以能够被推送到用户面前，是因为商品标签与用户喜好相匹配，所以运营Wish店铺的卖家要特别重视商品标签的填写。

三、站内付费广告

（一）易贝的付费广告

1. Promoted listing

易贝推出的Promoted listing（促销刊登）工具可让卖家所售卖的商品获得更高的曝光率。它能让卖家的listing有更多机会展现在买家面前，使更多买家可以更快地找到卖家的listing。同时，只有通过Promoted listing售出的商品才会被收取相应的广告费。目前，Promoted listing功能已向所有账户状态达标（Above Standard）的卖家开放，且该功能在美国、英国、德国和澳大利亚均已开放。带有“SPONSORED”字样的商品即代表其使用了Promoted listing功能，如图6.2所示。

图6.2　使用了Promoted listing功能的商品展示示例

2. Highline Search Ads

Highline Search Ads（HSA）是具有强影响力的广告产品，它是一种根据点击量收费的广告形式，可以将卖家的商品展示在易贝搜索结果页面的显著位置（即搜索结果上方），PC端的展示位置如图6.3所示。易贝的搜索技术会根据每个购物者的搜索关键词，自动确定广告中显示的三个最相关的商品，还会显示“Shop now on eBay”（即购买链接）。

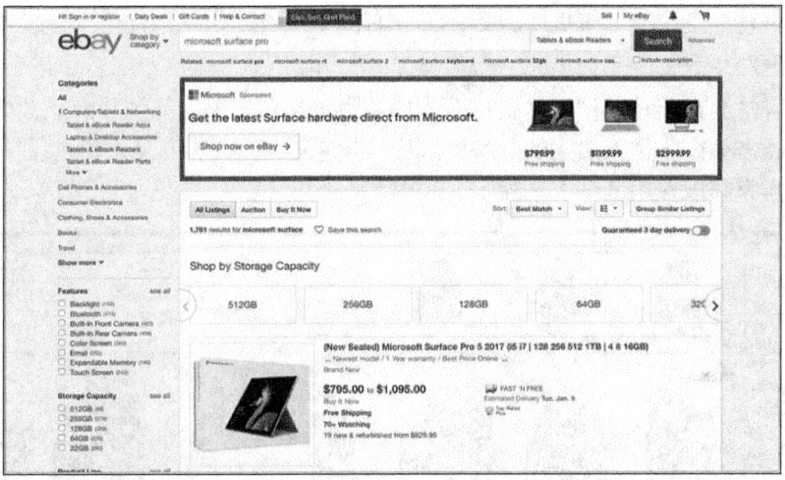

图 6.3 Highline Search Ads 在搜索结果页面的展示

（二）速卖通的付费广告

1. 直通车广告

直通车广告是速卖通的卖家通过自主设置多维度关键词、免费展示商品信息、大量曝光商品来吸引潜在买家，并按照点击量计费的网络推广方式。简单来说，直通车广告就是一种快速提升店铺流量的营销工具。

2. 联盟营销

联盟营销是一种“按效果付费”的推广方式。参与联盟营销的卖家只需为联盟网站带来的成交订单支付联盟佣金。联盟营销可为卖家带来站外的流量，只有成交后卖家才需付费。卖家加入联盟营销无须预先支付任何费用。

（三）亚马逊的付费广告

1. 商品推广广告

商品推广广告又被卖家称为“关键词广告”，是一种利用关键词匹配用户搜索词，在亚马逊上精准定向展示商品的广告形式，按实际点击次数收取费用。该广告因为靠近消费者购买的决策终端，所以更容易增加销售机会。带有“Sponsored”字样的商品就代表其采用了商品推广广告的形式，如图 6.4 所示。

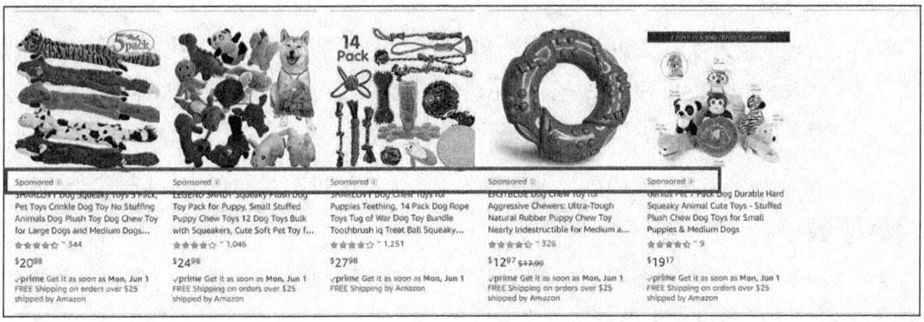

图 6.4 商品推广广告展示

商品推广广告主要有以下几方面的优点：①将商品展示在搜索结果首页或者更加醒目的位置，以增加商品的曝光量；②影响消费者的最终购买决定，增加销售机会；③依据消费者的搜索词，为卖家提供精准定位的广告投放服务；④具有衡量投资回报率并优化广告投入的功能。

2. 品牌推广广告

品牌推广广告会在亚马逊搜索结果页面的显著位置展示卖家的品牌和商品，如图 6.5 所示。买家可以通过点击该广告进入卖家的品牌旗舰店、自定义页面或者商品详情页，一旦广告被点击，亚马逊就会向卖家收取费用。

图 6.5　品牌推广广告展示

品牌推广广告主要有以下四个优点：①卖家可以战略性地通过推送主推商品、热卖商品、新品或其他商品，快速提升店铺的曝光量和流量；②卖家可以将自己最希望提升流量的商品展示在亚马逊搜索结果页面的显著位置，以增加商品的竞争力；③可为买家带来以品牌为中心的高品质的购物体验；④可同时推广卖家的品牌、商品和价值主张，提高买家的品牌忠诚度。

3. 展示广告

展示广告是一种由关联人群通过亚马逊站内外各种渠道将精准的信息传递给正确的客户的广告形式，通过触达、影响、与客户再互动等手段实现业务长期增长。

展示广告具有以下四个优点。①消费者触达面广。无论卖家是否在亚马逊销售商品，都可以通过展示广告触及亚马逊站内、站外使用不同终端设备的消费者。②卖家可以定制有创意的广告，传递令人印象深刻的品牌瞬间，激发消费者产生购买行动。③精准定位广告受众。广告将基于消费者的实时购买行为信息，被推送给最理想的受众。④提供广告效果报告。亚马逊上的专属客户经理将定期为卖家提供广告效果报告，帮助卖家评估其广告效果。

（四）Wish 的付费广告

PB 是 Wish 上一种能为卖家的商品吸引更多流量的广告形式。卖家可以创建多个活动，在不同的时段推广多个商品。被推广的商品在商品排名中会更加靠前，且 PB 采用的是按点击量收费模式，该模式按 PB 商品收到的用户点击次数向卖家收费。

视野拓展

Wish 会根据卖家提供的商品和预算，将商品展现在最有可能被购买的位置，比如商品被投放给卖家的目标销售人群或者在搜索结果中有更靠前的排名。

PB 可为卖家带来多个好处：①增加商品的流量和销量；②提高商品的排名；③帮助买家更快地发现卖家的热销商品；④帮助卖家更好地了解购买人群。参加 PB 活动可以让卖家更快地学习如何成功销售以及成为顶级卖家。

随着 Wish 的发展，PB 为卖家带来的流量效果已不如从前那么明显，因此卖家需要进行 PB 的精细化运营。

四、站内 Deals 营销

Deals 网站，即导购促销网站。Deals 营销又分为站内 Deals 营销和站外 Deals 营销。站内 Deals 营销主要指的是跨境电商第三方平台的促销限时购活动，为卖家做促销提供一个平台。四大跨境电商平台站内 Deals 营销，如表 6.4 所示。

表 6.4　四大跨境电商平台站内 Deals 营销类型

跨境电商平台	站内 Deals 营销名称	具体介绍
亚马逊	Lighting Deal	Lighting Deal 是一种限时的、短时间高流量的展示活动，参与限时购的商品不仅可以设置有限的、几个小时的短时促销价，时间结束即恢复原价，还可以设置促销总量，售完为止
	7 Day Deal	与 Lighting Deal 类似，7 Day Deal 也是一种限时促销活动，区别是二者在亚马逊促销页面上的显示时长不同。参与 7 Day Deal 的商品将会在亚马逊促销页面显示 7 天的时间
	Deal of the Day	缩写为 DOTD，是指参与活动的一个或一组高需求的商品，仅在指定的一天内设有大幅折扣的促销活动。作为流量最高、申报要求也最严格的促销活动，大部分站点的 DOTD 实行邀请制，且必须通过客户经理申报
易贝	Primary Deals	Primary Deals 活动一般展示在相应站点 Deals 首页置顶的板块，卖家可以选择参加 Primary Deals 活动的站点有德国、英国、法国、意大利、西班牙、加拿大、美国、澳大利亚和 GBH（全称是 Global Buying Hub，就是指那些没有自己易贝站点的国家或地区）。Primary Deals 占据了易贝站点上主力的促销位置，资源非常有限，大部分站点只提供 5 个以内的展位
	Weekly Deals	可以报名参加 Weekly Deals（每周推广）的站点有德国、英国、法国、意大利、西班牙、加拿大、GBH、美国。它是易贝站点上主要的活动之一，这些活动出现在相应站点 Deals 页面的非置顶位置
	GBH Deals	GBH Deals 是卖家针对已有站点之外的客户所做的促销活动
	Vertical Deals&Events	Vertical Deals & Events 主要是指在德国、英国、法国、意大利、西班牙、加拿大、GBH、美国站点上进行的限时购活动。这些活动主要出现在各品类主页中 Events 或 Deals 的活动版面
速卖通	Flash Deals（含俄罗斯团购）	Flash Deals 频道是平台的爆品中心，一方面帮助广大卖家打造店铺爆品，另一方面已有的爆品也可以通过 Flash Deals 让更多的买家有机会认识并体验卖家的商品品质和服务能力
	Super Deals	采用定向邀约制，要求全年最低价，在日常价格的基础上至少打 5 折
Wish	Flash Deals	卖家可对符合条件的商品设置促销折扣（降价 15%～80%），活动持续 12 个小时

第三节　跨境电商站外网络营销方法

跨境电商站外网络营销方法包括但不仅限于网络广告、电子邮件营销、搜索引擎营销、博客营销、论坛营销、站外 Deals 营销和 SNS 营销等类型。不论是 PC 端独立站的跨境电商卖家、移动端 App 的跨境电商卖家，还是第三方电商平台的跨境电商卖家，都需要使用这些网络营销方法。这里选取 SNS 营销、搜索引擎营销、站外 Deals 营销这三种目前跨境电商卖家经常使用的网络营销方法进行介绍。

一、SNS 营销

"无社交，不营销"，营销社交化是跨境电商站外网络营销的趋势之一，境外社交媒体营销之于跨境电商网络营销的作用，相当于微信在境内产品营销中的地位和影响力。对跨境电商卖家来说，熟悉跨境电商社会化网络营销工具是当务之急。

（一）SNS 营销的定义与作用

SNS（Social Networking Services，社会性网络服务）专指旨在帮助人们建立社会性网络的互联网应用服务。SNS 的另一种常用解释是“Social Network Site”，即“社交网站”或“社交网”。综合两种说法，SNS 营销指的是利用社交网络工具或服务建立商品和品牌的群组、举行活动，并利用 SNS 易于分享的特点进行基于病毒营销等方法的传播，其核心是通过人的信息资源及网络资源进行社会关系的扩展。

SNS 营销是建立在六度分隔理论基础之上的，该理论是哈佛大学的心理学教授斯坦利·米尔格兰姆（1934—1984）于 1967 年创立的。简单地说，“你和任何一个陌生人之间所间隔的人不会超过 6 个，也就是说，最多通过 6 个人你就能够认识任何一个陌生人”。按照六度分隔理论，每个个体的社交圈不断放大，最后形成一个大型网络。基于六度分隔理论的这个特性，社交网站中的信息不仅传播速度特别快，而且更容易让人信任与接受。

思考与讨论

我们用 VPN 工具进行境外营销的时候应该注意一些什么问题？

跨境电商 SNS 营销与境内电商 SNS 营销的相似之处在于以下两点：①两者都要判断 SNS 营销渠道与卖家的商品以及目标群体是否吻合；②两者都要准备好相应的人力、物力和财力，比如运营人才、营销推广的内容以及运营所需的各种费用等。

当然跨境电商 SNS 营销与境内电商 SNS 营销之间也存在一些不同，主要有如下三点：①跨境电商 SNS 营销所需要的人才是能运用跨境网络营销工具的专业人才；②跨境电商 SNS 营销需要较特殊的技术支持，如 VPN（虚拟专用网络）之类的工具；③跨境电商 SNS 营销需要高质量的符合境外客户需求的内容，好内容是成功营销的关键因素。

SNS 营销除了能够帮助卖家有效积累用户之外，其主要作用还体现在以下三个方面。

1. 塑造品牌形象

境外社交媒体是传递信息的平台，跨境电商企业可以选择在一些境外社交媒体上建立并运营官方账号以达到展示企业品牌、传递品牌信息并树立良好品牌形象的目的，比如许多跨境电商企业都会将境外社交媒体主页作为与用户互动、让用户了解企业的重要平台。

2. 市场调研

境外社交媒体是搜集信息的平台，跨境电商企业可以通过各种境外社交媒体了解市场需求。如果某企业在境外社交媒体上已有一批黏性较高的粉丝，那么该企业就可以通过自己的账号迅速完成用户意见的搜集，还可以通过与本企业账号调性相符的意见领袖完成用户意见的搜集。当然，企业也可以通过对平台用户的观察获取需要的信息。

3. 用户沟通

境外社交媒体是信息沟通的平台，跨境电商企业可以通过不同的境外社交媒体加强与客户的互动，包括但不限于帮客户解决各种疑难问题、组织粉丝参与企业官方活动、安抚客户情绪等，从而提高客户满意度，增强客户黏性。

（二）全球社交工具的类型

一般来说，根据联系对象的不同，全球社交工具可分为以下三种类型：①联系周围认识的人，即根据真实身份交往的社交工具，如 WhatsApp、LinkedIn 等；②联系虚拟世界中兴趣相同的人，即根据兴趣交往的社交工具，如 Instagram、YouTube、Pinterest、Twitter 等，其特点是更具开放性；③联系互联网上的专业人士，即为了解答专业问题而建立社交关系的社交工具，如解答户外设备相关问题的专业类论坛和博客等，这类社交工具因为偏专业和冷门，虽然在专业人士圈层内热度高，但是在全球受众中的绝对数量较小，所以说这类工具一般很难上榜单。

（三）SNS 营销的过程

SNS 营销的过程可以分为市场调研、定位与方案确定、方案实施、营销效果的控制与管理。

1. 市场调研

市场调研是卖家执行 SNS 营销的第一步，通过市场调研，卖家可以了解平台、受众以及竞争对手等相关情况。①了解并选择平台。卖家可以使用社交媒体监测工具选择适合自己的平台。例如，在 Awario 中输入一个关于冥想的应用程序的关键词，卖家会发现 80%的受众都在 Twitter 闲逛，这样卖家就很有可能会选择 Twitter 作为 SNS 营销的主平台。②了解受众。在已经确定平台的基础上，调研这些平台上目标受众的行为特征，为 SNS 营销的内容策划奠定基础。③了解竞争对手。通过社交媒体监测工具调研竞争对手，可以获知竞争对手如何运营 SNS 账号、该账号的优缺点及其受众的反应，从而在此基础上打造差异化的品牌形象。

> **思考与讨论**
>
> 你还知道哪些社交媒体监测工具？

视野拓展

Awario 是一款社交媒体监测和分析工具，可以追踪分析 Facebook、Twitter、Instagram、YouTube 和 Reddit 等主流社交平台。

除此之外，该工具还提供小众“网红”列表。卖家可以追踪自己品牌的关键词，并监控活跃的“网红”，从而找到与自己的产品最匹配的“网红”。卖家可以轻松地在 Awario 上搜索相关领域的热门关键字，且将根据粉丝数或博客流量对社交“网红”或博主进行排名。

2. 定位与方案确定

> **思考与讨论**
>
> 你知道哪些知名的“网红”呢？他们在哪些领域成了意见领袖？你认为成为“网红”的必备特质有哪些？

在定位与方案确定阶段，卖家需要做的是：①选择契合的社交平台。社交平台有很多，卖家不可能在没有大量资源的条件下全面覆盖它们，所以最好把重点放在其中的两三个上。②设计账号的调性。只有把自己的账号定位成能够以某种方式与社区融合的形象，其才能尽快融入社区，不断积累更多的粉丝。③确定 SNS 营销的目标。营销目标有大小之分，大目标如提高品牌知名度、提升品牌形象、找到潜在客户等，小目标如提升粉丝的数量、粉丝的参与程度等。对企业来说，应该将提升优质粉丝数量作为基本的营销目标，这是实现大目标的基础。

3. 方案实施

方案实施的第一步是在确定企业 SNS 营销账号调性、了解受众兴趣点的基础上设计与创作营销内容。在 SNS 营销中，内容是一切工作的中心，它贯穿了整个 SNS 营销工作。内容的创作分为原创、转载和互动三大类，其中原创又可以分为真原创和伪原创。不管选择哪种内容创作形式，所有内容的创作都必须结合平台上人们关心的热点话题。

内容的创作与传播之间有着较强的关联性，优质的内容能够得到更快速的传播。所有的社交平台上都不乏各种优质的内容，如何让自己的内容脱颖而出，快速积累有质量的粉丝是企业面临的重大现实问题。目前对运营 SNS 账号的企业来说，用“网红”来为自己的账号引流是普遍采用并行之有效的内容创作和信息传播的方法。

“网红”（Online Celebrity）是“网络红人”的简称，是指在网络社区中很受欢迎的知名成员，他们拥有大量的粉丝。因此企业如果能与账号调性相符的“网红”合作，就可以将其流量导入自己的账号，再由这些基础粉丝去发展更多的粉丝。境外营销机构 Shorr Packaging 对 YouTube 上的用户频道展开的调查发现，买家测评视频（Haul Video）和拆箱视频（Unbox Video）已成为 YouTube 上新的营销亮点。

4. 营销效果的控制与管理

营销效果的控制与管理是卖家实施所有网络营销方法后都要开展的工作，相对于比较成熟的网络营销方法，SNS 营销效果的控制与管理更复杂一些，通常以用户以及信息被关注的程度等量化数据作为主要指标，如关注某一信息的用户数量、某项活动或某条信息被用户转发的次数和用户参与评论的次数等。

案例与思考

传统日用品如何征服“00后”

一、营销活动背景

滤水壶是很多家庭的必备日用品，主要用于过滤饮用水，但是此前的产品一直有个问题：过滤水需要一段时间，无法满足消费者马上想喝水的需求。所以，碧然德推出了新款滤水壶，其主打特点就是不需要等待，水倒进去后马上就能喝。

1. 营销挑战

碧然德希望能提高新产品在都市年轻人（特别是“00后”）中的知名度，因为这款产品正好戳中年轻人“不愿等待”的痛点，实现想喝就喝。看上去一点也不炫酷的日用品，又不是科技产品，如何能够吸引喜欢“新、特、奇”的年轻人的目光？又是怎样用都市年轻人喜欢的、好玩的广告来影响他们的呢？

2. 目标群体需求分析

要抓住目标受众的心，首先要了解他们。都市“00后”是怎样一群人？调查显示，比起看电视，他们更习惯于看在线视频，比如 Netflix 和 YouTube 上的视频。都市年轻人在调查中表示，YouTube 是他们“最离不开”的网站，排在其他的社交媒体之前，而且他们喜欢真实、接地气的品牌广告。

图 6.6 碧然德“网红营销”效果

3. 解决方案

定位到都市“00后”的出没地之后，碧然德做了一个大胆的决定：专为 YouTube 这个渠道量身打造一支广告，而不是直接使用在电视上投放的碧然德广告。在这支广告中，碧然德大胆启用都市年轻人喜爱的某位 YouTube“网红”，让他和 NBA 球星库里合作，进行了一次真正的“互联网+网红营销”，效果如图 6.6 所示。

二、“网红营销”的制胜秘诀

以上只是这次广告活动的过程介绍，但要想取得超群的效果，只找人气高的“网红”绝对不够，以下才是“网红营销”能够刷屏的秘诀。

1. 找到合适的人

找到适合为自己品牌代言的“网红”是第一步。只有筛选出合适的“网红”，才能完全信任他，把内容创作和传播的主动权交给他。

碧然德首先根据受欢迎程度，先筛选出大约 40 个都市中“00后”最喜爱的“网红”；然后再做第二次精选，这个阶段主要是与库里商议确定最终的名单，因为这支广告最后要“网红”和库里合作完成，显然，库里也拥有“选角权”。

例如这次选中的“网红”King Bach 就是一个特别有敬业精神的人，他对自己产出的内容要求非常高，一定要改到满意才罢休，这样也保证了广告的品质。

2. 放手才能红

做传统广告时，广告主会从头到尾强势地主导广告制作的过程。但 YouTube 上的“网红营销”却完全是另一套玩法，要“无为而治”——碧然德的这次广告，都是让“网红”来主导内容的。

“网红”更了解自己的粉丝喜欢什么内容，让他们决定广告怎么说、怎么做、怎么表现，这样才能保证内容符合粉丝的胃口。

碧然德这一轮的“网红营销”取得了传统广告无法取得的效果。而且视频还从 YouTube 平台上传播到了其他多媒体平台，比如 ESPN（娱乐与体育电视网）、雅虎体育等。因为这支广告的内容真正打动了目标用户，所以引发了海量粉丝的自主传播和热烈讨论，这对整个品牌来说具有深远意义。

启发思考：

（1）什么是“网红营销”？（2）碧然德此次营销成功的关键点有哪些？

二、搜索引擎营销

1. 搜索引擎营销的定义和步骤

一项调研报告显示，消费者认为最有可能找到有效商品信息的渠道是搜索引擎。搜索引擎营销（Search Engine Marketing，SEM）是基于搜索引擎平台，通过一整套的技术和策略系统，利用人们对搜索引擎的依赖和使用习惯，在人们检索信息的时候尽可能地将营销信息传递给目标客户的一种营销方式。搜索引擎营销要求以最小的投入，获得来自搜索引擎最大的访问量，并实现相应的商业价值。可见搜索引擎营销是企业不容忽视的一种营销方法。

搜索引擎营销一般包括以下几个步骤：①企业将信息发布在网站上，使其成为以网页形式存在的信息源；②企业营销人员通过免费注册搜索引擎、交换链接、竞价排名以及关键词广告等手段，使企业网址被各大搜索引擎收录到各自的索引数据库中；③当用户利用关键词进行检索（对于分类目录则是逐级展开目录查询）时，在检索结果中列出相关的索引信息及其链接；④用户对检索结果做出判断；⑤用户选择感兴趣的信息并点击 URL 进入信息源所在网页，从而完成企业从发布信息到用户获取信息的整个过程，如图 6.7 所示。

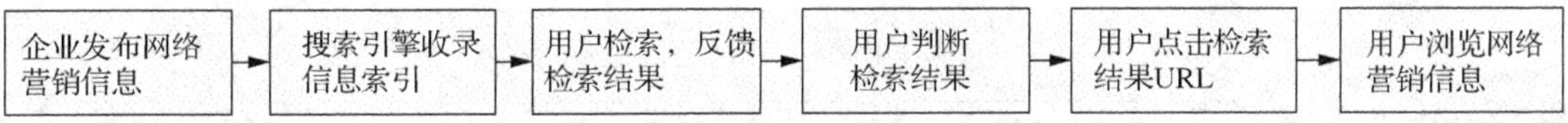

图 6.7　搜索引擎营销实现过程

2. 全球搜索引擎市场份额分布情况

图 6.8 显示的是 2022 年 3 月全球搜索引擎的市场份额分布情况，谷歌一家独大，占据了 91.55%的份额，谷歌不仅在美国保持领先地位，在全球多数主要经济体（包括印度、德国、墨西哥、西班牙、巴西、意大利和澳大利亚）的搜索引擎领域也占据主导地位。排名前六的搜索引擎几乎占据了全球搜索引擎市场份额的全部，其中四个属于美国，只有百度属于中国（占比 1.5%），YANDEX 属于俄罗斯（占比 1.07%）。

图 6.8　2022 年 3 月全球搜索引擎市场份额分布情况

三、站外 Deals 营销

相对于站内 Deals 营销，应用更为广泛的是站外 Deals 营销，即利用平台外的 Deals 网站进行宣传，以达到把客户引流到自己店铺的目的。

卖家做站外 Deals 营销时，需要注意以下几个方面的问题。①商品评估。并不是每个类别的商品都适合做促销，都适合用 Deals 网站来做引流，因此卖家必须对商品有充分的把握和了解，以判断商品是否适合做促销。②挑选网站。不同的 Deals 网站适用于不同品类的促销活动，因此适合不同类型的卖家，有的 Deals 网站适合销售科技类商品，有的适合销售服装，有的适合销售母婴商品。③了解网站规则。每个国家（或地区）都有很多本地网站，但不同的 Deals 网站在政策和流程上都有一定的差异，所以中国卖家必须在了解相关规则的基础上进行促销，一旦出现违规操作，就有可能被封号或被封 IP。表 6.5 总结了美国主要的 Deals 网站。

表 6.5　美国主要的 Deals 网站

站名	特色
Dealnews	这是一个只能由官方发帖的网站，商品集中度更高，家居类商品出单效果好。发帖要求如下：卖家要承诺只发布他们能找到的最低价格的 Deals，并且该 Deals 是由可靠的店铺提供的
Slickdeals	Slickdeals 是美国目前最大、最具影响力的折扣信息分享交流平台，在这个平台上，“网红”和普通人都可以发帖，如果是“网红”发帖，其店铺必须有 1000 个以上 Feedback，所发布商品必须有 50 个以上 Review。当然个人也可以发帖，这不仅能节约费用，还有利于卖家直接了解买家的需求，但是操作难度大，产生效果所需时间长
Techbargains	跟 Dealnews 一样，Techbargains 也是由官方发帖的。对卖家的 Feedback 和 Review 都没有要求，商品折扣必须在 50%以上，当然折扣越低的商品被选中的概率越高。虽然商品在平台上销量不是很大，但是效果延续性很强，爆单能持续 2～3 周
Dealmoon	Dealmoon 是美国最大的中英双语折扣信息网站，非常适合美妆与家居类商品。Deals 效果持续性较强，表现较好被挑选至折扣首页区的 Deals 可持续数天效果。该平台对卖家的 Feedback 和 Review 都没有要求，商品的折扣越低越好

美国的 Deals 网站还有 Hip2save、Bensbargains、1sale、21USDeal、Reddit、deals.kinja、Bradsdeals 和 Dealwiki，卖家可以根据自己的实际情况选择性地进一步了解。

实训项目

速卖通营销活动设置

一、实训目标

了解速卖通的站内营销推广方式，掌握其营销活动的设置规则与方法。

二、实训情境

某卖家在速卖通上经营着一家箱包店，已经发布了一些手提包和钱包，想为这些产品做一些店铺活动促进出单。

三、实训任务

选 10 个产品做单品折扣活动，给予产品 8 折优惠。

四、实训步骤

请扫描二维码了解详细操作步骤。

归纳与提高

本章主要介绍了跨境电商网络营销的概念及发展趋势，跨境电商网络营销的渠道和方法；跨境电商站内网络营销包括站内促销、站内搜索引擎优化、站内付费广告和站内Deals营销等方法；跨境电商站外网络营销包括SNS营销、搜索引擎营销和站外Deals营销等方法。

本章内容有助于读者了解跨境电商网络营销的方法，以及如何建立全渠道的跨境电商网络营销体系，帮助跨境电商企业和卖家扩大品牌影响力、增加销量奠定基础。

练习题

一、单项选择题

1．下列属于跨境电商SNS营销的是（　　）。

A．Deals营销　　B．电子邮件　　C．独立站营销　　D．LinkedIn

2．以下不属于跨境电商站内网络营销方法的是（　　）。

A．搜索引擎营销　　B．站内促销　　C．站内搜索引擎优化　　D．站内付费广告

3．下列关于跨境电商网络营销，说法正确的是（　　）。

A．塑造品牌有助于提高营销效果来降低成本，即提高ROI

B．精细化运营可以实现创造商品溢价和增值的目标

C．整个跨境电商产业的供应链优化升级始终围绕着两个终极目标展开，即降本和增值

D．做跨境电商只能通过第三方电商平台，如易贝、亚马逊等

4．下列关于跨境电商站内网络营销方法，说法错误的是（　　）。

A．亚马逊、易贝、速卖通和Wish都有付费广告

B．Wish不注重搜索引擎功能

C．联盟营销是速卖通按照效果计费的一种营销形式

D．直通车广告是速卖通按照效果计费的一种营销形式

5．关于跨境电商站外网络营销方法，下列说法正确的是（　　）。

A．搜索引擎营销就是指搜索引擎优化

B．谷歌在所有国家的搜索引擎市场都占有绝对优势

C．站外Deals营销，就是利用平台外的促销网站进行宣传，以达到把客户引流到自己店铺的目的

D．SNS营销就是“网红营销”

二、复习思考题

1．简述跨境电商网络营销的定义。

2．简述SNS营销的定义。

3．简述跨境电商SNS营销和境内电商SNS营销之间的异同。

4．简述跨境电商站内网络营销方法。

5．简述跨境电商站外网络营销方法。

第七章　跨境电商直播实务

【知识与技能目标】

了解跨境电商直播行业的发展历程和有利条件；了解跨境电商直播具有的主要优势；了解企业开展跨境电商直播可能面临的难题；掌握直播前的准备包括哪些内容；掌握直播中的操作包括哪些内容；掌握直播后的运营包括哪些内容；能够进行一场跨境带货直播。

引例

如何做跨境电商直播营销呢

目前，海外消费者的购物习惯产生了质的变化，直播带货成为流量爆发新渠道。小刘在速卖通平台上经营着一家店铺，为适应这一趋势，他也想尝试直播带货，以期创造新的营销热点，助力业务增长。

他在直播前应该做哪些准备工作呢？直播中应该如何操作呢？直播后又该如何运营呢？

第一节　跨境电商直播概述

在数字经济快速发展与 5G 技术在商务领域深入应用的背景下，直播已成为全球互联网经济的新兴业态。随着直播技术在国际贸易领域的深入应用和境内外各类平台企业纷纷介入直播领域，以“跨境贸易+电商+直播”相互融合而成的跨境电商直播模式正在兴起。跨境电商直播是指一个国家或地区的企业在跨境的电商或社交平台上以直播方式向境外用户销售产品的数字营销新模式，具有销售市场跨境化、销售方式数字化、销售过程互动化等主要特征，是实现区域经济创新、开放、绿色、共享发展的新兴手段。

视野拓展
亚马逊直播机制

跨境电商直播逐渐成为我国企业开拓海外市场的新方式，业界也已经涌现了卧兔网络、吃鲸科技、弧米科技等跨境电商直播领域的 MCN（Multi-Channel Network，即帮助签约达人进行内容持续输出和变现的公司）机构和服务企业。一些制造企业、外贸企业、跨境卖家等也通过与 MCN 机构签订直播合作协议的形式让后者代理跨境电商直播，或者自身聘用“网红”，组建直播团队开展跨境电商直播。

一、跨境电商直播行业的发展历程

跨境电商直播平台是跨境电商直播行业发展的核心，为企业开展跨境电商直播业务提供了便利。近年来，境内外各社交平台、电商平台等平台型企业纷纷开通直播功能。在社交平台方面，几乎所有境外主流社交平台都增加了直播功能，包括 TikTok、Instagram、BIGO 等。在跨境电商平台方面，目前介入该领域的包括速卖通、Shopee、Lazada 等拥有中国电商背景的跨境电商平台，也包括亚马逊在全站点上线的 Amazon Live。如 2017 年 3 月，来自俄罗斯、西班牙、法国等国的主播开始在速卖通直播；2018 年 5 月，美国电商平台 Gravy. Live 开始采用互动直播电商模式；2018 年 11 月，千家商家在 Lazada 开启直播，覆盖泰国、越南、菲律宾、马来西亚、印度尼西亚等地；2018 年 12 月，印度直播电商平台 Bulbul 诞生；2019 年 2 月，亚马逊推出 Amazon Live Creator；2019 年 6 月，Shopee 开通直播带货功能，带动商家和品牌销售，覆盖马来西亚、菲律宾和泰国。跨境电商平台开通直播功能的时间如图 7.1 所示。

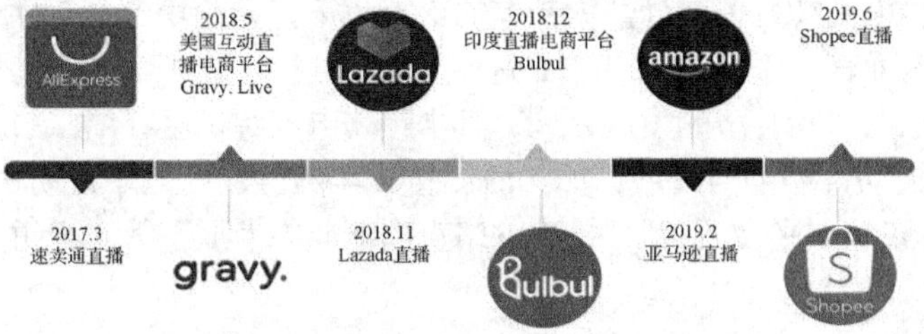

图 7.1　跨境电商平台开通直播功能的时间

视野拓展

跨境电商直播平台的分类

跨境电商直播平台分为三类：①社交平台，如 TikTok、Instagram；②跨境电商 B2B 平台，如阿里巴巴国际站；③跨境电商 B2C 平台，如速卖通、亚马逊、Shopee、Lazada。跨境电商 B2B 直播与跨境电商 B2C 直播有比较大的差异，具体如表 7.1 所示。

表 7.1　跨境电商 B2B 直播与跨境电商 B2C 直播的差异

内容	跨境电商 B2B 直播	跨境电商 B2C 直播
下单逻辑	理性采购	感性采购
营销效率	一般	高效
订单链条	长	短
直播风格	专业讲解、英语为主	个性鲜明、主播形象好、语种多样化
直播间访问次数	几十到几百	几百到几万

二、跨境电商直播行业的有利条件

跨境电商直播行业发展主要面临着技术、市场、政策三个维度的有利条件。

1. 技术支撑：企业借助直播可以适时对接客户需求

相比于普通电商模式，直播电商是一种新兴的销售模式，能够给用户提供一种身临其境的购物体验，便于用户更好地了解商品。用户在直播电商购物过程中与主播及时交流的互动性、主播发放“福袋”等带来的趣味性、基于手机移动端足不出户就能购买商品的便利性，能够激发用户购买商品的意愿。随着直播技术的扩展和改进，各类跨境电商平台纷纷开设直播功能，直播有望成为企业向境外销售商品的主要驱动力。直播电商有利于企业更好地对接全国各地乃至全球的消费者，使得企业可以在短时间了解更多消费者的行为和商品需求，从而有利于从事跨境电商直播的企业做大、做强、做优。

2. 市场增长：境外地区线上购物市场规模不断扩大

近几年越来越多的用户开始在线上购物，线上市场的规模不断增长；与此同时，一些国家或地区因一些原因导致生产停滞、供应链中断，使得进口成为人们购买商品的优先选项，由此，我国企业面临着海外市场不断增长带来的机遇。快手发布的 2021 年半年报显示，快手平均日活跃用户数为 2.943 亿，平均月活跃用户数为 5.13 亿，海外市场 6 月份的月活跃用户数已超过 1.8 亿，南美、东南亚及中东地区均为重点区域。

3. 政策赋能：政府支持跨境电商和直播电商的发展

尽管当前还没有支持跨境电商直播的针对性政策，然而在内外双循环相互促进的新发展格局下，各级政府对跨境电商和直播电商两大领域的支持政策，为跨境电商直播业态的发展提供了一定保障。就跨境电商而言，截至 2022 年 11 月，国务院分批设立了 165 个跨境电商综试区，形成了陆海内外联动、东西双向互济的发展格局，其中跨境电商综试区在浙江省实现了全域全覆盖。我国各地区也积极推动直播电商发展，如《浙江省数字商贸建设三年行动计划（2020 年—2022 年）》就明确了“百家重点平台培育”“推进网络直播新业态发展”等十大重点任务。

视野拓展

跨境电商直播行业的领跑者——杭州弧米科技有限公司

杭州弧米科技有限公司成立于 2017 年 6 月，作为一家“互联网+”跨境企业服务商，其使命是“吸引全球智慧来华，助力中国品牌出海”，通过打造“人才+政策+产业”的生态闭环，帮助更多中国跨境企业货通全球。公司发挥丝路天使的双重语言、文化等优势，通过多种新媒体营销方式助力中国品牌出海，实现人才和产业的对接落地，公司主要业务有跨境电商直播、跨境直播培训、短视频拍摄、小语种翻译等业务。公司的愿景为“跨境无界”，价值观为“拥抱变化、开放包容、主动协作、激情活力、始终创业”。

弧米跨境电商直播（HomieLive）作为公司旗下重要的出海品牌，通过全球外籍“网红”直播带货助力中国品牌出海。其直播基地位于杭州，为速卖通、阿里巴巴国际站、TikTok、Shopee、Lazada 等平台的官方认证机构。该品牌联合中国（杭州）跨境电商综试区、杭州市公安局出入境管理局和阿里巴巴举办了全国性的跨境直播大赛，形成了跨境直播标杆，建立了长期的晋级赛制和主播培养新模式。

HomieLive 直播基地已建成投入 500 平方米、7 个直播间，分别位于萧山区和上城区，未来计划投入 3000 平方米、20 个直播间，并将其打造为全国最大的跨境直播基地和跨境选品中心，吸引来自全球的跨境“网红”入驻。该基地将融入样品展示区、新品推荐区、共享办公区、休闲洽谈区、更衣室、视频拍摄区等多个功能区，整合 3000 余款跨境“网红”爆款，聚集服装、美妆、洗护、家居、小家电等 30 多个品类。该基地同时作为“扬帆起杭”全球跨境电商创业创新大赛的永久举办地，从第三届开始，大赛的宣发、培训、落地和展示将全程在基地开展，预计每年会举办 50 多场有外籍人士参与的活动，并吸引超过 1 万人次的外籍人士到访。

三、跨境电商直播具有的主要优势

在人均一部手机的信息化时代，人们获取信息的方式更加多样化，5G 时代的到来让大家不再满足于以往的文字、图片式传播。跨境电商直播是一种视频直播，正在成为当下最受人们欢迎的社交方式。对于用户来说，和品牌方的即时互动大大增强了体验感，加深了对产品的理解。对于跨境卖家来说，直播的形式可以让他们更快速地接收来自用户的反馈，直播平台也可以帮助品牌方引流，有了流量就相当于有了销量。跨境电商直播的主要优势表现在以下方面。

（1）拉近距离，打破限制。在直播情景下，粉丝可以和主播进行即时互动，通过刷礼物、发送弹幕评论等方式表达自己的想法。而且直播间的主播和粉丝围绕日常生活中的一些话题在线交流，也无形中拉近了彼此的距离，增强了粉丝的观看兴趣，互动模式也使得用户的体验感大大增强。

（2）更加真实，有助于增强用户黏性。直播一般都是即时性的，主播的一举一动都会被粉丝注意到，不存在过多剪辑等问题。而且在直播过程中，主播可以直接展示商品的特点，给用户一种身临其境的真实感，也会增强粉丝的信任。

（3）即卖即买，提升商品销量。在直播模式下，品牌方可以更全面地介绍商品和品牌故事，在主播的大力宣传下，粉丝对商品的了解更多一些，就会在不知不觉中为品牌方的销量增长做出贡献，达到品牌方直播推广的目的——卖货。

四、企业开展跨境电商直播面临的难题

企业开展跨境电商直播不仅面临着开展跨境电商零售出口业务所普遍面临的选市场、选物流等方面的挑战，而且还可能面临着跨境主播难觅、直播团队难建、跨境产品难选、运营能力难提升、行业发展无序难避免等问题。

1. 跨境主播难觅

企业要开展跨境电商直播业务，面临的首要问题是缺乏从事跨境电商直播的人才与团队，特别是跨境主播难觅。相比于境内电商直播而言，跨境电商直播的门槛较高。跨境主播不仅需要懂外语，而且要知悉产品卖点，懂得直播技巧，能够和观众保持良好互动，同时还要及时、准确地回答境外市场观众关于产品等方面的询问。然而，一般而言，企业难以聘请到面向境外消费群体的境内主播或境外主播。正如扎根于跨境电商直播领域的杭州京麦网络科技有限公司负责人易姣所言：“现在跨境电商直播这个行业非常缺人，尤其是小语种主播，很多都是留学生兼职，专业的主播比较少。”

2. 直播团队难建

一场跨境电商直播要想实现良好的带货效果，不仅主播需要表现出色，而且还离不开主播背后的直播团队。一个专业的跨境直播团队中，除了跨境主播之外，既需要有负责灯光、音响、摄制的技术人员，也需要有负责产品、场控的运营人员。在直播过程管理上，直播团队还需要在事前精心准备脚本，熟悉直播流程等，因此，跨境主播及其背后的直播团队要紧密配合。然而企业要开展跨境电商直播，往往面临着缺乏运营能力强的直播团队的难题。特别当主播是外籍人士时，让他们了解产品、准备脚本等的难度都比较大，团队合力更加不容易发挥。

3. 跨境产品难选

无论是对于线上销售还是对于线下销售来说，拥有适用于特定境外市场销售的货源都是核心事项。就企业从事跨境电商直播而言，选品的难度要比一般的线上或线下销售模式更大。企业不仅要拥有优质货源，而且还要有适合于跨境电商直播的产品。在跨境电商直播带货情境下，能否针对不同的境外市场特征进行恰当的选品，不仅事关带货产品的销量，而且还会影响产品售后的退货率，进而影响直播的盈利水平。由于跨境电商直播具备跨境电商零售和直播电商的双重属性，因此企业在选品时要综合考虑“产品是否存在境外市场需求”“产品是否适合直播销售”“产品是否适合跨境零售”“产品通过跨境电商直播能否具有盈利前景”等多方面的问题。

4. 运营能力难提升

跨境电商直播需要企业布局好“人、货、场”，然而主播及团队、货品、直播场景的齐备，并不意味着跨境电商直播带货能够成功，原因是顺利带货还需要建立在良好的跨境运营能力和跨境供应链管理能力基础上。如何提高海外粉丝的关注量、购买率、复购率，延长其在直播间的停

留时间，以及提升客户的好评率、客单价、直播体验感、购物体验感，降低退货率、差评率等，都是从事跨境电商直播时企业需要重点考虑的运营事项。开展跨境电商直播的企业普遍面临着与海外“网红”合作沟通难、跨境直播平台不熟悉、产品卖点无法恰当展示、直播过程存在时间差、直播带货后续效果追踪困难、跨境配送速度慢等方面的痛点，从而导致运营成本高、积极性差、利润不可控等运营相关的问题。

5. 行业发展无序难避免

新兴的跨境电商直播行业由于处于起步和快速发展的阶段，因此存在着诸多不规范问题，行业发展无序难以避免。比如在跨境电商直播情境下，一些主播在选品时一味追求低价，而忽略了质量，导致产品质量没有保证，且侵犯知识产权事件时有发生，从而不利于整个行业的发展。再如在直播过程中，一些主播对产品存在夸大宣传和虚假宣传，导致用户在收到产品后采取投诉或者退货行为的概率较大。跨境电商直播行业也需要对直播间运营者、直播营销人员、直播营销平台等主体的经营行为进一步规范，以便更好地保护消费者合法权益，维护行业健康发展。

视野拓展

企业如何更好地开展跨境电商直播业务

面对跨境电商直播行业的快速兴起，企业想要更好介入跨境电商直播领域，可以从以下几个方面采取相应的举措。

1．加强跨境直播人才的引育

企业竞争力的提升归根结底要靠人才实力。在跨境电商直播这个新兴领域，企业要实现成长与发展，最为重要的任务之一就是获取人才资源。为了更好地解决企业开展跨境电商直播业务面临的“人才匮乏”痛点，企业要积极介入人才的引进和培育工作，集聚各类人才，打造具有良好运营能力的直播团队。一是可以通过与高校合作，助力高校进行电子商务、跨境电商等专业建设，通过联合建设课程、设立实习基地、实施校外导师制、开设英才班、建立行业学院等手段，将跨境直播人才的培育和招聘前置化，从而解决人才供给不足的问题。二是要充分调动本地高校的留学生资源、海外归国人员、外语师生、外籍人员等参与直播行业的积极性，壮大主播资源。三是企业可以与第三方主播经纪公司、MCN 机构或娱乐公司展开合作，丰富跨境主播的选择渠道，积极拥抱粉丝经济；通过对接跨境直播 MCN 机构，借力 MCN 机构的人才培养培训和服务输出。四是有实力的企业可以组建专业化、国际化的直播团队，也可以独自或联合成立经纪公司，培养专业的跨境主播，将其打造成某一垂直领域的 KOL 或者网络红人，以吸引用户观看直播，贡献优质的直播内容，甚至可以在境外设立工作室并聘用外籍主播。

2．供给适合跨境电商直播的产品

满足境内外消费者对产品使用价值的需求，是激发消费者购买的前提，因此，生产适合跨境电商直播的产品，是企业介入跨境电商直播的先决条件；而能否致力于产品品质的不断提升则关乎企业能否持续获得消费者青睐，关乎企业能否具有持续发展的竞争力。一是企业要具有国际化的视野，要根据不同境外市场消费群体的不同需求，提供合适的产品。出于盈利的考虑，企业应尽量避免选择客单价低、配送费用高、容易退货的产品。二是企业要推进生产的数字化转型，有效提升产品质量，同时更快响应消费者需求，在了解境外市场客户需求的基础上，为客户提供个性化产品服务。三是企业要强化品牌意识、打造品牌形象，从而获取消费者的信任，提高转化率和复购率。比如在直播间里，跨境主播尤其要注重品牌视觉形象呈现、产品直观演绎，以及创意元素置入、道具互动等，让品牌具备更高的辨识度、专业度，培育消费者的品牌忠诚度。四是企业要掌握数字化选品等方法，不断提升对境外消费者需求方向的把握能力。

3．选择合适的跨境电商直播平台

随着境内外各大跨境电商平台、社交平台等平台型企业纷纷涉足直播领域，企业开展跨境电商直播面临着越来越多的平台选择。企业在选择直播平台时需要考虑以下几个因素。一是企业目标市场的定位。不同的平台辐射不同的市场与客户：如果是面向东南亚市场，则 Shopee、Lazada 平台就是较好的选择；如果是面向美国市场，那么 TikTok、亚马逊等平台就是较好的选择。二是平台的入驻要求和运营规则。企业要入驻跨境电商直播平台，必须了解不同平台的入驻条件和运营规则。不同的平台具有不同的入驻要求和运营规则，企业开展跨境电商直播要抓住平台的主要特征，掌握相应的运营技能，以便能够在平台上展现出自身的优点。

4. 提升跨境供应链管理能力

供应链管理能力构成了跨境电商直播重要的竞争力，决定了境外消费者的购物体验。一是企业要对跨境供应链的各个环节进行系统性管理，要致力于增加产品品类，提高产品质量，加快产品更新速度，提升发货与配送速度等。企业可以立足于所在地区的特色产业带，通过与其他供应商合作，共同增加产品品类，提升跨境配送等服务水平。二是企业可以选择入驻由政府部门打造的跨境电商直播集聚区，提升供应链管理能力。由于开展跨境电商直播活动涉及一系列服务，既需要招聘主播、打造直播团队，又要布置直播间、进行账号测试，同时涉及发货与配送等服务，因此企业可以选择将直播团队或子公司注册到创新创业氛围浓厚的自贸区、高新区、经济开发区等。比如，企业可以入驻能够提供人才服务、直播场景布置、短视频制作服务、仓储配送服务、跨境通关服务、投融资服务等综合服务的跨境电商直播基地、跨境电商园、直播电商园等。

第二节　如何做好一场跨境带货直播

一、直播前的准备

在开始直播前，要做哪些准备工作呢？本节实操部分都以速卖通为例进行介绍。

（一）选择直播平台

海外的直播平台层出不穷，如何找到最适合自己的平台，是跨境电商卖家需要认真考虑的事情。社交直播平台基本在几大巨头的掌控之下，包括 LinkedIn、Instagram、TikTok 等，而跨境电商直播平台主要有亚马逊、速卖通、Shopee 等。每个直播平台都有一定的特点，适合不同的卖家。比如 Instagram 直播适合以女性受众为主的品牌（服装、配饰等）或者经常分享日常生活事物的卖家。亚马逊直播可以直接把商品添加到直播间，但是用户互动性不够强，市场接受度还不高，目前直播站点仅开通了美国区，适合完成了品牌备案的美国站卖家。

（二）开通直播权限和创建直播间

选择好直播平台以后，卖家还要向平台申请开通直播权限和创建直播间后才能进行直播。

1. 直播权限开通

在速卖通上，金牌商家和银牌商家已统一被开通直播权限（除有成人用品的店铺外）。无直播权限的商家要先参与权限开通考试，考试通过后，进入速卖通后台“营销”→“直播后台管理”填写申请信息，小二会在 2～5 个工作日内为商家开通直播权限。新开通权限的商家要在一个月内开播，且要遵守直播规范，保证直播质量，小二将在第一个月结束时进行审核，决定是否保留商家的直播权限。之后小二也会每月进行检查，不满足申请时填写的每月预计开播场次且直播质量低的商家将被收回直播权限。

2. 创建直播间

速卖通建议商家至少提前 5 天创建直播间。商家进入后台后，点击“营销”→“内容营销”→“直播后台管理”，进入创建直播间页面。创建直播间步骤如下。

（1）填写直播标题（55 个字符以内）。主播和用户都可以看到直播标题，一个吸引人的直播标题更容易让用户记住并找到直播，建议标题包含品牌信息及直播利益点。

（2）简要介绍直播内容（200 个字符以内）。商家可以介绍直播的大致内容、活动利益点、主播的信息等。

（3）确定直播开始的日期和时间。直播时长封顶 12 个小时，在直播开始前可以修改直播时间。

（4）确定直播时的语言。确认语言设置适用于目标国家观众，在直播开始前可以修改语言。

（5）确定直播目标国家。商家对直播目标国家进行勾选。

（6）上传封面。商家需要上传正方形 800 像素×800 像素、横向 800 像素×450 像素和竖向 450 像素×800 像素的封面图片，支持上传时裁剪图片。封面要求：仅支持 JPEG 文件，文件须小于 3MB。图片上的信息可以包含直播的标题、开播的日期和时间、利益点、商品、人像等。

（7）封面效果预览。上传图片后可预览封面在 Feed（粉丝）频道 FOLLOWING（关注）和 INSPIRATION（发现）、BANNER（轮播图）中的效果。

（8）添加直播间商品。直播中的商品可批量添加，将多个商品 ID 用逗号分隔后填写在框中即可。建议提前添加直播间商品，这样会获得个性化的推送流量，且在直播精选频道中可以透出商品信息，提升用户点击转化率。

（9）点击“创建”。所有信息设置好后，点击“创建”即可完成直播间的创建。

（三）直播团队的构建

要想做好一场带货直播，团队的构建非常重要。小型直播团队可以配置主播 1 人，助播 1 人，直播运营 1 人。

好的主播可以为店铺带来更大的流量和更高的转换率。主播要形象佳或有个性、有亲和力、外语口语流利、有较强的销售能力，人设与商品相匹配，主播使用的语言要适应目标国家市场。主播负责出镜，在镜头前展示商品，讲解卖点，跟观众互动。主播培训也是重点，团队需要向主播传达包括镜头中的表现力、对商品的理解深度、销售能力的提升等技巧和内容，帮助主播在直播中促进转化。

助播在带货直播中主要起配合作用，一方面要帮助主播补充信息，另一方面要让主播能适当休息。此外，当直播间评论太多，主播来不及边讲边看时，助播可以帮助主播回答评论区的提问等。

直播运营负责根据主播的讲解在中控台上架商品、修改价格和库存、发放优惠券，以及直播后复盘等。最重要的是，直播运营需要在后台监控直播间的各项实时数据，再将数据及时反馈给主播，从而帮助主播更好地把握直播间的节奏，提升直播间的转化率。

大型直播团队除了配置主播、助播、直播运营之外，还可以配置导演、内容运营、拍摄剪辑、招商选品、客服等。

（四）直播选品、商品定价与商品链接

1. 直播选品

直播间商品要做好品、质、价，品即品类丰富，质即质量保障，价即性价比高，严格选品

能提高消费者的信任度。商家应根据“1+7+2”的原则，按照 10%的福利款、70%的主推款和20%的引流款进行选品。福利款作为直播间最重要的商品组成之一，需要具备极高的性价比，以低价单品为主，可以在整点上架。商家将其作为福利，有利于延长用户的停留时间。主推款分为热卖品和重点推广品，重点推广品是近期点击率高、销量好等数据反馈确定的商品。引流款一般是用户熟知、购买频率比较高或者有极大优惠力度的商品，主要以组合商品中的爆品形式出现。

2. 商品定价

直播间商品定价通常区别于正常售价，要具有一定的竞争力，不然很难吸引用户在直播间下单。商家可以通过比价工具来查询同一商品的全网售价，参考全网售价来最终敲定直播间商品价格。直播常见的定价策略如下。

（1）以 9 结尾。直播间商品很多都定价为 9.9 元、19.9 元、199 元，这是因为以 9 结尾的价格会使用户在心理感知上认为更便宜、更优惠。实际上，商品价格和原价相差无几，但这样定价会比定价为 10 元、20 元更好卖。

（2）买赠策略。直播带货中有个原则：优惠 > 买赠 > 折扣。优惠策略，大家是可以看到实际的价格变化的，视觉冲击力最大。买赠策略，就是买一送一或者送赠品。能买一送一就不要打 5 折，尽管买一送一和打 5 折本质上是一样的，但是用户更加偏爱买一送一。在具体实施过程中，要根据不同目标市场合理选择策略。

（3）阶梯策略。阶梯策略是买赠策略的升级版，适用于食品、小件商品和快消品等单价偏低的商品。比如某商品的线下价格为 69 元，在直播间第一件卖 39 元、第二件卖 29 元、第三件卖 19 元、第四件免费送。在这种价格的阶梯排列下，主播往往会建议用户将下单数量直接填成四，四件一起拍更划算。

这种递减的阶梯价格能给用户强烈的冲击，刺激其购买欲望，引导其多件一起下单，从而提高销量，降低库存。需要注意的是，引导语一定要简明、清晰，下单链接里要注明建议拍几件，最好再标上原价进行对比，这样效果会更突出。

3. 商品链接

商品链接包含商品标题、商品图片、详情页、原价与直播价、优惠券等。除了听主播介绍商品，很多人也会点开直播间上架的商品链接自主购物，所以链接里的每一个字都要传达有效信息，从而提高直播间的转化率。

（五）直播场景的搭建

直播场景的搭建包括环境选择和布置、直播间设备和道具的准备。一个有吸引力的直播间能大大提升直播效果。直播间场景的质量会直接影响用户的观看体验，许多商家随意选择办公室、会议室、仓库角落等作为直播场地，不仅会因光线不足影响直播效果，而且会带给用户不专业、不认真的感受。关于直播场景的搭建，请注意以下三点。

1. 环境选择和布置

直播间环境选择没有统一标准，可以多元化，工厂、市场、农田、商场都可以，但一定要结合商品的品类来选择。

商家在购买设备、道具以及装修布置直播间之前，需要对直播间进行一个全局的规划，不同的商品需要的直播间环境都不一样，商家可以参考同行的直播间风格去搭建。

（1）背景的选择。最好为直播间设置浅色、纯色的背景，打造简洁、大方、明亮的风格。商家可以根据主播气质选择合适的背景区域颜色和道具，让直播间更有氛围。比如，图 7.2 所示的直播间布景精致，有背景墙、沙发、圣诞树和礼物包，具有节日气氛；图 7.3 利用 OBS（Open Broadcaster Software，是一个免费、开源的视频录制和视频实时交流软件）抠图等功能完成虚拟场景和圣诞相关元素的运用，在降低成本的同时营造出了节日的氛围。

图 7.2　直播间场景搭建示例 1

图 7.3　直播间场景搭建示例 2

（2）商品的陈列。在场景前方，要将重点陈列的商品放在醒目位置。不同类目适合的商品排列方式以及摆放位置都是不一样的。比如大牌护肤品要放在显眼位置，零食要摆放很紧密，这样看起来会让人觉得商品丰富、分量十足。

（3）灯光的设计。直播间的灯光和背景墙的颜色一定要匹配，顶灯要足以把场景照亮，左右灯光一般用来增加人物和商品的立体感。主播面前可以打一盏美颜灯，确保光线均匀，画面不会过亮或过暗。

2. 直播间设备的准备

常用的直播间设备有计算机、摄像头、声卡、话筒、手机、手机支架、补光灯、美颜灯、网络设备等。某卖家在速卖通平台上直播用到的设备如图 7.4 所示。

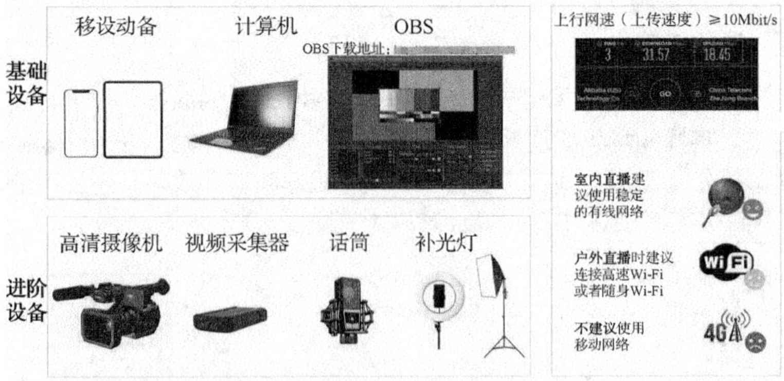

图 7.4　直播间设备

直播的画面传输对于网络环境有一定的要求，建议上传的视频画质在 720P 以上，要求网络的上传速度不低于 5Mbit/s。建议直播网络尽量用台式机的专线网络；如果要用 Wi-Fi 进行直播，则要尽量减少公共占用。

3. 直播间道具的准备

直播时使用道具能够非常直观地传达主播的意图，强调直播营销环节中的重点，还能成功地吸引用户的注意力，丰富直播画面，加深用户对直播或商品的印象。常用的道具主要包括以下几种。

（1）主题道具，如衣架、展示衣服的圆形站台、鞋包的专用田字形货架、生鲜零食用的电煮锅，旨在让用户一眼就能看出商家是卖什么商品的。

（2）制造氛围的道具，如计算器等。主播可以用计算器计算商品的组合价、折扣等，以吸引用户的注意力，突出价格优势。

（3）黑板、白板、荧光板等道具板，能够展现文字、图片信息，可以更加清晰地呈现出商品卖点、当日福利等信息，减轻主播和客服的压力。比如在进行服装类直播时，主播可以在道具板上写下模特儿的身高和体重；进行彩妆类直播时，主播可以在道具板上写下口红的热门色号，以及分别适合什么样的肤色。

（六）直播策划

1. 确定直播目标

开展直播必须有长期的规划，并确定恰当的直播目标。目标可以分为长期目标和短期目标。长期目标如直播一个月后，直播粉丝需增长至多少人；短期目标可以具体到每一场直播的观看量达到多少、销售额要达到多少等。制定目标时，宜先确定一个长期目标，再将长期目标分解为短期目标。

2. 确定直播频次

开展直播还需要确定直播频次。合理的直播频次不仅可养成粉丝在固定时间看直播的习惯，而且还可以搭配店铺直播运营做好宣传预告工作。在确定直播频次的过程中，商家要综合考虑场地、人员、设备等因素，还要考虑单场直播的时间。

3. 确定直播货品

提前列出直播货品表格，包括价格、库存、现货数量、赠品等必要的信息。

4. 确定直播的主题和玩法

确定直播的主题和玩法就是确定直播流程，商家可以把直播想象成一档电视节目，提前进行策划和彩排。但直播更灵活，主播需要根据直播间观众的反馈及时调整直播内容。如果涉及连麦或者邀请嘉宾做客直播间，商家需要提前跟嘉宾对接，商量连麦的流程和内容，甚至提前预算好每个环节的时间，最好把整个流程写成直播脚本。

> **思考与讨论**
>
> 直播脚本的主要内容有哪些？

直播脚本有利于主播把控直播节奏、确保关键信息表达到位。直播脚本的内容一般包括直播目标、直播人员、直播时间、直播主题等。速卖通的一场直播的脚本示例如表 7.2 所示。

表 7.2　直播脚本示例

2022 年 2 月 14 日直播脚本	
直播目标	销售金额达 2 万美元、观众超 1 万人，“增粉”1000 人
直播人员	主播小刘、直播运营小何
直播时间	北京时间 2023 年 2 月 14 日 6：00—7：00
直播主题	省时又省力的厨房用品

续表

时间	总流程	主播	直播运营	产品卖点	话术	优惠信息和活动
6:00	预热	与用户互动，引导关注；讲解此次直播带货的产品	回复问题，通过 ERP 软件推送直播开始通知		每天做家务，费时又费力，大家有什么要吐槽的吗？	讲解关注店铺对用户的好处
6:05	发放优惠码	口播优惠码及使用教程	评论区推送优惠码		使用优惠码，享受折上折	店铺优惠券活动中设置优惠码
6:10	限时购 1 号产品	讲解卖点 5 分钟，限时购 5 分钟	高亮产品，并且对前 20 单及时改价	提前准备好单品话术文案	降价约 70%，只限前 20 单，只限 5 分钟	原价 199 美元，限时购价格 59 美元，时间 5 分钟，限量 20 单
6:20	限时购 2 号产品	同上	同上	提前准备好单品话术文案	同上	原价 299 美元，限时购价格 89 美元，时间 5 分钟，限量 20 单
6:30	转发有礼（“人拉人”活动）	转发任意产品，买家和朋友都可以获得无门槛优惠券	提前参加平台的“人拉人”活动，并且设计好 Banner 以引导用户		转发任意产品到你的社交媒体账号，你和朋友都可以获得无门槛优惠券	参加平台的“人拉人”活动，并且做好店铺装修
6:35	限时购 3 号产品	讲解卖点 5 分钟，限时购 5 分钟	高亮产品，并且对前 20 单及时改价	提前准备好单品话术文案	降价约 70%，产品只限前 20 单，只限 5 分钟	原价 399 美元，限时购价格 119 美元，时间 5 分钟，限量 20 单
6:45	限时购 4 号产品	同上	同上	提前准备好单品话术文案	同上	原价 199 美元，限时购价格 59 美元，时间 5 分钟，限量 20 单
6:55	Giveaway 活动	解说活动详细流程和赠品			转发任意产品到社交媒体账号，并且带有链接（链接以纸板展示给买家看），点赞 200 个以上的用户可免费获得赠品	用户发点赞 200 个以上的截屏，直播运营后台改价为 0.01 美元后，用户再付款

表 7.2 中的单品话术文案一般是解说时长 3～5 分钟的单个产品的脚本，具体写法可参考下文中的产品讲解“五步法”。

5. 提前准备好直播间常见问题的答案

预设观众可能会提出的问题，并准备好答案以方便主播及助播熟记。例如新书预售专场直播，对于观众比较关心的发货时间、发货方式、赠品、是否有作者亲笔签名等问题都要提前列出答案。

视野拓展

亚马逊用户直播经验

6. 解决直播间流量来源问题

速卖通的直播间的流量来源有以下两种类型。

（1）平台公域流量。商家/达人可通过申请加入直播精选频道的方式将直播在 live 频道前台透出，但要提前五天在中控台申请。加入直播精选频道的前提是直播语言与目标国家相一致，不能用中文直播。

（2）私域流量。私域流量来源主要有以下几种。①站内店铺私域流量：在直播中控台将直播同步到店铺首页或通过买家会话等客户营销渠道，告知客户直播活动；也可以选择在站内内容营销频道中提前预告直播海报以及直播时间（通常为图文或者短视频），提醒客户订阅。②站外私域流量：在境外社交媒体账号（Instagram/Facebook 等）上发布直播活动预告和直播链接，引导客户订阅并进入直播间。

（七）直播开始前的预热和导流

直播预告要介绍清楚直播时间、直播福利等，吸引观众来看直播。商家可以通过发布视频的方式进行直播预告，视频最好在直播开始前的3～5天发布，对于重大场次直播，商家可以制作多条视频进行预热导流。例如在速卖通上，商家可以通过站内Feed频道进行直播预告，也可以通过ERP软件批量发送直播预告站内信给客户，或者通过VK、Instagram、WhatsApp等境外社交媒体进行分享，从而增加直播间订阅人数和店铺粉丝。

（八）直播开始前的测试

开播前通常要进行以下七个方面的测试：①确定直播用的手机等设备的电量是否足够；②测试账号开播后观众是否可以正常观看直播；③测试本场直播所需的直播间功能是否正常；④测试直播声音的音量、音质是否正常；⑤测试直播画面是否清晰；⑥保持直播测试状态10分钟左右，观察直播是否有卡顿现象；⑦如果有连麦，测试直播连麦功能是否正常，确保无黑屏、连麦失败等问题。

二、直播中的操作

（一）商品展示及售卖

为了更好地提高直播间产品的销量，主播需要介绍产品本身的卖点，强调直播间优势等。下面以某个燕麦产品为例介绍主播常用的产品讲解“五步法”。

1. 挖掘并放大消费者痛点

这是指主播要立足本产品的使用价值，挖掘消费者可能的痛点，激发其需求。例如痛点可以是上班族没时间做早餐，想减脂的人群找不到合适的健康食品，然后将痛点放大，刺激消费者需求，与消费者产生共鸣。例如，主播可以说：“吃早餐，容易发胖；不吃早餐容易得胃病，也难以较好地完成上午的工作；吃外面不干净的早餐，不卫生，不健康。”

2. 引出商家的产品

例如，主播可以讲：“这款燕麦是方便上班族的，花两分钟就可以搞定的早餐。这款产品是一款低脂低糖、营养丰富的燕麦食品，适合想要减肥瘦身的人群。我现在每天早餐都会吃，而且坚持了6个月，成功瘦身20斤。”

3. 介绍产品详情

介绍产品详情：一是介绍品牌，包括产地信息和品牌理念等；二是介绍产品的特征，包括规格、成分、材质、色彩、触感等。例如，主播拿出燕麦，向消费者展示并解读产品包装、规格、含量、成分等。主播也可以试吃产品，并描述产品口感等信息，让消费者相信这款产品是健康安全的。

4. 提升产品对消费者的效用

（1）讲解核心卖点。例如，给消费者讲解吃燕麦的好处；讲明产品的包装结构，展示产品是分袋包装的，携带方便，吃法简单，营养全面等。

（2）介绍售后服务。如七天无理由退换货、免运费、客服24小时在线处理等。

（3）展示用户评价。主播要尽可能多地向消费者展示用户的好评和买家秀等。

5. 快节奏催单

主播要告知观众本直播间开展的限时限量的优惠活动，并且用坚定的语言让潜在消费者感受到该产品的高性价比。例如主播可以讲：“燕麦的原价是39.99美元/包的，今日直播间抢购价格为9.99美元/包，买两包送一包，另赠送一个燕麦碗，限量99件，售完就没有了，史无前例的优惠活动，只有本次直播才有，错过本次直播，就再也找不到了。”

视野拓展

在跨境电商直播中，经常会运用到一些话术，如表 7.3 所示。

表 7.3　跨境电商直播常用话术

英文	中文
Welcome to the live stream	欢迎来到直播间
Invite your friends to the show	邀请你的朋友观看直播
Click the product numbers	点击产品编号
Add the product to cart	加购产品
Leave your comments	留下评论
Smash the like button	给直播间点赞
Order now	现在下单
Buy now	立即购买
Contact customer service	联系客服
I have big coupons for you	我会提供大额优惠券给你
We do world wide shipping	我们做全球航运
We do retail,wholesale and drop-shipping	我们做零售、批发和直销
Shipping is super fast	运输时效超级快

（二）配合直播的营销活动

以速卖通为例，配合直播的营销活动主要有以下几种。

（1）单品折扣。商家给单品设置较高的折扣，从而形成粉丝抢购的气氛。

（2）优惠码。主播可以在直播预热过程中向粉丝播报优惠码，直播运营也可以在评论区发放优惠码。此外，商家也可以在直播公告中提供优惠码。粉丝可以在下单界面粘贴复制的优惠码进行优惠下单。

（3）优惠券。在直播过程中发放优惠券，可以选择立即发放或者 5 分钟后发放。选择 5 分钟后发放优惠券是为了让粉丝留在直播间的时间更长一些。粉丝领取后可以直接在下单界面看到使用优惠券后的价格。

（4）转发有礼活动。商家可以在平台上设置转发有礼活动，设置后每一个产品的分享按钮都会变成美元符号。主播在直播中可以号召粉丝将产品分享给朋友，从而使粉丝及其朋友各自获得一张优惠券。

（5）搭配套餐。在后台设置搭配套餐活动，通过直播间的爆款为潜力款引流。粉丝点击爆款，就可以看到商家的潜力款，并选择购买。

（6）Giveaway 活动。这是指商家开展的有条件的赠送活动。例如，商家让粉丝关注自己的店铺，并分享产品到境外社交媒体上，只要商家获得 100 个赞以上，就免费把产品送给粉丝。

此外，商家还可以设置直播有奖问答、买赠、抽奖送礼物、瓜分红包、粉丝助力榜、造节等玩法。商家要多多发挥创意，不定期更新玩法。

（三）直播禁忌及雷区规避

一般直播平台会发布非常详细的管理规范，主要包括直播商品分享信息发布规范、直播商品分享行为规范、违规处理方式等。以速卖通为例，直播中提倡的操作有：①鼓励用户关注店铺，时时引导用户关注店铺，积累粉丝；②号召转发直播；③讲解如何使用优惠券；④讲解重点商品；⑤做一些限时特价或者抽奖活动；⑥与用户互动。

直播商品分享信息发布禁止的操作主要有：①发布危害信息，如敏感信息、淫秽色情信息等；②发布不实信息，如不实宣传、虚假中奖信息、所推广商品信息与实际信息不一致等；③伪造活动信息；④发布垃圾广告；⑤发布其他违法违规或速卖通不允许发布的信息。

直播商品分享行为规范禁止的操作主要有：①违规推广，如涉嫌出售假冒商品、主播违反平台相关推广规则等；②存在易导致交易风险的行为，如引导用户进行线下交易、发布外部网站的商品或信息等；③侵犯他人权益，如泄露他人信息、不当使用他人权利、骚扰他人等；④扰乱平台秩序，如进行造假或作弊、提供虚假信息等；⑤违背对用户或平台的承诺与保证；⑥直播信息与入驻信息不符；⑦违反速卖通不时发布或修改的主播要求。

如果主播违反了以上规则，速卖通可采取警告并下线直播、删除直播内容、冻结直播权限、清退账户等措施对商家予以处罚。

三、直播后的运营

1. 发货及售后服务

发货越快，用户购物体验越好，发货前的退货率越低。现货商品要尽量在 48 小时内发出，预售商品要提前跟用户说好发货时间，按约定时间发货。预售时间不建议太长，因为用户一般能接受的等待时间是两周，超过两周还不发货，就会有大量用户退货。

要想增加直播带货的销量，商家不仅需要把控带货的产品质量，同时还要做好贴心的售后服务，以满足不同用户的需求。对已经完成下单的用户需要有专门的客服人员对接，及时解决可能产生的售后问题，以便增强这些用户的黏性，提高其复购率。

2. 二次宣传和推广

商家可以开展二次宣传和推广活动，这样做是为了让店铺获得更多的平台支持，商家可以引导用户留评和分享购物体验；此外，还可以将直播业绩数据做成报告，将精彩花絮和高光时刻做成视频，并发到境外社交媒体等进行二次宣传。

3. 直播复盘

对直播带货而言，为了提升下一次直播的效果，商家有必要在下播后进行直播复盘。直播复盘一般包含以下维度。①直播数据复盘：订阅人数、总观看人数、平均观看时长、评论数、点赞人数等。②电商数据复盘：收藏数、加购数、商品点击次数、商品点击率、订单量、销售额、利润等。③用户复盘：观看用户画像、下单用户画像、用户性别分布、用户国家分布等。④主播和跟播复盘：总结本场直播成功的或应该避免的话术，提炼可以被复制的经验，针对遇到的问题提出解决方案等，根据直播数据不断优化直播内容。

直播是一项需要长期坚持的事情，商家若有可靠的供应链、有凝聚力的直播团队并长期坚持，不断积累用户和粉丝，提高直播间基础流量，做出单场高销售额的直播并不算太难。要想做好直播，主播平时需要多看直播，观摩学习头部主播的话术和玩法，吸收成功的经验来提升自己的直播水平。

视野拓展

速卖通直播数据看板

速卖通直播数据看板可以直观展示实时数据，为卖家的直播助力。

1. 速卖通直播数据看板入口

选择“live 直播中控台”→“Real-time data”→“More data”，可以看到图 7.5 所示的界面。开播后数据看板会实时刷新，直播结束后数据依然保留。

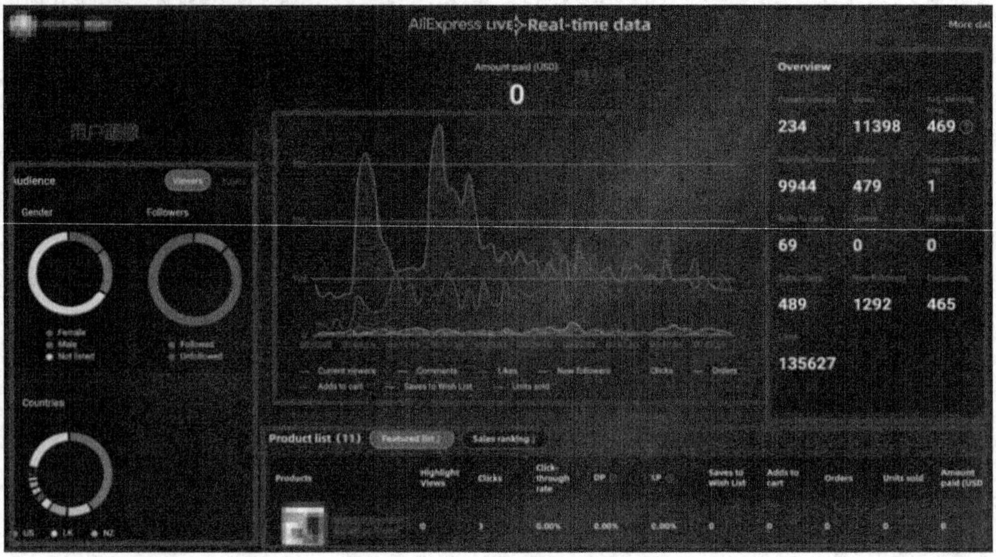

图 7.5　速卖通直播数据看板

2．数据指标含义

数据指标含义如表 7.4 所示。

表 7.4　数据指标含义

数据入口	名称	含义	数据入口	名称	含义
Overview（直播数据总览）	Current Viewers	当前观看人数	Product List（商品列表）	Highlight Views	商品高亮曝光次数
	Views	总观看人次		Clicks	商品点击次数
	Avg.viewing time	平均观看时长（仅统计观看直播超过 30s 的用户）		Click-through rate	直播间商品点击率
	Highlight views	商品高亮曝光次数		DP	商品详情页到下单的转化率
	Clicks	直播间商品链接点击总次数		LP	直播间到商品详情页的转化率
	Save to wishlist	商品收藏数		Save to wishlist	收藏数
	Adds to cart	商品加购数		Add to cart	加购数
	Orders	订单数		Orders	订单数
	Units sold	商品售卖件数		Units sold	商品售卖件数
	Subscribers	订阅人数		Amount paid(USD)	商品成交金额
	New followers	新增粉丝数	Audience（用户画像）	Viewers	观看用户画像
	Comments	评论数		Buyers	下单用户画像
	Likes	点赞数		Gender	用户性别分布，not listed 为用户未设置性别的情况
趋势图	Current Viewers	趋势图上展示的 Current Viewers 是截至当前进入直播间的人数，右边看板上展示的是目前直播间观看人数		Followers	用户中粉丝和非粉丝的占比
	Livestream amount paid(USD)	成交金额		Countries	用户国家分布
	其他数据同直播数据总览				

实训项目

在速卖通上做一场带货直播

一、实训目标

掌握做一场跨境电商带货直播的整个流程。

二、实训情境

某卖家在速卖通上经营一家户外运动类产品的店铺，近期开发了几十款产品。目前跨境电商直播发展火热，店铺营销总监想拓展新的营销渠道，让小刘策划一场带货直播。

三、实训任务

进行带货直播策划，在表 7.5 中撰写直播脚本，并在速卖通上进行直播，直播时长至少 1 小时。

四、实训步骤

①开通直播权限，创建直播间。②挑选出至少 10 款适合直播的商品，并构建直播团队。③策划直播流程，并撰写直播脚本。注意商品推荐顺序，突出商品卖点和优惠政策等。④准备直播间设备、道具。⑤进行直播，注意积极回复评论、做营销活动、强调优惠政策等。⑥直播后对直播视频进行编辑，并把分割后的短视频上传到 Feed 的视频帖里。⑦直播复盘。

表 7.5　直播脚本

<table>
<tr><th colspan="7">直播脚本　　　　年　月　日</th></tr>
<tr><td>直播目标</td><td colspan="6"></td></tr>
<tr><td>直播人员</td><td colspan="6"></td></tr>
<tr><td>直播时间</td><td colspan="6"></td></tr>
<tr><td>直播主题</td><td colspan="6"></td></tr>
<tr><td>时间</td><td>总流程</td><td>主播</td><td>直播运营</td><td>产品卖点</td><td>话术</td><td>优惠信息和活动</td></tr>
<tr><td></td><td></td><td></td><td></td><td></td><td></td><td></td></tr>
<tr><td></td><td></td><td></td><td></td><td></td><td></td><td></td></tr>
<tr><td></td><td></td><td></td><td></td><td></td><td></td><td></td></tr>
<tr><td></td><td></td><td></td><td></td><td></td><td></td><td></td></tr>
<tr><td></td><td></td><td></td><td></td><td></td><td></td><td></td></tr>
<tr><td></td><td></td><td></td><td></td><td></td><td></td><td></td></tr>
<tr><td></td><td></td><td></td><td></td><td></td><td></td><td></td></tr>
</table>

归纳与提高

本章主要介绍了跨境电商直播行业的发展历程、跨境电商直播的主要优势、如何做好一场跨境带货直播等。如何做好一场跨境带货直播包括直播前的准备、直播中的操作和直播后的运营。

直播前的准备包括选择直播平台、开通直播权限和创建直播间、直播团队的构建、直播选品与定价、直播场景的搭建、直播策划、直播开始前的预热和导流、直播开始前的测试。直播中的操作包括商品展示及售卖、配合直播的营销活动、直播禁忌及雷区规避。直播后的运营包括发货及售后处理、二次推广、直播复盘。

本章还介绍了在速卖通上如何进行直播的相关知识，可为卖家顺利开展直播业务提供参考。

练习题

一、单项选择题

1．（　　）开通了直播功能。

A．亚马逊　B．Lazada　C．速卖通　D．以上都是

2．速卖通开通直播功能的时间是（　　）。

A．2018年11月　B．2017年3月　C．2018年12月　D．2019年2月

3．直播间常用的道具有（　　）。

A．道具板　B．秒表

C．计算器　D．衣架

E．以上都是

4．在速卖通上，配合直播的营销活动包括（　　）。

A．单品折扣　B．优惠券

C．转发有礼活动　D．Giveaway活动

E．以上都是

5．直播复盘包括（　　）。

A．直播数据复盘　B．电商数据复盘

C．用户复盘　D．主播和跟播复盘

E．以上都是

二、复习思考题

1．简述跨境电商直播的主要优势。

2．简述跨境电商直播前的准备工作。

3．简述直播脚本的主要内容。

4．简述在跨境电商直播过程中介绍产品的步骤。

5．简述速卖通直播禁忌及雷区规避的内容。

6．简述直播后的运营包括哪些内容。

第八章　跨境电商物流与海外仓服务

【知识与技能目标】

了解跨境电商物流的定义及特点；掌握跨境电商主要的物流方式；掌握海外仓的运作模式及选择；了解我国海关对跨境电商货物通关的监管模式；了解中国国际贸易单一窗口的意义与功能；能够选择合适的物流方式发货；能够熟练查询每笔交易的物流跟踪信息。

引例

如何选择合适的跨境物流方式

小张是一名在校大学生，在 Wish 上经营着一家店铺。小张最近刚上架了一款商品，报价 10 美元/件，没过几天，就收到了一个美国客户的订单，他打算用 e 邮宝发货，但在量完商品尺寸后，就开始发愁了：这件商品的长、宽、高分别是 50cm、50.5cm、15cm，超过了 e 邮宝的尺寸限制。

他选择哪种物流方式发货比较合适呢？

第一节　跨境电商物流概述

在跨境电商交易过程中，物流是跨境电商链条中的重要环节，在很大程度上决定了跨境电商的运作效率。

一、跨境电商物流的定义及特点

跨境电商交易主体处于不同的国家和地区，商品需要跨越不同的关境才能从卖家处到达客户手中，因此跨境电商物流是连通不同关境内买卖双方的桥梁，是实现商品使用权和所有权转移的主要途径。跨境电商物流体系不仅会直接影响商品的流转效率和成本，还会影响客户的消费体验。跨境电商物流是影响跨境电商发展的重要因素。

跨境电商物流具有如下特点。

（1）运送周期较长。国内物流一般能做到在一周内全国妥投，而跨境电商物流的运送周期往往较长。例如，使用中国邮政小包发往俄罗斯的包裹的投递时间一般为 15～30 天，而发往巴西等国家的包裹投递时间则更长。投递时间过长会导致纠纷率上升、好评率下降等不良后果，直接影响客户体验。

（2）物流费用较高。相对于国内物流而言，跨境电商的物流费用比较高。例如，1kg 的货物使用中国邮政挂号小包发往澳大利亚，一般需要 80 元左右的运费。

（3）物流风险较高。由于投递地区较远和投递时间较长，货物破损、丢包的概率较大，并且还可能会遇到海关扣关等特殊情况，因此跨境电商物流存在的风险远远高于国内物流。

二、跨境电商物流的环节

在跨境电商交易过程中，境外买家通过跨境电商平台购买商品后，境内卖家通过跨境电商物流将商品派送至买家手上，要经过很多环节，如图 8.1 所示。

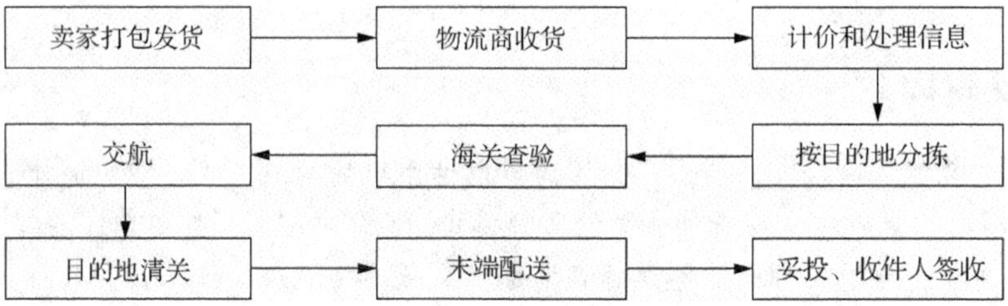

图 8.1 跨境电商物流的环节

视野拓展

佳成国际：致力于打造跨境物流行业新生态

（据新华丝路网 2021-01-12 报道）跨境物流面临严峻挑战，我国民营跨境物流企业如何突围？佳成国际物流股份有限公司（以下简称“佳成国际”），借力中国（杭州）跨境电子商务综合试验区（以下简称“杭州综试区”）的改革创新红利，依托跨境电商市场的蓬勃发展，壮大国际物流服务网络，使中国快递品牌 JCEX 的服务区域覆盖了 200 多个国家和地区。面向未来，佳成国际将致力于打造“共享、共赢、共生”的跨境物流新生态。

1．杭州综试区创新，助民营跨境物流企业乘势而上

成立于 2000 年的佳成国际，在行业内经历多年的摸爬滚打、多次战略转型，2013 年进入跨境电商领域，2018 年开始专注于跨境物流大件服务，为海外仓头程物流提供稳定、高效的运输途径，逐步突出重围。

佳成国际旗下拥有境内外逾 50 家分支机构，服务区域覆盖 200 多个国家和地区，是集国际速递、国际货运、跨境通关、跨境集运、跨境仓配于一体的综合型全牌照国际物流公司。

2015 年，杭州综试区正式设立，通过制度、管理、服务创新和协同发展，破解跨境电商发展中的体制性难题，打造跨境电商完整的产业链和生态链。

杭州综试区积极引进亚马逊等平台，开展跨境电商产业带孵化，并大力实施引导、激励政策，完善服务商体系，培养跨境电商人才。佳成国际在这里感受到了行业的蓬勃发展，也受益于这些举措并实现快速壮大。

近年来，佳成国际凭借自身提供的优质的个性化、多口岸、多干线全球跨境物流服务，先后成为亚马逊 SPN 物流服务商、Wish 物流服务商、易贝进出口仓储物流服务商、阿里巴巴旗下菜鸟网络国际物流供应商，开设了欧洲、美国、加拿大、日本、东南亚、印度多条专线，在国内跨境物流行业居于领跑地位。

2．织好“两张网”，积极应对疫情“黑天鹅”

2020 年伊始，突如其来的疫情让国际物流行业受到严重影响，运力、人才、政策等多个维度的不利因素，对佳成国际的发展构成了考验。此外，海外持续受疫情影响最直接的后果是员工减少或无法同时到岗，这进一步降低了跨境货物的处理效率。据测算，2020 年上半年佳成国际的经营数据同比下降 40%。

在佳成国际的多名高管看来，如今的跨境电商物流本质上就是要编织“两张网”。一是由境内的揽收网点、口岸布局等形成的国内网络，二是通过在境外设立分公司及海外仓构成的国际网络。经过 20 多年的经营，佳成国际凭借构建这“两张网”，奠定了如今在行业内的地位。面对挑战，进一步做大“两张网”，才能

让佳成国际继续在跨境物流行业乘风破浪。

跨境物流从根本上比拼的是网络型效应和规模效应。2020年上半年，跨境电商需求大增和跨境物流产能不足的脱节问题，显示出跨境物流行业现有资源布局和客户的需求还有较大差距。除了继续以国内揽收网络作为支撑，海外网络基础设施建设对佳成国际而言更是至关重要，通关、仓储、最后一公里配送等问题都是佳成国际下一步发力的方向。

据介绍，佳成国际正在加紧研发线上订单管理系统，设计逻辑就是围绕共享和融合理念，把业内更好的物流产品聚合到佳成国际的资源池中。“跨境物流具有一个特点，即它是由很多分段组成的，这意味着它可以被集约化。我们要通过对上下游的供应商、合作伙伴与自身企业的融通，来提升我们的业务和服务水准。”佳成国际首席信息官蔡利锋表示。

3．适应新发展格局，跨境物流迈向共享、共赢、共生

在新发展格局下，跨境电商正加速成为畅通“双循环”的助推器。中国国际经济交流中心副理事长魏建国表示，跨境电商的发展，能跟上新全球化发展的趋势，也能促进中国与相关国家互利共赢、共同发展，让“双循环”走得更为坚实有力。而跨境物流是跨境电商不可或缺的关键一环，要完善跨境物流，既需要具有很强的全球资源掌控力和调度能力，也需要真正解决跨境消费的痛点，为客户带来好的服务体验。

在佳成国际看来，这样的发展目标，对跨境物流企业提出了更高、更快的要求，前置海外仓等举措成为跨境物流解决快速出货难题的关键。只有克服物流速度、配送费用等诸多方面的问题，才能更有效地促进数字消费升级。

未来，佳成国际将更好地丰富企业产品及服务，在海外拓展更多的合作资源，以助力企业产品快速出海、降本增效，从而进一步推动国内国际数字消费实现强劲增长。

2020年9月，佳成国际提出了“佳成战略2.0”，其中的一大目标就是要搭建一个跨境物流融合共享平台。“当前，客户需求不断增加，如果我们还只是作为一家企业单打独斗来全面铺设的话，其实跟不上行业形势的变化。如果把整个行业的上下游相互需要融通的产业（如合作商、供应商）的资源跟企业共享共荣，将能够打造一个让跨境物流行业在当下的风口实现共存共赢的生态。”佳成国际董事长宋成说。

目前看来，受疫情影响，美国、欧洲等市场有大量客户找不到仓库发货，物流“最后一公里”变得非常拥堵，很多国家的本土快递陷入瘫痪状态，卡车资源严重紧缺……在佳成国际的构想中，这些资源未来都将出现在共享体系当中。佳成国际认为，在互联网和数字化的驱动下，“共享、共赢、共生”会成为跨境物流行业发展的主旋律。佳成国际的自有资源今后将进一步实现开放，面向产业链各环节积极寻求友商合作，共筑一个共生的大联盟。

第二节　跨境电商直邮物流服务

一、跨境电商主要的物流方式

直邮发货、境内保税仓发货和海外仓发货是跨境电商物流的主要模式。直邮发货按报关及清关是否通过商业渠道，可分为邮政包裹物流渠道和商业快递渠道。邮政包裹物流渠道就是通过邮局将本地货品送交到海外买家的手里。邮政包裹物流渠道主要包括中国邮政小包、国外邮政小包、e邮宝、e特快等。商业快递渠道包括国际商业快递、专线国际物流。直邮发货模式中，使用最多的是邮政包裹物流渠道，其次是商业快递渠道。

（一）邮政包裹物流渠道

据不完全统计，中国跨境电商出口业务中，70%的包裹都是通过邮政包裹物流渠道投递的，其中中国邮政占据了60%左右的份额，新加坡邮政、荷兰邮政等也是中国跨境电商卖家常用的邮政包裹物流渠道。

1. 中国邮政小包

> **思考与讨论**
> 跨境电商主要的物流方式有哪些？

中国邮政小包又称中邮小包、航空小包，是指重量在2kg以内，外包装长、宽、高之和≤90cm，且最长边≤60cm，通过中国邮政空邮服务寄往国外的小包。这是中国邮政开展的一项经济实惠的国际快件服务项目。它包括平邮和挂号两种服务，分别称为中国邮政平常小包和中国邮政挂号小包，可寄达全球各个邮政网点。中国邮政挂号小包要收取挂号费，可提供网上全程跟踪查询服务。

中国邮政小包可寄达全球200多个国家和地区。

优势：邮政网络基本覆盖全球，比其他任何物流可寄递的范围都更广泛；邮政渠道清关能力强，价格也相对较低。

劣势：有明显的尺寸和重量限制，时效慢，易丢包，不接受人工查询，丢包不赔偿。

2. 国外邮政小包

国外邮政小包是指中国境外的其他国家和地区的邮政航空国际小包，一般可提供平邮和挂号两种服务。国外邮政小包一般以国家（地区）名称开头进行命名，例如新加坡邮政小包、荷兰邮政小包、瑞典邮政小包、瑞士邮政小包、比利时邮政小包、德国邮政小包等。国外邮政小包在带电产品、纯电池、液体及固体化妆品等寄送限制方面比中国邮政小包更宽松，所以是中国跨境电商出口零售领域非常重要的物流渠道。不过，受制于《万国邮政公约》的规定，非本国（地区）邮政局不能在本国（地区）直接揽收邮件，因此，从事这些业务的国际货运代理公司常代收货件后统一运输到该国（地区）或该国（地区）在我国各地的办事处后再做分拣，然后发往买家所在地，最后派送到买家手中。国外邮政小包种类比较多，其提供的服务及要求和中国邮政小包比较接近。

视野拓展

万国邮政联盟

万国邮政联盟简称“万国邮联”，其宗旨是组织和改善国际邮政业务，发展邮政方面的国际合作，以及在力所能及的范围内给予成员方所要求的邮政技术援助。万国邮联设有公约，该公约的主要内容包括：①国际邮政业务的共同规则；②函件业务的规定（邮资、重量、尺寸限制、禁寄物品、海关监管等）；③函件的航空运输规则（涉及航空函件优先处理、改寄和退件、航空运费的计算和结算等）；④公约的生效日期和有效期限。

3. e邮宝

e邮宝是中国邮政为适应轻小件物品寄递市场需要而推出的跨境国际速递产品，该产品以EMS网络为主要发运渠道，出口至境外邮政后，通过目的地邮政轻小件网投递邮件，能为跨境电商卖家提供便捷、稳定、优惠的物流轻小件服务。

e邮宝支持发往美国、英国、澳大利亚、加拿大、法国、俄罗斯、以色列、沙特阿拉伯、乌克兰、挪威、德国、巴西、韩国、马来西亚、新加坡、新西兰等国家和地区的轻小件包裹，大部分情况下能在7～15个工作日妥投。发往俄罗斯的单件包裹限重在3kg以内，发往以色列、英国的单件包裹限重在5kg以内，发往其他国家或地区的单件包裹限重在2kg以内。

优势：e 邮宝是为跨境电商量身定制的物流方式，价格低、速度快、带妥投信息，是一款性价比较高的物流产品。

劣势：送达国家和地区有限，不接受人工查询，丢包不赔偿。

4. e 特快

e 特快是中国邮政为适应跨境电商高端寄递需求而设计的一款快速类直发寄递服务。e 特快支持发往日本、韩国、俄罗斯、澳大利亚、新加坡、英国、法国、巴西、西班牙、荷兰、加拿大、乌克兰、白俄罗斯等 100 多个主要国家和地区的包裹，其收寄重量不受 2kg 限制，发往大多数国家和地区的包裹限重 30kg。

e 特快的计费首重和续重均为 50g，计费重量计算方式为：①包裹单边≤40cm，不算体积重量，计费重量=实际重量；②包裹单边>40cm，包裹计泡[取邮件体积重量和实际重量中的较大者作为计费重量，其中，体积重量（kg）=（长 cm×宽 cm×高 cm）/6000]。包裹的长、宽、高测量值精确到厘米，厘米以下去零取整。

e 特快包裹的寄达时效参考如下：①发往日本、韩国、新加坡等，2～4 个工作日；②发往英国、法国、加拿大、澳大利亚、西班牙、荷兰等，5～7 个工作日；③发往俄罗斯、巴西、乌克兰、白俄罗斯等，7～10 个工作日。

优势：支持全程物流跟踪，时效优于 e 邮宝，丢包有赔偿。

劣势：业务覆盖范围有限，对包裹尺寸的限制较严格。

（二）商业快递渠道

1. 国际商业快递

自 2017 年 FedEx 收购了荷兰 TNT 快递以后，国际商业快递四大巨头变成了 DHL、UPS、FedEx 三大巨头。三大国际商业快递妥投时效和优势路向如表 8.1 所示。

三大国际商业快递的首重和续重均为 0.5kg，以体积重量和实际重量中数值较大者为计费重量，体积重量（kg）=（长 cm×宽 cm×高 cm）/5000。其具体包裹重量和体积限制如表 8.2 所示。

表 8.1 三大国际商业快递妥投时效和优势路向

国际商业快递	总部	妥投时效	优势路向
DHL	德国	全球 2～4 个工作日 欧洲 3 个工作日 东南亚 2 个工作日	西欧、东南亚
UPS	美国	全球 2～4 个工作日 美国 48 小时	北美
FedEx	美国	全球 2～4 个工作日	南美、北美、欧洲

表 8.2 三大国际商业快递的重量和体积限制

国际商业快递	重量限制	最大体积限制
DHL	单件包裹重量≤70kg（对大部分国家）	单件包裹最长边≤1.2m（对大部分国家）
UPS	单件包裹最大重量为 70kg	（长度+周长）≤330cm，最大长度为 270cm，周长=2×（高度+宽度）
FedEx	一票多件（每件≤68kg），单票总重量≤300kg，超过要提前预约	（最长边+其他两边的长度的两倍）≤330cm，最大长度为 270cm

优势：递送 21kg 以上的大货有价格优势；服务好，问题解决及时，网站信息更新快，可上门取货，客户体验好。

劣势：费用较高，需要考虑体积重量、偏远费、燃油附加费；对寄件限制较多，退件费用高，清关能力相比邮政渠道较差，可能会产生关税，旺季可能需要排仓。

2. 专线国际物流

专线国际物流一般是指通过航空包舱方式将货物运输到专线对应国家（或地区），由目的国（或地区）直营公司或指定合作方进行商业清关并进行派送的物流方式。这种方式可通过规模效应降低成本、缩短时效，但覆盖地区有待扩大。目前，常用的专线物流包括以佐川急便为代表的日本专线、以 Aramex 为代表的中东专线、以 GATI 为代表的印度专线等。

优势：向指定国家（或地区）可发带电产品，时效快，资费性价比高。

劣势：清关能力相比邮政渠道较差，在国内的揽收范围相对有限，并且只有物流量较大的国家（或地区）才有专线物流。

二、跨境电商物流方式的比较与选择

（一）主要跨境物流方式的比较

不同的跨境物流方式在运费、时效、适用范围等方面具有不同的特点。主要跨境物流方式的比较如表 8.3 所示。

表 8.3 主要跨境物流方式的比较

物流方式	运费计算规则	运费	时效	适用范围
国际商业快递	实际重量和体积重量取高者	高	2～4 个工作日	适合高货值、对时效要求高的商品
专线国际物流	实际重量和体积重量取高者	一般	5～7 个工作日	适合发往指定国家或地区的商品
e 特快	单边≤40cm，按照包装后的实际重量计算。单边>40cm，实际重量和体积重量取高者	较高	2～15 个工作日	适合体积大、重量大、对时效要求不高的商品
e 邮宝	包装后的实际重量	一般	7～15 个工作日	适合轻小件商品
中国邮政小包	包装后的实际重量	低	5～60 个工作日	适合货值低、对时效要求低的轻小件商品

（二）跨境电商物流方式的选择

对于跨境电商卖家来说，将商品以什么样的物流方式发货，一般需要考虑商品特性、物流费用、物流时效、目的地清关能力、买家的需求以及销售淡旺季等因素。

1. 商品特性

商品特性主要包括商品的类型、重量、体积、货值等。首先要考虑所售商品类型是普通货物还是敏感货物。如果是带电商品或者粉末状的化妆品等敏感货物，可以选择新加坡邮政小包、瑞典邮政小包，不宜发中国邮政小包。其次要考虑所售商品的包裹重量和体积，如果单个包裹重量大于 2kg 小于 30kg，那么不宜发中国邮政小包，可以考虑 e 特快。最后还要考虑所售商品的货值。一般情况下，货值高的商品要选择有妥投信息的物流方式，以便买家跟踪查询物流信息。比如手机、平板电脑等货值较高，可选择 e 特快或者 DHL 等物流方式发货。

2. 物流费用

不同的物流方式费用也不同。比如，中国邮政平常小包费用低，没有挂号费，但是时效长、丢包率高；商业快递物流费用高，但是运达快、丢包率低。

3. 物流时效

物流时效会影响客户满意度。客户从购买到收到货物的时间越短，则满意度越高，客户体验越好。在物流时效上，商业快递渠道最快，邮政包裹物流渠道次之。

4. 目的地清关能力

大多数跨境电商卖家派送商品主要通过物流渠道服务商完成目的地清关，但商品通关时经常会出现一些意外情况，比如需要卖家补充资料，货物被扣或被没收。不同的物流渠道服务商的目的地清关能力也不同，因此在派送商品时，卖家要选择目的地清关能力较强的物流渠道。一般来说，邮政包裹物流渠道的目的地清关能力较强，商业快递渠道的目的地清关能力相对较弱。

5. 买家的需求

卖家售前要明确列明不同物流方式的特点，为买家提供多样化的物流方式选择，并根据买家的实际需求来确定物流方式，避免后续产生纠纷。比如，一个美国的买家在 Wish 上订购了一件188 美元的婚纱，要求 5 天到货，卖家这时可以选择 UPS 或 DHL 等国际商业快递发货。

6. 销售淡旺季

由于卖家在销售旺季时可能会因常用的物流方式爆仓而遭遇运营风险，因此要根据销售淡旺季选择不同的物流方式。例如，在淡季可选用中国邮政小包降低物流成本；在旺季或大型促销活动时期，可选用新加坡邮政小包、比利时邮政小包等来保证物流时效。

视野拓展

境内保税仓发货

境内保税仓发货指的是跨境电商商品以一般贸易形式备货进入综合保税区后即可办理出口退税手续，然后再根据消费者在跨境电商平台上的订单，以包裹形式经海关监管查验后，转运到海关邮局办事处，按照邮件监管离境的一种发货模式。

在这种发货模式下，企业可以把货物运到海关特殊监管区域或保税监管场所，享受入区退税的政策便利，退完税后再分批销售。这种发货模式的退税流程更优、周期更短、效率更高，可以减轻企业的生产经营压力。

三、跨境电商物流信息的查询

（一）跨境电商物流单号

当包裹被揽收后，物流渠道服务商会提供一组英文字母加数字组合或是纯数字的物流单号，买家可以通过这组单号查询包裹的最新信息。

1. 中国邮政国际包裹的单号形式与编码规则

中国邮政国际包裹的单号形式比较简单，单号通常有 13 位：2 位字母、9 位数字、2 位字母，其中，后两位字母代表发件国家（或地区）的简码。例如“RA987654221CN”表明包裹是从中国发出的，如果结尾是“JP”，则表明包裹是从日本发出的。

单号的首字母具有如下编码规则：“E”开头，代指 EMS 特快专递；“R”开头，代指国际邮政小包（≤2kg）；“C”开头，代指国际邮政大包（>2kg）；“L”开头，代指 e 邮宝。

2. 国际商业快递的单号形式与编码规则

不同的国际商业快递具有不同的单号形式和编码规则。DHL 的单号种类特别多，常见的有 10 位数的中国 DHL 单号、12 位数的德国 DHL 单号等。UPS 大部分单号的开头都是 1Z，容易识别。FedEx 的单号一般是全数字的。

（二）跨境电商物流信息详情查询

中国邮政平常小包只提供境内段收寄、封发、计划交航等物流跟踪信息，不提供境外段物流跟踪信息。中国邮政挂号小包可提供全程物流跟踪信息，包括境内段收寄、封发、交航及目的地妥投信息。三大国际商业快递除了可提供以上物流跟踪信息外，如果不是直达的包裹，还提供中转、航班起飞时间等信息。一般来说，物流费用越高，物流跟踪信息就越详细。

（三）常用的跨境电商物流查询网站

（1）物流渠道官网。如中国邮政、UPS、DHL、FedEx 各自的官网。

（2）综合性物流查询网站。AfterShip、Trackingmore、17TRACK 等可提供物流信息查询服务，其中 17TRACK 支持查询世界上大多数国家（或地区）的国际快递和邮政包裹，而且还可将查询结果转换成收件地的语言，方便卖家直接截图并提供给买家。例如，要查询单号为 1ZE356F8YW10212927 的国际快递包裹的物流跟踪信息，用户可在 17TRACK 网站首页输入单号，结果如图 8.2 所示。

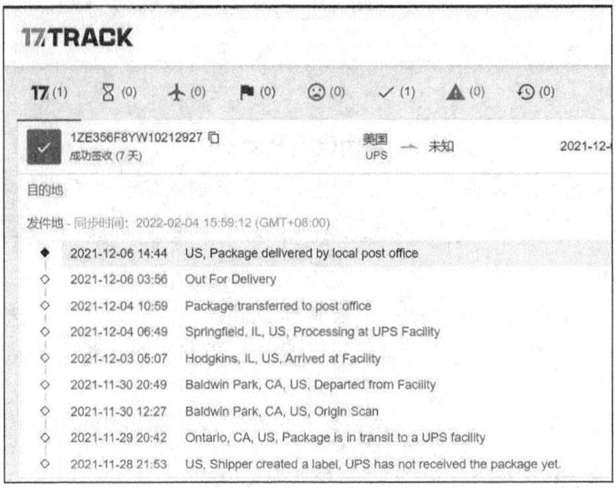

图 8.2　物流信息查询结果

第三节　跨境电商海外仓服务

一、海外仓概述

随着跨境电商的发展、本地化服务的进一步升级以及本地化体验的良好口碑，海外仓模式越来越受到卖家的青睐。海外仓是一种与直邮物流服务并存的新型跨境电商物流方式。海外仓，又称海外仓储，在海外仓模式下，境内出口跨境电商企业事先在境外自建或租用仓库，通过海运、陆运、空运或者国际多式联运的方式，先把货物批量运送至境外的仓库，当境外客户通过互联网下单后，境内卖家可以在第一时间做出快速响应，及时通知境外仓库进行货物的分拣、包装和派送等服务，确保货物快速、安全、准确、低成本地送达境外终端客户。

跨境电商卖家选用海外仓服务具有以下优势。

（1）获得平台流量支持。第三方跨境电商平台对卖家存放在其海外仓的商品，会给予更多的流量支持。

思考与讨论

直邮发货和海外仓发货的区别和优劣势分别是什么？

（2）降低物流成本。一般而言，相比于直邮物流服务，卖家以海外仓模式发货的物流成本更低。

（3）旺季防堵塞。卖家选用海外仓发货，可以有效规避销售旺季由于物流服务供给不足带来的不良后果。

（4）提升客户体验。由于商品通过海外仓提前进入目的地，卖家在接单后能快速响应，可有效提升客户体验。

（5）扩展销售品类。海外仓采取的集中运输模式突破了商品重量、体积和价格的限制，有助于扩大销售品类，如机床、狗屋、家具等不适合直邮发货的商品都可以选择海外仓发货。

（6）提供增值服务。卖家借助海外仓提供本土退换货处理、保养等售后增值服务，可有效增强客户黏性。

二、海外仓的运作模式

海外仓主要有电商平台自建仓库、卖家自建海外仓以及第三方海外仓三种运作模式。

1. 电商平台自建仓库

电商平台可通过自建仓库为卖家提供包括仓储、拣货打包、派送、收款、客服与退货处理在内的一条龙式物流服务，并收取一定的配送费和仓储费。该模式的代表是亚马逊的FBA，其操作流程如图8.3所示。

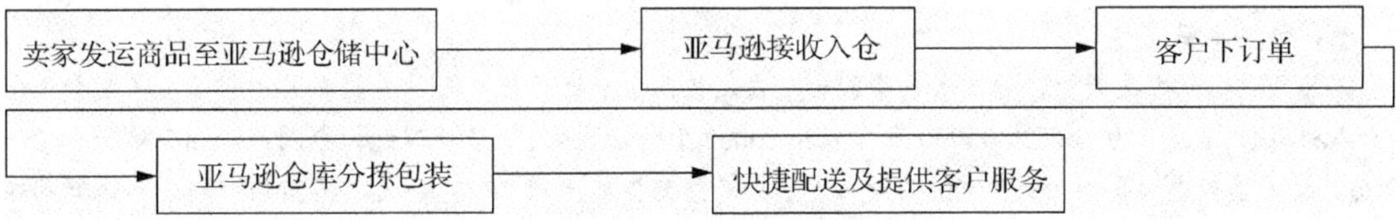

图8.3　FBA操作流程

卖家使用FBA可以提高listing排名，减少由物流引起的差评纠纷，享受亚马逊专业客服服务，从而提升客户体验；但FBA也存在费用偏高、退货处理不灵活等问题。

> **思考与讨论**
>
> 自建海外仓的卖家通常会面临哪些难题？

2. 卖家自建海外仓

卖家自建海外仓主要是指具有一定资金实力和客户基础的大卖家为了提升物流配送速度而在国外市场建立仓库。自建海外仓的优势是卖家可自己掌控仓库系统操作、通关、报税、物流配送等环节，物流时效稳定，客户体验好；但具有建仓成本高、建仓过程复杂、需要聘用国外员工等劣势。

卖家自建海外仓比较重要的是选址问题，选址时要遵循靠近交通枢纽、靠近经济发达地区以及多仓布局等原则。靠近交通枢纽与经济发达地区建设海外仓，可以方便货物的转运与配送。多仓布局可以缩短物流时间，降低物流成本。

卖家自建海外仓的代表企业有环球易购、兰亭集势、米兰网、大龙网、纵腾网络等。

3. 第三方海外仓

第三方海外仓是由第三方企业（多数为物流服务商）建立并运营的海外仓，并且可以为多家跨境电商企业提供清关、入库质检、接收订单、商品分拣、配送等服务。卖家使用第三方海外仓有助于扩大销售品类、提高单件商品利润率、增加商品销量等，但也存在因存货量预测不准可能导致的货物滞销等风险。

卖家需要向第三方海外仓服务商支付一定的费用。第三方海外仓服务商的收费包括头程费用、税金、当地派送费用、仓储管理服务费等。头程费用是指从中国把货物运送至海外仓所产生的运费。税金是指货物出口到某国（或地区），按照进口货物政策而征收的一系列费用，如英国征收的税金有关税和增值税。当地派送费用俗称二程派送费用，是指买家对所购商品下单后，由仓库完成打包配送至买家地址所产生的费用。仓储管理服务费包括仓储费和订单处理费。仓储费是指将商品储存在仓库而产生的费用，第三方海外仓通常会按周收取费用。订单处理费是指买家下单后，由第三方海外仓工作人员对其订单拣货打包而产生的费用。

规模比较大的第三方海外仓服务商有万邑通、出口易、递四方、谷仓等，其中万邑通、出口易是易贝的官方合作伙伴，递四方、万邑通、谷仓是速卖通的官方合作伙伴。

综上所述，海外仓的三种运作模式各有优劣，处在不同阶段的卖家有不同的需求，需要经过调研和考察才能做出正确选择。

案例与思考

中邮海外仓

中邮海外仓（China Postal Warehousing Service，CPWS）是中国邮政速递物流股份有限公司开设的境外仓配一体化服务项目，其服务内容包括国内仓库接发操作、国际段运输、仓储目的地进口清关、仓储、配送以及个性化增值服务等。CPWS是整合国际邮政渠道资源、专业运营团队和信息系统而推出的安全、稳定、高效的海外仓产品，能为用户提供跨境电商物流优化方案。

一、仓库介绍

CPWS现已开办美国仓、德国仓、英国仓、澳大利亚仓和捷克仓等海外仓。美国仓包括美东新泽西仓和美西洛杉矶仓，仓库面积分别为35000平方米和20000平方米左右，峰值处理能力分别为35000单/天和20000单/天。德国法兰克福仓面积为2000平方米左右，峰值处理能力为3000单/天。英国伯明翰仓和澳大利亚墨尔本仓面积均为6000平方米左右，峰值处理能力分别为5000单/天和1000单/天。捷克詹尼士仓面积为10000平方米左右，峰值处理能力为6000单/天。

二、操作流程

登录CPWS官网进行注册，填写Excel表、提供资料、签订合同、上报审批、激活账号。

登录订单管理系统，在“产品管理”模块中维护商品的基本信息。系统支持单个商品信息维护或批量上传商品信息。

一旦商品的基本信息添加/维护完毕，用户就可以通过系统创建并提交入库单。入库单的内容包括用户即将发送到CPWS的商品种类以及数量。

入库单提交成功后，用户就可以通过系统打印指引来打印商品的SKU标签、箱唛及装箱清单了。

用户需要将商品的SKU标签贴在每个商品的外包装上，然后将装箱清单打印出来，置于该批次商品的包装箱内，最后再为箱子贴上箱唛。

CPWS接收到货物之后，会逐个清点数量并入库。用户可在系统后台实时查看库存数量。

此时，用户就可以开始在系统的“订单管理”模块中创建并维护易贝、亚马逊等平台的订单了。

CPWS收到用户发送的订单指令后，会在24小时之内处理完毕并安排出库，交给用户指定的快递公司进行配送，并自动返回快递单号。

买家会在2～5日内收到来自CPWS发出的包裹。

启发思考：

（1）CPWS能提供哪些服务？（2）如何选择合适的海外仓？

三、海外仓的选择

跨境电商卖家要考虑并选择适合海外仓的产品和第三方海外仓服务商。

（一）适合海外仓的产品

一般而言，适合海外仓的产品有以下几种类型。

1. 尺寸、重量大的产品

一方面这类产品的重量和尺寸都已经超出了邮政小包的寄递限制，另一方面直接使用国际商业快递的话，费用太高，因此尺寸、重量大的产品使用海外仓发货比较合适。例如，家居园艺、汽配、卫浴等产品。

2. 单价和利润高的产品

相对于直邮发货，海外仓的本地配送服务可以将破损率、丢包率控制在较低水平，为销售高价值产品（例如，电子产品、玻璃制品、首饰、手表等产品）的卖家降低风险。

3. 畅销产品

畅销产品对配送时效要求较高而且滞销风险小，适合选用海外仓服务。例如，时尚衣物、快速消费品等产品。

4. 邮政小包、国际商业快递无法承运的产品

对于航空运输寄送受限的产品，无法采用邮政小包或国际商业快递发货，就可以选择海外仓服务。例如，利润较高的液体类产品或带锂电池的产品等。

（二）第三方海外仓服务商的选择

卖家在选择第三方海外仓服务商之前，需要判断服务商的综合能力。

1. 拥有专业的运营管理团队

一个拥有国内外专业运营管理团队的海外仓，在货物发出之前，就能事先规划好流程，最大限度地避免货物在海外出现问题；货物发出后，该团队能避免货物在海外产生额外费用。这支专业的运营管理团队包括专业的国内外贸易清关人员、优秀的国内外本地服务人员、懂得税务和法律的专业人员等。

2. 具有较强的头程运输一体化操作能力

头程运输指的是货物从国内发出到货物运送至仓库并最终可以在平台上架销售的全过程（涉及物流运输、商品清关、代缴关税等一系列中间环节）。可以说，选择好的头程物流服务商是保证整个跨境物流链安全的关键所在。选择一个具有一定实力的第三方海外仓服务商，能够有效控制物流的源头风险。

3. 拥有完善成熟的海外仓储信息管理系统

海外仓不只是一个简单的仓库，第三方海外仓服务商还拥有完善成熟的海外仓储信息管理系统，能够为卖家提供商品流转轨迹查询、仓库与物流服务商对接、订单管理和库存管理等综合性服务。

4. 拥有一定规模的仓库

一般而言，第三方海外仓服务商拥有的海外仓仓储面积和规模越大，就越能够满足卖家的需求。

5. 拥有深度合作的跨境电商平台

如果第三方海外仓服务商能够与跨境电商平台进行合作，则更容易受到这些平台上卖家的欢迎。

6. 能够提供性价比高的海外仓储服务

卖家需要向第三方海外仓服务商支付仓储费用，较低的仓储费用可以降低卖家的经营成本，因此，卖家更加倾向于选择高性价比的第三方海外仓服务商。

第四节　跨境电商货物通关监管

一、我国海关对跨境电商货物通关的监管模式

2014 年以来，为了减少国家的外汇流失，海关总署按照“顺应电子商务发展潮流，遵循电子商务规律，发挥电子商务全程数据痕迹可追索的特点，创新理念和方法，改革通关监管模式，支持和促进跨境电子商务健康、有序、快速发展”的工作思路，提出了“跨境电商 B2B 出口”“一般出口”“特殊区域出口”“直购进口”“网购保税进口”五种新型海关通关监管模式。

> **思考与讨论**
> 中国海关对跨境电商货物通关的监管模式有哪些？

1. 跨境电商 B2B 出口模式

> **微视频**
> 中国海关对跨境电商货物通关的监管模式

跨境电商 B2B 出口（海关监管代码为 9710 和 9810，9710 适用于跨境电商 B2B 直接出口的货物，9810 适用于跨境电商出口海外仓的货物）全称“跨境电商企业对企业出口”，是指境内企业通过跨境物流将货物运送至境外企业或海外仓，并通过跨境电商平台完成交易的贸易形式，企业根据海关要求传输相关电子数据。跨境电商 B2B 出口主要包括以下两种模式，企业可根据自身业务类型，选择相应方式向海关申报。

（1）跨境电商 B2B 直接出口。境内企业通过跨境电商平台与境外企业达成交易后，通过跨境物流将货物直接出口至境外企业。

（2）跨境电商出口海外仓。境内企业先将货物通过跨境物流出口至海外仓，通过跨境电商平台实现交易后，将货物从海外仓送达境外购买者。

2. 一般出口模式

一般出口模式（海关监管方式代码为 9610），采用“清单核放，汇总申报”的方式，跨境电商出口商品以邮件、快件方式分批运送，海关凭清单核放出境，定期把已核放清单数据汇总形成出口报关单，跨境电商企业或平台凭此办理结汇、退税手续。

3. 特殊区域出口模式

特殊区域出口模式（海关监管方式代码为 1210），跨境电商企业或电商平台把整批商品按一般贸易报关进入海关特殊监管区域或场所，企业实现退税；对于已入区退税的商品，在境外网购后，海关凭清单核放，由邮递、快递企业分送出区离境，海关定期将已放行清单归并形成出口报告单，跨境电商企业或平台凭此办理结汇手续。

4. 直购进口模式

直购进口模式（海关监管方式代码为 9610），符合条件的跨境电商平台与海关联网，境内个人跨境网购后，跨境电商平台将电子订单、支付凭证、物流运单等实时传输给海关，商品通过海关跨境电商专门监管场所入境，按照个人邮递物品征税，并纳入海关统计。

5. 网购保税进口模式

网购保税进口模式（海关监管方式代码为 1210 和 1239，1210 适用于试点城市，1239 适用于非试点城市），跨境电商企业或电商平台将整批商品运入海关特殊监管区域或场所内特设的电子商务专区，向海关报关，海关建立电子商务管理账册。境内买家网购区内商品后，跨境电商企业或平台委托报关代理公司向海关申报电子清单，海关对电子订单、支付凭证、物流运单等进行计算机自动对比，对比成功后，海关参照个人邮递物品自动征税，验放后账册自动核销。代码“1239”代表“保税跨境贸易电子商务 A”，简称“保税电商 A”，适用于境内电子商务企业通过海关特殊监管区域或保税物流中心（B 型）一线进境的跨境电子商务零售进口商品。对于免通关单的上海、杭州、宁波、郑州、重庆、广州、深圳、福州、平潭、天津等试点城市，继续使用代码 1210；对于需要提供通关单的其他城市（非试点城市）使用新代码 1239。

二、中国国际贸易单一窗口

1. “单一窗口”的意义

2018 年 11 月以前，国际贸易通关过程中所涉及的大多数部门都开发了业务信息化系统，实现了各自业务部门申请、办理、回复的电子化和网络化。但是各部门系统间缺乏协同互动，未实现充分的数据共享，因此企业在口岸通关过程中需要登录不同的系统填报数据，严重影响了口岸通关效率。

> **思考与讨论**
> 建设“单一窗口”的好处有哪些？

近年来，部分发达地区的口岸管理部门已经尝试在地方层面建立“单一窗口”，实现企业一次录入数据后向多个管理部门的系统进行申报，并取得了良好的应用效果。在总结沿海地区“单一窗口”建设试点成果的基础上，结合我国口岸管理实际，并充分借鉴国际上“单一窗口”的成熟经验，各口岸管理和国际贸易相关部门共同建成了中国国际贸易单一窗口（以下简称“单一窗口”）。

“单一窗口”依托中国电子口岸平台，申报人通过“单一窗口”一点接入、一次性提交满足口岸管理和国际贸易相关部门要求的标准化单证和电子信息，实现共享数据信息，实施职能管理，优化通关业务流程。

> **微视频**
> 浙江国际贸易单一窗口介绍

“单一窗口”可以提高申报效率，缩短通关时间，降低企业成本，促进贸易便利化，推动国际贸易合作对接。

2. “单一窗口”的功能

打开“单一窗口”门户网站，点击右上角“我要办事”标签，选择相应地区，进入“单一窗口”标准版登录页面，如图 8.4 所示。输入注册的用户名、密码和验证码，点击“登录”按钮即可。

“单一窗口”包括跨境电商出口子系统和跨境电商进口子系统。跨境电商出口子系统包括交易管理、物流管理、清单管理、汇总管理等功能。跨境电商进口子系统包括交易管理、清单管理、修撤单管理、监管场所管理、税单管理等功能。“单一窗口”的具体操作可到“单一窗口”官网下载《跨境电商出口手册》和《跨境电商进口手册》进行学习。

图 8.4 单一窗口”标准版登录页面

三、外国海关对进口货物的规定

在跨境电商交易中，往往会出现货物被进口地海关扣留而导致买家收不到货物的情况，甚至还会出现卖家因违反进口地规定而受到处罚的情况。为了避免这些情况，卖家需要了解外国海关对进口货物的规定。

1. 俄罗斯

（1）俄罗斯海关规定，自 2019 年 1 月 1 日起，消费者可以接收通过公路、铁路、海运、河运以及步行进口货物价值 500 欧元以内并且重量在 25kg 以内的跨境包裹，通过空运进口的货物限额 1 万欧元，重量在 50kg 以内，超过的部分则需支付关税。

（2）要网购食品类产品，买家必须持有进口许可文件，否则产品将会被退回给发件人，产生的费用由发件人承担。

（3）俄罗斯海关禁止通关的物品有宠物、处方药、肉和蔬菜、酒精饮料、烟草等。

（4）发往俄罗斯的商业快件，要求发件人和收件人都必须是公司而不能是个人，否则快件未到达目的地就会被退回，并由发件人付费。

（5）俄罗斯不接受弃件，目的地清关失败，快件就会被安排退回，退回的费用将由发件人承担，而且国外安排退回的时间会很长。

2. 巴西

（1）通过邮局寄送的国际包裹，发件人和收件人都是个人，包裹（除药品外）价值不超过 50 美元、重量不超过 50kg 的，免征关税。通过快递公司寄送的国际包裹，不论包裹价值多少都要征税。国外寄到巴西的包裹，如果价值超过 50 美元但不足 3000 美元，所征收的关税税率最高可达 60%。

（2）所有通过快件形式发往巴西的物品必须随货附上关税号、收件人的护照复印件或公民证复印件，否则会造成 24～48 小时的清关延误。

（3）如在货物运单和发票上没有备注收件人的增值税号，将不做任何通知，直接将货物退回至发件人。

（4）一些偏远地区或是未列明地区，不接受关税到付，税款必须由发件人支付。

（5）巴西海关对进口包裹进行 100%的查验。

（6）如果货物描述不完整，例如，手机没有写明相应的品牌和型号，则最低罚款 500 巴西雷亚尔且最高不超过货物价格的 10%。如果虚报货物价格，则按照所报货物价格和实际价格差价的 100%进行罚款。

（7）所有寄给当地私人的物品，同样的货物数量不能超过 3 个，否则海关将拒绝清关而直接将货件退至发件人（退件前不会有任何通知），所产生的一切运费由发件人承担。

3. 其他国家

一些国家已经开始限制买家的消费金额，买家的消费金额累计超过一定额度后需要缴税。国际商业快递必须提供报关单。主要国家海关关税的起征点如表 8.4 所示。海关关税起征点经常变化，读者可以到商务部外贸实务查询服务网站进行查询。

表 8.4 主要国家海关关税的起征点

国家	起征点
美国	800 美元
加拿大	20 加元
英国	135 英镑
德国	150 欧元
法国	
意大利	
爱尔兰	
新加坡	400 新加坡元
澳大利亚	1000 澳元
日本	10000 日元

（数据来源：各国海关官网）

实训项目

速卖通物流模板设置

一、实训目标

了解在速卖通上测算物流费用的方式，掌握速卖通物流模板设置的方法。

二、实训情境

某卖家在速卖通上销售一款书包，价格为29.99美元，销售的国家为俄罗斯、法国、西班牙、日本、美国、比利时、芬兰、瑞典、新西兰等，该书包包装后的包裹重量为0.5kg，包裹的长、宽、高分别为32cm、18cm、48cm。

三、实训任务

请在速卖通上测算这个包裹的物流费用，并创建物流模板。

四、实训步骤

请扫描二维码了解详细操作步骤。

归纳与提高

本章主要介绍了跨境电商物流的定义、跨境电商物流方式及选择、海外仓的定义、海外仓运作模式及选择等。直邮发货包括邮政包裹物流渠道和商业快递渠道，其中商业快递渠道包括国际商业快递和专线国际物流。跨境电商卖家应根据商品特性、物流费用、物流时效、目的地清关能力、买家的需求以及销售淡旺季等来选择合适的物流方式。海外仓主要有三种运作模式：电商平台自建仓库、卖家自建海外仓以及第三方海外仓。

本章还介绍了如何查询跨境电商物流信息以及跨境电商货物通关监管的相关知识，可为卖家顺利开展跨境电商物流相关业务提供参考。

练习题

一、单项选择题

1．中国邮政小包的包裹重量一般≤（　　）kg。

A．1　　B．3　　C．2　　D．2.5

2．通过e特快寄送的单件货物一般不能超过（　　）kg。

A．30　　B．2　　C．20　　D．1

3．物流单号LN408564399CN表示这个订单（　　）。

A．是从日本发出的　　B．使用的物流是e邮宝

C．使用的物流是EMS　　D．使用的物流是中国邮政挂号小包

4．e邮宝的单件限重为（　　）kg。

A．2　　B．5　　C．3　　D．2.5

5．第三方海外仓服务商收费一般包括（　　）。

A．头程费用　　B．税金　　C．当地派送费用

D．仓储管理服务费　E．以上都是

二、多项选择题

1．发往俄罗斯的包裹可以发（　　）。

A．中国邮政小包　　B．中俄专线　　C．DHL　　D．e 邮宝

2．关于中国邮政平常小包的说法，正确的有（　　）。

A．有挂号费　　B．在中国境内有物流信息

C．容易丢包　　D．没有妥投信息

3．发往（　　）的跨境货物可以发 e 邮宝。

A．冰岛　　B．巴西　　C．新西兰　　D．美国

4．影响国际运费的因素有（　　）。

A．产品成本　　B．产品重量　　C．产品类型　　D．物流时效

5．适合发海外仓的产品有（　　）。

A．SKU 种类比较多、季节性的产品　　B．汽配类产品

C．电子产品　　D．家居园艺类产品

三、复习思考题

1．简述跨境电商主要的物流方式。

2．简述专线国际物流的优缺点。

3．简述卖家选择跨境电商物流方式时需要考虑的因素。

4．简述跨境电商卖家应如何选择第三方海外仓服务商。

5．简述我国海关对跨境电商货物通关的监管模式。

第九章　跨境电商支付与结算

【知识与技能目标】

了解与跨境电商相关的金融机构；了解商业银行可以为跨境电商企业提供的融资服务；熟悉各种跨境电商支付结算方式；掌握如何利用第三方支付工具进行账户注册、绑定收款平台、绑定提现银行卡等操作。

引例

跨境电商卖家如何安全便捷地收款

随着跨境电商市场的高速发展，越来越多的国内电商企业、传统外贸公司和产品制造商开始从事跨境电商业务，跨境电商卖家数量激增。与国内的线下交易或电商交易不一样，跨境电商交易不仅涉及产品的跨境转移，而且还涉及人民币或外汇等资金的跨境流动，跨境支付是跨境交易过程中的重要一环。国内跨境电商卖家在境外顾客下单后将产品发出，能否收到货款并提现，是卖家最为关心的问题。

刘航是一家制造企业的负责人，该企业的产品在境内主要的电商平台上销售，他看到跨境电商行业发展的势头良好，也想尝试开展跨境电商业务将产品销往境外，但是他不知道能否安全和便捷地收到境外的货款，因此他想了解跨境支付、跨境收款、跨境融资等相关知识。

第一节　跨境电商金融概述

跨境电商作为一种新型的贸易模式正在快速发展。物流、信息流、资金流“三流合一”是跨境电商行业的一个显著特征，“三流”的流畅程度决定了跨境电商行业的效率和活力。信息流是跨境电商交易的起点，决定了订单能否快速达成，而物流和资金流则决定了买卖双方交易的成败。以跨境资金融通和跨境支付为主要服务内容的跨境金融服务是跨境电商服务链中的重要环节。

一、跨境电商金融的概念

金融是现代经济的核心，金融要为实体经济服务，满足社会经济发展的需要。金融活，则经济活；金融稳，则经济稳；经济兴，则金融兴；经济强，则金融强。经济是肌体，金融是血脉，两者共生共荣。随着经济全球化的深入，金融在促进国际贸易发展上的作用愈加明显，贸易金融应运而生。贸易金融是从商业银行为国际贸易服务的业务中发展而来的，是指商业银行为境内或境外的商品贸易和服务贸易提供的贯穿整个贸易活动过程的各类金融服务。

在跨境电商快速发展的背景和趋势下，传统的贸易金融也逐步衍生出金融新业态，即跨境电商金融。跨境电商金融是指商业银行等金融机构为跨境电商活动提供贯穿整个供应链的各类金融服务，主要包括跨境电商支付和收款服务、跨境电商融资服务等。

二、跨境电商金融的基本功能

跨境电商金融的基本功能，主要体现为各类金融机构服务跨境电商行业发展时所发挥的以下功能。

（1）跨境支付和清算功能。在经济全球化和经济货币化日益加深的情况下，建立一个有效的、适应性强的跨境交易支付系统是极为必要的。可靠的交易支付系统是金融系统的基础设施，缺乏这一系统，高昂的跨境交易成本必然会与经济低效率相伴。一个有效的跨境交易支付系统是跨境电商交易的必要条件，其可以降低跨境交易成本，促进全球范围内社会专业化的发展，大大提高生产效率，促进技术进步。所以说，跨境交易支付系统与跨境电商是相伴而生的。

（2）资金融通功能。金融市场和金融中介可以有效地调动全社会的储蓄资源并改善金融资源的配置。商业银行、证券公司等金融机构有能力通过各种机制汇聚资金为跨境电商领域的各类企业提供资金支持。金融机构在资金融通上的优势在于，一方面它可以分散个别投资项目的风险，另一方面它可以为投资者提供相对较高的回报。金融系统可以聚集分散的社会资源，从而发挥资源的规模效应。金融系统提供的流动性服务，有效地解决了长期投资的资本来源问题，为跨境电商领域的长期项目投资和跨境电商企业的股权融资提供了可能。

（3）信息提供功能。金融体系的信息提供功能，一方面体现在金融市场上，投资者可以获取各种投资产品的价格以及影响这些价格的各种因素的信息，而跨境电商领域的筹资者也能获取不同融资方式的成本信息，监管部门能够获取金融交易是否正常进行、各种规则是否得到遵守的信息，从而使金融体系的不同参与者都能正确地做出决策；另一方面体现在一些金融机构可以为跨境电商交易提供与信息相关的增值服务。

（4）风险管理功能。风险管理功能要求金融体系能够为交易和投资的风险提供管理、分散和转移的支持，形成风险共担的机制。由于信息不对称和存在交易成本，金融系统和金融机构的作用就是对这些相关风险进行交易、分散和转移。如果缺少风险的交易、转移和抵补的机制，社会经济就很难顺利运行。跨境电商交易涉及违约风险、汇率风险、退货风险等各类风险，需要商业银行、保险机构等为其提供管理这些风险的服务和工具。

三、与跨境电商相关的金融机构及其功能

在我国，与跨境电商相关的金融机构主要有中国人民银行、国家外汇管理局、第三方跨境支付机构、跨境汇款和收款公司、商业银行、中国进出口银行、外贸综合服务商、证券公司、风险投资机构、财产保险公司和中国出口信用保险公司等，如表 9.1 所示。

表 9.1　跨境电商相关的金融机构及其主要功能

金融机构类别	金融机构名称	服务跨境电商发展的主要功能
政府监督管理类	中国人民银行	监督管理、政策制定等
	国家外汇管理局	监督管理、政策制定等
支付服务类	第三方跨境支付机构	支付结算、增值服务等
	跨境汇款和收款公司	支付结算、汇款服务、收款服务等

续表

金融机构类别	金融机构名称	服务跨境电商发展的主要功能
银行类	商业银行	债权融资、支付结算、贸易融资等
	中国进出口银行	债权融资、支付结算、贸易融资等
外贸综合服务类	外贸综合服务商	贸易融资
证券投资类	证券公司	股权融资
	风险投资机构	股权融资
保险类	财产保险公司	风险管理
	中国出口信用保险公司	

（一）中国人民银行

中央银行是一国最高的货币金融管理机构，负责货币的发行、货币政策的制定和执行、金融业的监督和管理等。作为我国的中央银行，中国人民银行在国务院领导下，负责完善跨境资金流动管理，推进金融市场开放等在内的各类金融政策的制定和执行，防范和化解金融风险，维护金融稳定，代理国库，代理国债的发行，等等。

（二）国家外汇管理局

国家外汇管理局是我国管理外汇的职能机构，为国务院部委管理的国家局，由中国人民银行管理。它的职能包括研究提出外汇管理体制改革、防范国际收支风险、促进国际收支平衡的政策建议；研究落实逐步推进人民币资本项目可兑换、培育和发展外汇市场的政策措施，向中国人民银行提供制定人民币汇率政策的建议和依据；负责全国外汇市场的监督管理工作；承担结售汇业务监督管理的责任；培育和发展外汇市场等。

（三）第三方跨境支付机构

第三方跨境支付机构是指一些和产品所在地以及国内外各大银行签约，提供第三方支付平台，并具备一定实力和信誉保障的第三方独立机构。第三方跨境支付机构扮演的是分属在不同关境的买方和卖方间的交易媒介的角色，买卖双方不是通过现金进行交易，而是通过互联网进行支付。目前，第三方跨境支付机构的收入主要来自支付服务的手续费、增值服务收入和汇兑差异。

（四）跨境汇款和收款公司

跨境汇款和收款公司主要通过其全球网络办理境外快速汇款业务和收款业务，为客户提供快速、便捷、安全、可靠的国际汇款和收款服务。在汇款服务方面，典型的公司如西联汇款（Western Union）、速汇金（Money Gram）；在收款服务方面，典型的公司如美国的 Payoneer、英国的 WorldFirst，以及为中国跨境电商卖家提供跨境收款服务的 PingPong。

（五）商业银行

商业银行是从事吸收公众存款、发放贷款、办理中间业务的企业法人，其中，中间业务主要是指商业银行代理客户办理收款、付款和其他委托事项而收取手续费的业务，包括支付结算类业务、银行卡业务、代理业务、担保及承诺业务等。在跨境电商领域，商业银行一方面可以为跨境电商企业提供贷款，另一方面可以为跨境电商企业提供贸易融资服务。

思考与讨论

中小跨境电商企业为什么难以获得银行的信用贷款？

1. 银行贷款

银行贷款指银行根据其所在国家政策以一定的利率将资金贷给有资金需求的个人或企业，并与后者约定期限归还的一种经济行为。按贷款担保条件不同，银行贷款可分为信用贷款、票据贴现贷款、票据抵押贷款、股权质押贷款、仓单质押贷款、应收账款质押贷款等。一般来说，中小跨境电商企业普遍难以获得商业银行的信用贷款。不同担保条件下的银行贷款分类如表 9.2 所示。

表 9.2　不同担保条件下的银行贷款分类

类别	内容
信用贷款	指商业银行凭借借款人的信誉向其发放的贷款。其特征为借款人无须提供抵押品或第三方担保，仅凭自己的信誉就能取得贷款，并以信用度作为还款保证
票据贴现贷款	指银行以持票人持有的未到期票据为对象所发放的贷款。票据一经贴现便归贴现银行所有，贴现银行到期可凭票直接向承兑人收取票款
票据抵押贷款	指银行专以借款人提供的票据作为物质保证的抵押贷款。借款人凭买方银行承兑的商业票据向银行提出申请，银行逐笔核贷。贷款金额不超过承兑票据金额减去应扣利息后的净额。作为抵押品的票据主要有期票、汇票和支票。票据由银行保存作为还款抵押。贷款到期时，由借款人委托银行办理托收或由借款人办理贷款结算并归还贷款本息
股权质押贷款	指以借款人或第三方持有的股权作为质押物发放的贷款
仓单质押贷款	指银行与借款人（出质人）、保管人（仓储公司）签订合作协议，以保管人签发的借款人自有或第三方持有的存货仓单作为质押物向借款人办理贷款的信贷业务
应收账款质押贷款	指企业将其合法拥有的应收账款收款权向银行作还款保证，但银行不承继企业在该应收账款项下的任何债务的短期融资

视野拓展

供应链融资

供应链融资是指商业银行等金融机构把供应链上的核心企业及其相关的上下游配套企业看成一个整体，根据供应链中企业的交易关系和行业特点提供全面金融服务的一种融资模式。供应链融资服务的创新之处在于它抓住了大型优质企业稳定的供应链，围绕供应链上下游经营规范、资信良好、有稳定销售渠道和回款资金来源的企业进行产品设计，以大型核心企业为中心，选择资质良好的上下游企业作为商业银行的借款人。这种业务既突破了商业银行等金融机构传统的评级授信要求，也无须中小企业另行提供抵押或质押担保，切实解决了中小企业融资难的问题。

2. 贸易融资服务

贸易融资服务可以分为出口贸易融资服务和进口贸易融资服务两大类。

出口贸易融资服务主要包括以下几种类型。

（1）打包贷款。打包贷款是指银行凭借出口商与进口商签订的商务合同和境外银行开具的信用证正本，为出口商在装船前对出口商品的采购、生产和装运等经营活动发放的专项融资贷款。打包贷款是一种装船前的短期融资，以便出口商在自有资金短缺的情况下仍然可以办理采购、备料、加工及顺利开展贸易。

（2）卖方押汇。卖方押汇是指银行根据卖方的申请，在卖方发出货物并提交相关单据后，为卖方提供的短期融资。卖方押汇主要有出口信用证项下的卖方押汇、国内信用证项下的卖方押汇及出口跟单托收项下的卖方押汇等。

（3）福费廷。福费廷又称包买票据、无追索权应收账款贴现，是指在出口贸易融资中，银行作为包买商以无追索权的方式从出口商/债权人处买入由于出口商品或劳务等而产生的已承兑/承诺付款的应收账款（或称未到期债权）。通常情况下，这种债权以汇票、本票或债权凭证为载体，并由经认可的银行、保险公司或政府机构提供到期付款保证声明。

（4）出口单保理。出口单保理是指在出口贸易融资中，银行作为应收账款的受让方从出口商那里买入由于出口商品或劳务等而产生的已承诺、保证付款的未到期债权，且这种债权为非票据的形式，并由经认可的工商企业（通常为项目业主）、保险公司或政府机构提供到期付款保证声明。可接受的债权形式包括出口商出具并由进口商承兑的汇票，进口商出具给出口商的本票，进口商承诺、保证付款的未到期债权和经认可的保险公司或政府机构担保的非票据的债权形式。

（5）出口双保理。出口双保理是指在赊销或承兑交单项下，出口商将销售合同项下产生的应收账款转让给银行，再由银行转让给境外进口保理商，并由银行和进口保理商共同为出口商提供商业资信调查、应收账款管理与催收、买方坏账担保及出口贸易融资等的一项综合性金融服务。

（6）出口商业发票贴现。出口商业发票贴现是指出口商发货后，在采用承兑交单或赊销方式收取货款的情况下，将销售合同项下产生的应收账款转让给银行，由银行保留追索权并以贴现方式买入出口商业发票项下的应收款项，为出口商提供短期资金融通。

（7）信保项下的贸易融资。信保项下的贸易融资是指出口商在银行认可的出口信用保险公司投保短期出口信用保险后，将保单项下的赔款权益转让给银行，在货物出运后，银行可根据出口商实际货物出口情况为其提供短期出口贸易融资。信保项下的贸易融资适用于以信用证、托收、赊销为结算方式的出口贸易。

进口贸易融资服务主要包括以下几种类型。

（1）授信开证。授信开证是指银行在未向客户收取全额保证金的情况下，为其开立进口信用证的业务。该项业务用于满足进口商在进口信用证项下的短期资金融通需求。

（2）买方押汇。买方押汇是银行应买方的申请，在进口/国内信用证或进口代收项下，凭有效凭证和商业单据代买方先行垫付货款的一种短期资金融通行为。买方押汇适用于进口商遇到资金临时周转困难，无法按时付款赎单或在付款前遇到新的投资机会，且预期收益率高于押汇利率的情形。

（3）提货担保。提货担保是指当进口货物先于货运单据到达时，进口商为办理提货向承运人或其代理人出具的，由银行加签并由银行承担连带责任的书面担保。提货担保多用于信用证项下，且信用证要求全套货权单据。该项业务可以帮助进口商及时提货，避免滞港。

（4）进口双保理。进口双保理是指在赊销或承兑交单项下，银行根据境外出口商的申请（经当地出口保理商提交），接受出口商转让的应收账款，为进口商提供信用担保及其他账务管理服务的综合业务。

（5）买入票据。买入票据是指在光票托收等不附带贸易单据的结算业务项下，银行通过贴现方式购入由其他银行付款的银行即期票据，为客户提供的一项融资服务。该项业务用于满足客户在光票托收项下的短期资金融通需求。

（6）汇出汇款融资。汇出汇款融资是指在进口货物到港后，进口商申请汇出汇款融资，银行为进口商垫付货款给境外出口商，待进口商将货物销售、货款回笼后再归还融资。

视野拓展

兴业银行推出首张跨境电商专属联名借记卡

（据西宁晚报 2022-03-30 报道）兴业银行携手美国运通与连连国际，推出国内首张为跨境电商个人卖家打造的、打通境内外收付款功能的人民币借记卡——“兴业银行美国运通连连联名借记卡”，并在广州地区试点发行，后续将逐步向全国推广。近年来，全球零售线上化趋势日盛，跨境电商行业迎来黄金发展期。但跨境电商个人卖家支付境外相关费用时，多以国际信用卡为主，常被国际信用卡开卡难、授信额度低等问题所困扰；而且跨境电商个人卖家在境外经营时，资金从境外到境内需途经诸多“驿站”，交易成本高、结算效率低、资金安全缺乏保障。在此背景下，“兴业银行美国运通连连联名借记卡”应运而生，一卡解决跨境电商个人卖家多维痛点，覆盖多场景使用需求。

据介绍，该卡基于兴业银行的综合金融服务体系、美国运通的境内外清算网络、连连国际的跨境贸易服务场景，打通了跨境贸易环节的外汇收款、人民币结算、境内外付款等全链通路，不仅具有人民币借记卡的基本属性，申请门槛低、办理方便，而且可直接在境外线上平台付款，利用美国运通的境内外清算网络，将外币交易金额按市场汇率直接转换为人民币金额完成支付，同时还可绑定连连国际账户，享受其为跨境电商个人卖家提供的跨境收款服务。针对跨境电商个人卖家普遍关心的手续费等问题，该卡还精心推出一系列丰富的权益，包括跨境收款提现免手续费、提现后返现、境外消费返现、运通平台基础权益等。

（六）中国进出口银行

中国进出口银行是由国家出资设立、直属国务院领导、支持中国对外经济贸易投资发展与国际经济合作、具有独立法人地位的国有政策性银行。其主要职责是贯彻执行国家产业政策、对外经贸政策和金融政策，为扩大中国机电产品、成套设备和高新技术产品出口，推动有比较优势的企业开展对外承包工程和境外投资，促进对外关系发展和国际经贸合作，提供政策性金融支持。

（七）外贸综合服务商

外贸综合服务商不仅能提供通关、结汇、退税、结算、物流等外贸交易中所需的进出口环节服务，而且还能为跨境电商企业提供出口贸易不同阶段中的融资服务。

视野拓展

浙江省外贸综合服务企业认定条件

2022年浙江省认定了浙江一达通企业服务有限公司、浙江国贸云商控股有限公司、浙江融易通企业服务有限公司、浙江物产安橙科技有限公司、浙江保宏境通供应链管理有限公司等外贸综合服务示范企业49家，浙江中非国际经贸港服务有限公司等成长型企业11家，杭州乐链网络科技有限公司、杭州海仓科技有限公司等试点企业13家。

浙江省外贸综合服务企业认定条件如下。①在浙江省内登记注册，具备对外贸易经营者身份。以外贸综合服务为主营业务，机构设置健全，人员配置、办公经营场所符合业务发展需要。②拥有包括线上下单、线上审批的一站式外贸综合服务信息平台。③能够提供包括报关报检、物流、退税、结算、信保等在内的综合服务业务和协助办理融资业务。接受客户委托时，能够依法签订正规综合服务合同（协议）。④具备较为完善的内部风控体系，具体包括风险控制团队、风险控制流程、风险控制规则和管理制度等。⑤企业遵守信用管理部门规定，未被列入“失信黑名单”；企业1年内在海关、税务、外汇管理等方面未发生因违法违规而被下调信用级别等情况。

案例与思考

阿里巴巴一达通的外贸融资服务

深圳市一达通企业服务有限公司（以下简称“一达通”）成立于2001年，是我国第一家面向中小企业的外贸综合服务平台，并于2014年加入阿里巴巴，成为阿里巴巴全资子公司。一达通开创了将国际贸易与流通服务分离的外贸服务新业态，采用标准化、专业化、网络化的手段为中小微企业提供通关、物流、退税、外汇、融资等一站式外贸综合服务。

一达通融资部在一达通基础业务数据沉淀中，通过自身底层数据的搭建、企业征信的信息互通，研发出基于企业贸易背景的企业贸易融资类金融产品，以服务整个贸易链条的买卖双方，促进双方的业务达成，包括针对境内供应商（卖家）的信融保、赊销保、退税融资、信用保障融资、流水贷等金融产品。

信融保：帮助卖家免费审制信用证，且提供融资服务，买断收款风险，让卖家顺利接单、安心生产，贷款融资利率最低至0.03%/天。

赊销保：帮助卖家对境外买家进行资信调查，代买保险和代办贸易融资；最快3个工作日放款，可有效降低交易风险。

退税融资：通过一达通报关出口提前垫付退税款融资。

信用保障融资：基于信用保障订单，提供订单备货融资服务，无手续费，有信用保障额度供免费申请，最快5分钟放款。

流水贷：出口1美元，预计可获得1元人民币纯信用融资；无抵押、无担保，备用金首选，随时支用，不支用则不收费，最高可贷1000万元人民币。

启发思考：

外贸综合服务商在提供融资服务方面具有什么优势和劣势？

（八）证券公司

证券公司是指依照《公司法》和《证券法》的规定设立并经国务院证券监督管理机构审查批准而成立的专门经营证券业务、具有独立法人地位的有限责任公司或者股份有限公司，主要从事证券经纪、证券承销与保荐、证券自营、证券资产管理、兼并收购等业务。证券公司能够为跨境电商企业在境内外资本市场发行证券融资、开展投资并购等活动提供服务。在我国，跨境电商企业在遇到并购、借壳、首发上市时，会涉及证券公司的服务，跨境电商领域的上市公司主要有安克创新、跨境通、华鼎股份、联络互动、焦点科技、兰亭集势等。

（九）风险投资机构

风险投资机构是指通过向高成长性企业提供股权资本，并为其提供经营管理和咨询服务，以期在被投资企业发展到一定阶段后，通过在资本市场上市或将股权转让后退出企业，以获取中长期资本增值的金融机构。跨境电商作为近年来兴起的新业态，为风险投资机构提供了众多的项目来源。一些跨境电商领域的创新创业企业在风险投资机构的支持下快速成长为独角兽企业，乃至成功实现上市。

引入风险资本是中小科技企业重要的融资渠道。风险投资是一种由普通投资者提供资金，由专业的风险投资公司使用并管理该资金，一般以股权投资的方式投资于发展潜力巨大的新兴企业并为其提供管理和咨询服务，最终以某种方式出售股权以期获取新兴企业高收益率的资本投资方式。风险投资本质上是一种通过支持新兴企业进行创新活动从而取得高额增值收益的投资行为。随着跨境电商行业的快速发展，出现了大量创新创业的机会，一大批成长型跨境电商企业、跨境电商平台企业和跨境电商服务商成为天使投资、风险投资、私募股权基金以及上市公司等各路资本竞相追逐的对象，跨境电商领域投资以及并购盛行。

（十）财产保险公司

财产保险公司是指经营财产保险业务的保险公司，其主要业务包括财产损失保险、责任保险、信用保险、保证保险等。如宁波保税区管理委员会和中国人寿财产保险股份有限公司宁波市分公司于 2019 年 6 月合作推出全国首个跨境电商真品保险项目（即“真品险”）。“真品险”由宁波保税区管理委员会投保，宁波保税区内各跨境电商平台为被保险人，保险赔款受益人则是购买跨境电商商品的消费者，保险费由宁波保税区财政部门和各跨境电商平台缴纳。如果消费者在宁波保税区“跨境购”过程中买到假货将会得到赔偿。

案例与思考

国泰产险“店小保”入驻SHOPLINE，精准解决退货难题，助力跨境电商发展

（据大众网 2022-06-30 报道）为解决跨境电商出口商品“退货难”的问题，国泰产险与 SHOPLINE（一个国内专业的跨境电商独立站平台）合作推出首款以保险为工具的应用——“店小保”，专为 SHOPLINE 跨境电商商家提供一站式便捷无忧海外退货解决方案。“店小保”提供由退货产生的逆向物流、仓储、货值保障服务，旨在化解跨境电商行业退货处理难题。历史数据显示，加入海外退货保障服务后，商家月均销售额提升 30%，客诉率降低 52%，买家体验感获得极大提升。该服务有力保障了海外人群“放心买”，跨境商家“放心卖”。

1. 瞄准商家售后退货痛点，积累跨境领域服务价值

国泰产险在 2019 年就进入跨境电商领域，致力于以保险工具解决商家售后问题。据某跨境电商平台运动服饰商家透露：“使用了国泰产险‘无忧退’服务，店铺复购率提升了 33%。”在为跨境电商服务的过程中，国泰产险积累了大量经验。

此次为 SHOPLINE 商家定制的退货解决方案“店小保”于 2022 年 6 月正式在 SHOPLINE 应用市场上线，已覆盖美、加、英、法、德、俄、澳、日、韩等 24 国。SHOPLINE 商家加入“店小保”服务后，如产生退货纠纷，买家在收到货后 15 天内可免运费退货至本地指定仓库，并获得退款，商家按比例获得赔付。

2. 一站式解决退货难题，四项服务保障助力跨境电商发展

相比于我们常见的邮包险、海外退货运费险，“店小保”的创新服务为商家带来四项服务保障。

一是服务国家覆盖范围广。“店小保”在全球 24 个国家都建立了海外本地仓，拥有完善的境外物流、跨境仓体系。买家在退货申请审核通过后，可凭借免费的面单将退货商品邮寄至指定海外本地仓。商家可在应用内查询订单的保障状态和退货物流仓储进度，在海外本地仓传回商品查勘结果后，商家还可再次审核确认。

二是“免费逆向物流+货值赔付”服务，降低了商家售后的人力、时间、仓储成本，减少了正向物流和货品成本的损失。使用“店小保”服务，遇到买家退货时，商家只需在线审核判定，同意退货后，买家可以免费邮寄退回商品，商家可收到 80%的订单商品金额赔付。

三是快速便捷的售后流程提升客户购物体验。国泰产险海外本地仓收到货后查勘的处理时效为 48 小时，买家从寄出退货到收到退款的时效不超过一周。同时使用“店小保”的店铺可以给商品打出“FREE RETURN”（自由返回）标志。“店小保”提供的售后无忧服务，打消买家购买顾虑，一键解决店铺销量增长难题。

四是高效服务响应机制，商家在退货审核通过后，买家可以免费将退货商品邮寄至指定海外本地仓。国泰产险“店小保”服务提供 7×24 小时在线服务和专属一对一客服。海外本地仓 48 小时完成查勘。买家在退货期间可享受“店小保”提供的全程贴心咨询服务；商家也可在应用内查看商品物流状态，掌握商品最新进程。海外本地仓收货并查勘通过后，买家即可收到退款。

启发思考：

（1）在跨境电商出口业务中，发生退货的原因有哪些？会产生哪些影响？（2）跨境电商出口企业购买“退货保险”的利与弊分别是什么？

（十一）中国出口信用保险公司

出口信用保险公司是指开展出口信用保险业务的保险公司。中国唯一承办出口信用保险业务的政策性保险公司是中国出口信用保险公司，其业务范围包括中长期出口信用保险业务、短期出口信用保险业务、海外投资保险业务、与出口信用保险相关的信用担保业务和再保险业务、进口信用保险业务等。

视野拓展

出口信用保险成稳外贸抓手

（据中国银行保险报 2022-02-24 报道） 近日，《商务部　中国出口信用保险公司关于加大出口信用保险支持 做好跨周期调节进一步稳外贸的工作通知》，要求各地商务主管部门和中国出口信用保险公司各营业机构充分发挥出口信用保险作用，做好跨周期政策设计，加大对外贸企业的支持力度。据悉，2021 年中国出口信用保险公司全年承保额首次突破 8000 亿美元，达到 8301.7 亿美元，同比增长 17.9%；支付赔款 18.7 亿美元；服务支持客户突破 16.2 万家；出口信用保险保额占出口总额的比重达到 20.3%；支持对“一带一路”沿线国家的出口和投资 1699.6 亿美元，同比增长 11.3%；为企业提供融资增信保额支持 2213.3 亿元，同比增长 22.5%。

第二节　跨境电商支付结算服务

一、跨境支付结算的概念

跨境支付最早是伴随着国际贸易结算而产生的。一个国家（或地区）的消费者在跨境电商平台上购买境外卖家的产品时，由于境内外币种不一样，就需要通过一定的结算工具和支付系统实现跨境资金的转换，最终完成交易和支付。跨境支付结算是指对两个或两个以上国家（或地区）之间因国际贸易、国际投资及其他方面所发生的国际债权债务，借助一定的结算工具和支付系统实现资金跨国或跨地区转移的活动。目前，跨境支付结算市场的支付服务商主要有三类：一是传统银行和信用卡组织，二是第三方支付机构，三是跨境收款公司。以下简要介绍传统跨境支付结算方式和第三方跨境支付结算方式。

二、传统跨境支付结算方式

在传统的国际贸易活动中，常见的支付结算方式有汇付、托收、信用证支付和国际信用卡支付。

（一）汇付

汇付又称为汇款，是指付款人通过银行，主动把款项汇给收款人的一种支付结算方式。一笔汇付业务中涉及汇款人、汇出行、汇入行/解付行、收款人四个当事人。一般情况下，跨境电商中的汇款人即进口商，汇出行通常是进口地银行，汇入行通常是出口地银行，收款人即出口商。汇付方式一般可分为信汇、电汇、票汇三种。

1. 信汇

信汇（Mail Transfer，M/T）是指汇出行应汇款人的申请，用航空信函的形式，指示出口国（或地区）汇入行解付一定金额的款项给收款人的汇款方式。信汇收款人收到汇款的时间较迟。

2. 电汇

电汇（Telegraphic Transfer，T/T）是指汇出行应汇款人的申请，以电信的形式给在另一个国家（或地区）的分行或代理行（即汇入行）解付一定金额给收款人的一种汇款方式。

电汇的优点在于速度快，收款人可以迅速收到货款，目前被广泛使用。

3. 票汇

票汇（Demand Draft，D/D）是指汇出行应汇款人的申请，代汇款人开立以其分行或代理行为汇入行的银行即期汇票，支付一定金额给收款人的一种汇款方式。

票汇与电汇、信汇的不同之处在于，票汇的汇入行无须通知收款人取款，而是由收款人持票登门取款，这种汇票除有限制流通的规定外，经收款人背书，还可以转让流通，而电汇、信汇的收款人则不能将收款权进行转让。

汇付的缺点是风险大，资金负担不平衡。以汇付方式结算，可以是货到付款，也可以是预付货款。如果是货到付款，卖家向买家提供信用并融通资金；而预付货款则是买家向卖家提供信用并融通资金。不论哪一种方式，风险和资金负担都会集中在某一方。在我国外贸实践中，汇付一般只用来支付订金、货款尾数、佣金等项费用，不是一种主要的结算方式。在发达国家之间，由于大量的贸易是跨国公司的内部交易，而且外贸企业在国外有可靠的贸易伙伴和销售网络，因此汇付是主要的结算方式。

（二）托收

托收（collection）是指在进出口贸易中，出口方开具以进口方为付款人的汇票，委托出口方银行通过其在进口方的分行或代理行向进口方收取货款的一种结算方式。

根据托收时是否向银行提交货运单据，托收可分为光票托收和跟单托收两种方式。

1. 光票托收

托收时如果汇票不附有任何货运单据，而只附有“非货运单据”（发票、垫付清单等），称为光票托收。这种结算方式多用于贸易的从属费用、货款尾数、佣金、样品费的结算和非贸易结算等。

2. 跟单托收

跟单托收有两种情形：附有金融单据的商业单据的托收和不附有金融单据的商业单据的托收。在国际贸易中所讲的跟单托收多指前一种。跟单托收根据交单条件的不同，又可分为付款交单（documents against payment）和承兑交单（documents against acceptance）两种方式。付款交单是指卖家（出口人）的交单以买家（进口人）的付款为条件，卖家根据买卖合同先行发货，取得货运单据，然后再将汇票连同整套货运单据交给银行办理托收，并指示银行只有在买家付清货款时才能交出货运单据。承兑交单是指代收行的交单以买家（进口人）在汇票上承兑为条件，即卖家（出口人）在装运货物后开具远期汇票，连同货运单据，通过银行向买家提示，买家承兑汇票后，代收行即将货运单据交给卖家，在汇票到期时，方履行付款义务。

（三）信用证支付

信用证是指银行根据进口人（买家）的请求，开给出口人（卖家）的一种保证承担支付货款责任的书面凭证。银行授权出口人在符合信用证所规定的条件下，以该行或其指定的银行为付款人，开具不超过规定金额的汇票，并按规定随附装运单据，按期在指定地点收取货款。

信用证支付的一般程序是：①进出口双方当事人在买卖合同中明确规定采用信用证方式付款；②进口人向其所在地银行提出开证申请，填具开证申请书，并交纳一定的开证押金或提供其他保证，请银行（开证行）向出口人开出信用证；③开证行按申请书的内容开立以出口人为受益人的信用证，并通过其在出口人所在地的代理行或往来行（统称通知行）将信用证发给出口人；④出口人在发运货物，取得信用证所要求的装运单据后，按信用证规定向其所在地银行（可以是通知行，也可以是其他银行）议付货款；⑤议付行议付货款后，应在信用证背面注明议付金额。

信用证支付方式有三个特点。一是信用证是一项自足文件（self-sufficient instrument）。信用证不依附于买卖合同，银行在审单时强调的是信用证与基础贸易相分离的书面形式上的认证。二是信用证支付方式是纯单据业务（pure documentary transaction）。信用证是凭单付款，不以货物为准，只要单据相符，开证行就应无条件付款。三是开证行负首要付款责任（primary liabilities for payment）。信用证是一种银行信用，它是银行的一种担保文件，开证行对支付有首要付款的责任。

（四）国际信用卡支付

国际信用卡支付相当于国际信用卡收款，一般用于国际贸易中 1000 美元以下的小额收款，比较适合网店零售。目前，国际信用卡支付是通过第三方信用卡支付公司提供的支付通道来完成收款的。

这种支付方式存在着若干优点。第一，卖家面向的客户群体巨大，符合欧美买家的超前消费习惯。第二，买家付款过程简单方便。买家在线选定相应的物品后可直接进入信用卡验证和支付页面，付款步骤少，付款快捷。第三，可降低拒付的概率。一方面，信用卡的拒付相对麻烦，需要买家向银行提出申请，并且还会在买家的银行留下记录，因此，一般情况下买家不会拒付；另一方面，卖家可以针对恶意拒付采取某种措施，比如留下双方通信的内容记录，金额较大时要求对方将信用卡正反两面传真过来，这样可以有效地防止恶意拒付情况的出现。根据国际信用卡组织统计，使用国际信用卡消费的拒付概率不超过 5‰。

使用国际信用卡支付的风险，来自“先用钱，后还款”的信用支付模式。国际信用卡支付流程如下：首先，买家通过自己的国际信用卡账户发出支付指令给发卡银行；其次，发卡银行代买家支付货款给卖家；再次，银行通知持卡人免息期满的还款日期和金额；最后，买家按还款日期和金额向发卡银行还款。

虽然卖家已经完成交易，但只有当买家做出如下行为时卖家才能收到全部货款。①买家在还款日到期之前还款，交易顺利完成，卖家收款成功。②买家先还部分款项，一般会大于银行规定的最小还款额，其余作为向银行的贷款，并确认同意支付利息，以后再逐步偿还本息。最终买家得到融资便利，银行得到利息收入，卖家及时得到货款。

如果买家证明这笔支付交易取消，原因可以是退货、商品短缺或者商品存在质量问题，那么款项退回流程如下：当买家通知发卡银行取消支付后，发卡银行通知信用卡清算公司（如维萨、万事达卡）要求退款，随后信用卡清算公司会向收款方银行扣收退款，那么收款方银行将从卖家账户中扣款给信用卡清算公司。于是，可能还会出现下列情形：一是如果卖家账户中有足够的钱来扣，则认扣；二是如果卖家账户中没钱可扣，则需要卖家存钱进去。

三、第三方跨境支付结算方式

由于电汇、信汇、票汇等传统跨境支付结算方式已经难以满足高频次、小额化的中小企业跨境电商交易需求，因此跨境电商交易的支付方式也在不断创新，第三方跨境支付结算方式应运而生。随着经济全球化进程的加快和国际贸易合作程度的逐步深入，在消费者对境外商品的旺盛需求和“中国制造”在境外市场畅销的促进作用下，跨境支付业务呈现出蓬勃发展的态势。特别是在“一带一路”倡议及相关政策支持下，境内支付机构通过与国际知名电商平台、航空公司、酒店、软件服务商等商户合作，积极拓展跨境电商支付业务，业务规模稳步提升。如支付宝借助全球支付网络，依托银联、维萨、万事达卡等组织，对全球支付网络、全球消费者网络、全球商户网络进行整合、构建，旨在最终实现全球消费者买、全球商家卖、用户高效方便汇款的目的。支付宝在超过 200 个境外国家和地区支持线上支付、支持 40 种货币结算交易。腾讯的财付通已在 16 个国家和地区开展了支付业务，支持超过 13 种外币的直接结算。中国支付清算协会数据显示，2021 年共有 43 家支付机构开展了跨境支付业务，共处理跨境支付业务 71.91 亿笔、9723.63 亿元，分别增长 62.55%、21.56%，增速较 2020 年分别增长 31.62 和 7.01 个百分点。支付机构跨境外汇支付收入较 2020 年增加近 250 亿元，跨境人民币收入较 2020 年增加 1200 亿元。未来，随着我国跨境电商、旅游等行业的持续发展和出国留学市场的逐步扩大，我国第三方支付机构的跨境支付总额预计仍会保持良好的增长态势。

（一）第三方跨境支付产生的原因

国际贸易的本质是交换。交换是交付标的与支付货币两个流程的统一。在自由平等的正常主体之间，交换遵循的原则是等价和同步。同步交换，就是交货与付款互为条件，是等价交换的保证。在实际操作中，对于现货标的的面对面交易，同步交换容易实现。然而在许多情况下，由于交易标的的流转验收（如商品的流动、服务劳务的转化）需要一个过程，货物流和资金流的异步和分离的矛盾不可避免。在异步交换的情境下，先收受对价的一方容易违背道德和协议约定，破坏等价交换原则，故先支付对价的一方往往会受制于人，陷入被动、弱势的境地，承担风险。传统的支付方式往往是简单的即时性直接付转，一步支付。其中钞票结算和票据结算适配当面现货交易，可实现同步交换；汇转结算中的电汇及网上直转也是一步支付，适配隔面现货交易，但若无信用保障或法律支持，异步交换则容易引发非等价交换风险。现实中，买家先付款后不能按时、按质、按量收获标的，卖家先交货后不能按时如数收到货款，因拖延、折扣或拒付等引起的经济纠纷时有发生。

微视频
第三方跨境支付在撮合交易中的作用

在跨境电商交易中，由于交易双方互不认识，支付问题曾经成为交易的瓶颈：卖家不愿先发货，怕发货后不能收回货款；买家不愿先支付，担心支付后拿不到商品或商品质量得不到保证。博弈的结果是双方都不愿意冒险，跨境电商交易无法进行。为迎合钱货两清的同步交换需求，第三方跨境支付应运而生。

（二）第三方跨境支付的概念

第三方跨境支付是指具备一定实力和信誉保障的第三方企业借助通信、计算机以及相关的信息安全技术，通过与国内主要商业银行签约的方式，为跨境的买家和卖家提供一项旨在增强信用的服务，即：在银行的直接支付环节中增加一个中介，买家选购商品后将款项先付给中介，由中介通知卖家进行发货；待买家收到商品后，再由中介将买家的款项转至卖家账户。第三方跨境支付是跨境的买卖双方在缺乏信用保障或法律支持的情况下的资金支付“中间平台”，买家将货款付给买卖双方之外的第三方，第三方提供安全交易服务，其运作实质是在收、付款人之间设立中间过渡账户，使汇转款项实现可控性停顿，只有买卖双方意见达成一致才能决定资金去向。第三方履行中介保管及监督的职能，并不承担什么风险，所以确切地说，第三方跨境支付是一种支付托管行为，通过支付托管实现支付保证。

（三）我国第三方跨境支付机构

国内企业要想开展跨境支付业务，首先必须持有中国人民银行颁发的“支付业务许可证”，其次需要有国家外汇管理局准许开展跨境电子商务外汇支付业务试点的批复文件。如果不涉及换汇，国内企业持有中国人民银行各地分支机构颁发的人民币跨境支付牌照即可，开展人民币跨境支付业务不需要国家外汇管理局的批复。我国第三方跨境支付机构的主要产生历程如下。

2007 年，银联成为国内首家开展跨境支付业务的第三方支付公司。为了更好地发展第三方支付市场，2013 年 9 月，国家外汇管理局发放了首批 17 张跨境支付牌照。2014 年，第二批共发放了 5 张跨境支付牌照。2015 年，《国家外汇管理局关于开展支付机构跨境外汇支付业务试点的通知》发布，允许部分具有中国人民银行颁发的“支付业务许可证”且许可业务范围包括互联网支付的支付机构开展跨境支付业务试点，自此跨境支付逐渐走向法制化与规范化。2021 年全年共有 43 家支付机构开展了跨境支付业务，拥有跨境支付牌照的有上海的汇付天下、通联、银联电子支付、东方电子支付、快钱、盛付通、环迅支付、富友支付、支付宝、宝付，北京的易宝支付、钱袋宝、银盈通、爱农驿站、首信易支付、北京银联商务、网银在线、拉卡拉、资和信、联动优势，深圳的财付通、钱宝科技、智付电子支付，浙江的贝付科技、连连支付、网易宝，重庆的易极付，江苏的易付宝，海南的海南新生，四川的摩宝支付，等等。这些第三方跨境支付机构的业务服务领域主要涉及货物贸易、留学教育、航空机票、酒店住宿、旅游服务等方面。

（四）境外的第三方跨境支付机构

跨境电商 B2B 领域的支付清算主要以商业银行的服务为主，而在跨境电商 B2C 领域，第三方支付公司则起了很大的作用。相比之下，在境外，整个支付清算都是以银行转账和信用卡为主的，第三方支付受到严格的监管。尽管如此，在境外仍然产生了一些为跨境贸易提供支付、汇款、收款等跨境金融服务的第三方支付公司，典型的如 PayPal、Worldpay 等。

1. PayPal

PayPal 是目前全球最大的在线支付服务商，成立于 1998 年 12 月，总部在美国加利福尼亚州圣何塞市，全球有超过 1 亿个注册账户，是跨境交易中最有效的付款方式。任何人只要有一个电子邮件地址，就可以方便安全地使用 PayPal 在线支付和接收付款。PayPal 支持 190 多个国家和地区的交易，支持 20 多个币种，支付快速、安全、方便，是跨境交易的理想解决方案。对于卖家而言，使用 PayPal 具有的优势如下：一是安全，财务信息不会被泄露给任何人，PayPal 使用先进的商用加密技术保护用户的数据，这些技术正是一流的全球性银行（如波士顿银行、花旗银行）所使用的；二是快速，无论买家身在何处，付款都会被立刻汇入卖家的 PayPal 账户；三是方便，PayPal 提供各种工具以管理交易并提高效率。

2. Worldpay

Worldpay 是一家独立支付业务运营商，最早是国民西敏寺银行旗下的子公司，在国民西敏寺银行和苏格兰皇家银行合并后，Worldpay 于 2009 年从中独立出来，并于 2015 年上市。Worldpay 在 100 多个国家和地区提供 100 多种货币的支付处理服务，并帮助客户受理各种不同的支付方式，所处理的支付交易总量超过 400 亿笔，其竞争对手主要有 PayPal、Stripe、Square 等支付公司。它支持多种信用卡，如银联、万事达卡、维萨等，在英国，Worldpay 是一种常用的在线支付方式。2018 年年初，美国支付处理和技术提供商 Vantiv 股份有限公司宣布其完成了对支付技术解决方案公司 Worldpay 的收购，这成为全球支付业首个百亿美元级并购案。

案例与思考

蚂蚁金服收购英国的WorldFirst

（据新京报 2019-02-14 报道） 阿里经济体的全球布局再下一城。2019 年 2 月 14 日，总部位于英国伦敦的跨境支付公司 WorldFirst 已完成所有权变更，正式携手支付宝，成为蚂蚁金服集团全资子公司。

据了解，WorldFirst 创始人兼首席执行官乔纳森·奎因当天通过电子邮件向用户宣布了这一消息，强调 WorldFirst 提供给全球用户的产品和服务将保持不变。蚂蚁金服也发表声明称："支付宝与 WorldFirst 携手将让我们能够更好地服务小微企业，在全球推进普惠金融服务，促进全球经济可持续发展。"声明还提到，收购完成后，WorldFirst 将继续在创始人乔纳森·奎因的带领下开展业务。资料显示，乔纳森·奎因在 2004 年和尼克·罗宾逊共同创立了 WorldFirst，通过创新的支付生态系统为外贸企业等用户提供服务，WorldFirst 目前拥有 8 万多活跃用户，年交易总额超过 100 亿英镑。

随着 WorldFirst 的并入，包括蚂蚁金服在内的阿里经济体继续完善全球布局。资料显示，截至目前，支付宝的全球金融机构合作伙伴数目已增至 250 余家。过去的 5 年中，支付宝一方面服务出境游的中国用户；另一方面，在"一带一路"沿线国家和地区不断落子，支付宝携手当地伙伴成功打造了 9 个本地版"支付宝"，包括印度的 Paytm、巴基斯坦的 Easypaisa、菲律宾的 GCash、孟加拉国的 bKash 等。WorldFirst 的融入之旅也已开启。例如，WorldFirst 已经与阿里巴巴旗下的 Lazada 展开了合作，为印度尼西亚、马来西亚、菲律宾、新加坡和泰国的商户提供国际支付服务。而 WorldFirst 旗下的国际汇款业务，也将成为阿里巴巴推进全球汇的结构性组成部分。

启发思考：

（1）如何看待蚂蚁金服的国际化？（2）我国第三方支付企业"走出去"面临的机遇和挑战有哪些？

（五）第三方跨境支付机构的业务收入

第三方跨境支付机构的业务收入主要来自手续费、增值服务收入和汇兑差异。①手续费。当前第三方跨境支付机构向跨境电商卖家收取的提现手续费等依然远远高于国内第三方支付的手续费。随着竞争的不断加剧，预计未来跨境支付的手续费会呈现出下降的趋势。②增值服务收入。第三方跨境支付机构根据不同类型用户的需求，可以为用户提供供应链金融、海关备案、支付单上传、保税仓和海外仓、跨境营销、技术输出、整体解决方案输出等一系列增值服务。随着整个跨境支付市场的竞争愈发激烈，第三方跨境支付机构也逐渐开始将关注点集中到如何能够为用户提供更加全面、周到、有价值的增值服务上，以期获得更多的增值服务收入。③汇兑差异。这部分收入主要来自批发与零售的汇率差价、离岸与在岸的汇率差价以及汇率浮动收益。

视野拓展

PingPong坚持"持牌经营"不走寻常路

杭州乒乓智能技术有限公司（下称 PingPong）在 2015 年成立，是一家为跨境电商卖家和传统中小外贸企业提供跨境收款、外贸 B2B 收付款、供应链融资、阳光退税、VAT（增值税）缴纳、全球收单等一站式综合性服务的跨境贸易数字化服务商。

PingPong 面世时，恰逢跨境电商兴起。但在当时，跨境支付面临着三大痛点：一是传统银行主要服务大型外贸企业，其技术系统与业务模式难以适应众多外贸小微企业低额、高频、碎片化的业务特点；二是即便部分海外跨境支付服务商提供跨境支付结算服务，但其收费标准较高（费率达 3%～5%），令众多外贸小微企业的经营压力骤然增加；三是跨境支付成功率不够高，众多外贸小微企业因为支付结算成功率低损失不少业务机会。

相比众多跨境支付服务商通过“代理合作”迅速整合多方资源加快业务布局，PingPong 则不走寻常路——坚持持牌经营模式。过去数年，PingPong 先后获取了卢森堡、美国、日本等多个国家和地区的支付牌照与许可，这意味着 PingPong 获得了欧洲金融中心的认可，获准进入欧洲 27 个国家市场。

如今，这些支付牌照为 PingPong 构筑起坚实的业务竞争壁垒。具体而言，相比代理合作模式，持牌经营模式拥有四大特点：一是持牌经营是国家监管的硬性要求；二是持牌经营模式需要企业自主研发所有底层技术与风控模型，这令 PingPong 可以根据监管要求与市场环境变化迅速调整相关业务操作流程与风控算法模型，以满足新的合规要求，但代理合作模式可能使企业在合作伙伴完成调整后才可能进行风控修正，容易失去某些业务发展机会；三是持牌经营模式的服务范畴更大，比如允许各国当地小微企业直接开设账户，无形间大幅增加了服务覆盖面，此外还能迅速响应它们的最新资金结算服务需求，增强它们的黏性与服务体验，但代理合作模式需要企业向合作伙伴不断反馈客户需求，等待技术处理，其服务效率与响应速度无形间降低不少；四是持牌经营模式借助技术迭代升级，可以持续降低跨境支付经营成本，令全球小微企业获得更多实惠，但代理合作模式受制“业务协同刚性成本”，其收费标准很难因技术升级而大幅调低。

持牌经营模式还解决了跨境支付服务产业的三大痛点：一是通过技术迭代令支付成功率与客户转化率明显上升，越来越多全球外贸小微企业不再担心支付不成功所带来的业务机会损失；二是小微企业所承担的跨境支付综合成本明显下降，比如 PingPong 推出的“1%费率”措施，令跨境支付综合费率一下子下降了 2/3，大大降低了小微企业的经营成本；三是持牌经营模式的本土化服务能力更强，令跨境支付服务商可以拓展更多元化的增值服务，创造新的业务增长空间。

（摘自《21 世纪经济报道》2022 年 5 月文章《深耕跨境支付：PingPong 打造产业链生态圈》，有改动）

售后收款是跨境电商出口企业的核心环节。为跨境电商企业提供收款服务是第三方跨境支付机构的主营业务。亿邦智库发布的《2021 跨境电商金融服务报告》显示，2021 年跨境电商企业对金融服务需求普遍增加，排名第一的需求是海外收款，比例高达 39.1%；其次是融资贷款需求，比例为 32.4%；排名第三的需求为外汇结算，比例为 27.8%；排名第四的需求是投资理财，比例为 21.5%；排名第五的需求为保险服务，比例为 20.3%。其中，海外收款从 2020 年的第三大服务需求，比例为 10.4%，上升至第一大需求服务，由此可见卖家越来越重视跨境电商的收款服务。

跨境电商卖家可以通过跨境电商平台官方收款工具进行收款，如阿里巴巴国际站正式发布 Alibaba.comPay，它可以为平台的卖家提供跨境收款服务。然而门槛低、费率低、结算周期短的第三方跨境支付机构提供的收款工具仍是跨境卖家首选的收款方式。亿邦智库调查显示，在各个收款机构中，六家头部收款机构服务了近 90%的客户，其中，连连国际占比 27.8%，排名第一；支付宝国际占比 18.1%，排名第二；PayPal 占比 12.6%，排名第三；PingPong 和 WorldFirst 占比都为 11.1%，并列第四；Payoneer 占比为 9.3%，排名第六；Skyee 占比 1.6%，排名第七；Ipaylinks 占比 1.3%，排名第八；其余机构占比 7.1%。由此表明主流收款服务阵营基本形成。

视野拓展

跨境品牌出海东南亚，“先买后付”支付方式成为新引擎

（据杭州日报 2022-08-05 报道）“先买后付”支付方式广受东南亚年轻消费群体的欢迎。近日在杭举行的“潮起钱塘·数字丝路”第六届全球跨境电商峰会上，Atome（“先买后付”支付方式的领军品牌之一）中国区负责人樊繁表示，在支付环节，东南亚的“80 后”“90 后”群体中，每 5 个人中就有 1 个人使用“先买后付”，最近两年使用“先买后付”的用户增长了 5 倍。2019 年 12 月，Atome 推出了“先买后付”业务并上线了 Atome App，目前注册用户已超过 3000 万，Atome 不仅服务本土商家，也运用“先买后付”免息分期支付和联合运营方式为跨境独立站引流，助力跨境独立站商家提升购买转化率和 GMV。这一过程中，Atome 会全额垫付，给商家货款，并承担消费者还款风险。在 RCEP 合作大背景下，Atome 将以“先买后付”支付服务的服务商和流量平台的双重身份，赋能更多中国独立站品牌开拓海外市场，同时也会在分期支付模式、用户品类偏好及信用与会员体系建立等方面，完善 C 端消费者服务。（注：在“先买后付”支付方式下，消费者仅需支付首期钱款便能立刻买到心仪的商品，并在后续几个月中分期向“先买后付”平台支付余额，这种方式类似于信用卡分期付款，能够很大程度地降低消费门槛，提高消费者的购买体验）。

实训项目

跨境电商卖家使用第三方支付工具收款服务

一、实训目标

学习如何在第三方支付工具中进行账户注册、绑定收款平台、绑定提现银行卡等操作。

二、实训情境

在利用第三方支付工具进行收款方面，连连国际是被跨境电商卖家选用最多的工具之一。我国某跨境电商卖家想了解连连国际支持哪些平台收款，相应的提现标准费率是多少，以及如何注册连连跨境支付账户，以便进行收款。

三、实训任务

一是了解连连国际目前支持的收款平台或独立站及其提现的标准费率，并完成表 9.3；二是查看和学习“注册连连账户”“完成实名认证”“申请境外收款账户”“绑定收款平台”“绑定提现银行卡”等各个环节。

表 9.3　连连国际目前支持的收款平台或独立站

序号	跨境电商平台或独立站名称	提现标准费率

四、实训步骤

（1）进入连连国际的官网首页，点击“帮助”栏目，进入“帮助”界面。在“平台收款”板块，找到“连连国际支持哪些平台收款？”，点击该链接，进入相应的界面，点击查看目前“支持收款的平台”，填写表 9.3。

（2）回到“帮助”界面，点击“查看新手指南”链接进入“查收新手指南”界面，点击查看注册流程的视频“跨境电商卖家如何注册连连跨境支付”；然后依次查看“完成实名认证”“申请境外收款账户”“绑定收款平台”“绑定提现银行卡”等视频。

归纳与提高

本章主要介绍了跨境电商金融的概念、与跨境电商相关的金融机构，分析了跨境电商金融具有的跨境支付和清算、资金融通、信息提供、风险管理等功能；介绍了跨境支付结算的概念、传统跨境支付结算方式和第三方跨境支付结算方式，分析了第三方跨境支付产生的原因，讲解了境内外的跨境支付机构，介绍了第三方跨境支付机构的业务收入。

通过本章的学习，读者应基本了解了跨境电商卖家是通过怎样的渠道收取境外货款的，并了解到跨境电商金融的基本功能、商业银行等主要金融机构提供的支付和融资等金融服务，跨境电商金融涉及的第三方支付机构等。

练习题

一、单项选择题

1．由国家出资设立、直属国务院领导、支持中国对外经济贸易投资发展与国际经济合作、具有独立法人地位的国有政策性银行是（　　）。

A．中国银行　　B．中国进出口银行

C．国家开发银行　　D．亚洲基础设施投资银行

2．国家外汇管理局的职能不包括（　　）。

A．负责全国外汇市场的监督管理工作

B．负责货币政策的制定和执行

C．承担结售汇业务监督管理的责任

D．培育和发展外汇市场

3．银行根据进口人（买家）的请求，开给出口人（卖家）的一种保证承担支付货款责任的书面凭证，被称为（　　）。

A．信用证　　B．托收　　C．福费廷　　D．保理

4．以下不属于出口贸易融资服务的是（　　）。

A．提货担保　　B．卖方押汇

C．出口商业发票贴现　　D．打包贷款

5．出口商在银行认可的出口信用保险公司投保短期出口信用保险后，将保单项下的赔款权益转让给银行，在货物出运后，银行可根据出口商实际货物出口情况为其提供短期出口贸易融资，这种融资方式称为（　　）。

A．出口单保理　　B．买入票据

C．出口商业发票贴现　　D．信保项下的贸易融资

二、多项选择题

1．跨境电商金融的基本功能包括（　　）。

A．跨境支付和清算功能　　B．资金融通功能

C．信息提供功能　　D．风险管理功能

2．根据汇出行向汇入行转移资金发出指示的方式，汇付可以分为（　　）。

A．信汇　　B．电汇　　C．票汇　　D．托收

3．目前跨境支付市场的支付服务商主要包括（　　）。

A．传统银行和信用卡组织　　B．第三方支付机构

C．跨境收款公司　　D．保险公司

4．我国拥有跨境支付资格的支付平台包括（　　）。

A．汇付天下　　B．连连支付　　C．支付宝　　D．Worldpay

5．第三方跨境支付机构的业务收入主要来自（　　）。

A．手续费　　B．增值服务收入　　C．汇兑差异　　D．投资收益

三、复习思考题

1．国际信用卡支付的优点和缺点分别有哪些？

2．信用证支付的一般程序是什么？

3．第三方跨境支付产生的原因是什么？

4．在不同担保条件下银行贷款有哪些分类？

第十章　跨境电商产业园入驻实务

【知识与技能目标】

了解跨境电商产业园的作用、特征和分类；熟悉跨境电商产业园的盈利模式和招商方式；了解跨境电商产业园能为卖家提供的服务类别；了解卖家选择跨境电商产业园时需要了解的事项；掌握卖家选择入驻跨境电商产业园的技能。

引例

创业者如何为公司选择合适的跨境电商产业园

李东是某高校经管类专业即将毕业的大学生，拥有自己的创业公司，公司入驻学校的众创空间，从事跨境电商零售出口业务。随着跨境电商业务量的增长，团队人数不断壮大，学校众创空间提供的办公和仓储空间有限，显然难以满足公司业务正常运营的需要。由此，公司就面临着搬迁问题。能否选到合适的经营场所，事关公司的生存和发展，经营者对待选址问题应该慎之又慎。尽管李东了解到他所在的城市有很多跨境电商产业园、电子商务产业园等都在出租经营场所，但是他缺乏为公司选址的相关经历，也没有关于招商入驻方面的谈判经验，所以他非常想了解这方面的知识和技能，以便能够找到一个适合公司发展的产业园。

第一节　跨境电商产业园概述

一、跨境电商产业园的概念

产业集聚是指在一定区域范围内，生产某种产品或提供某种服务的若干个不同类企业，以及为这些企业配套的上下游企业、相关服务企业高度密集。产业园是企业空间集聚的重要形式，担负着集聚创新要素、培育新兴产业、推动城镇化建设等一系列重要使命，是一个地区稳增长、促改革、调结构、惠民生的重要载体。跨境电商产业园是跨境电商企业及其服务商在区域内集聚发展的重要载体，是跨境电商行业发展的助推器。从广义上看，当前我国各地成立的跨境电商创业园、跨境电商孵化园、跨境电商众创空间都属于跨境电商产业园的范畴。

2013 年 7 月，中国（杭州）跨境电子商务产业园在杭州市下城区正式开园，它是国家跨境电子商务产业试点园区，也是杭州市唯一开办进出口双向业务的跨境电商产业园，还是全国首个解决通关难、结汇难、退税难的园区，又是全国首个进行实单运作的跨境电商园区、全国首个成功探索出跨境小包出口模式的园区、全国首个获得海关总署及商务部认可并作为范本推广的园区。

作为 2015 年 3 月设立的全国首个跨境电商综试区，杭州通过先行先试，探索出了“六体系两平台”的跨境电商发展经验，为全国其他跨境电商综试区的建设，特别是跨境电商产业园的打造提供了有益借鉴。全国各地纷纷建立起跨境电商产业园，据不完全统计，仅在 2022 年 8 月的前半个月时间里，全国就有济南西部跨境电商产业园、阿里巴巴全球速卖通（常熟）跨境电商产业园、中国（西安）邮政跨境电商产业园、泰山龙工场跨境电商产业园等 4 家产业园揭牌开园。

二、跨境电商产业园的作用

跨境电商产业园建设是实现跨境电商产业集聚的重要路径，对跨境电商产业的发展具有重要的推动作用，主要表现在：一方面能有效推动企业专业化分工协作、集聚和配置各类生产要素，以小搏大，优势互补，提升企业的竞争力；另一方面由于某一区域内同一行业的产业链相对密集与完整，多企业、多环节相互融汇，产业链的各个节点合作紧密，从而提高了跨境电商产业链的竞争力，因此它对行业发展和区域经济发展起到了强有力的支撑作用。

跨境电商产业园建设也有利于跨境电商企业的业务运营，进而促进跨境电商企业的成长。跨境电商企业入驻跨境电商产业园的好处主要表现在：第一，产业园具有集聚信息、人才等各类要素的功能，有利于企业及时了解本行业的信息及获取人才等各类资源；第二，产业园具有将各类跨境电商企业集聚在一起的功能，有利于跨境电商产业链的上、中、下游企业开展业务协作，提高经营效率，进而更好地开拓国际市场；第三，跨境电商产业园具有较强的对外谈判优势，能够提供或引入稳定和优质的园区服务，有助于企业降低经营管理成本；第四，跨境电商产业园是跨境电商企业的集聚地，能够得到政府部门的重视，可以以较低的成本从政府部门及其他公共机构处获得某些公共物品或服务。

三、跨境电商产业园的特征

跨境电商产业园属于产业园的一种，因而具有一般产业园的共性，但由于它是跨境电商企业及其服务商的集聚载体，因此也具备其自身的特性。跨境电商产业园的投资者、建设者、运营和管理者，需要从“园区、行业、跨境”三个方面的属性来认识跨境电商产业园所具有的特征。

1. 跨境电商产业园具有的园区属性

跨境电商产业园具有的园区属性，一般可以分为地理位置属性和园区功能属性两大类。园区作为企业经营活动的线下承载体，具有实体而非虚拟性的特征，因此它就表现为地理位置属性。如果说地理位置属性提供了园区发展的外部条件，那么功能属性则是决定园区发展的内在力量，决定了园区未来能否持续健康地发展。园区功能属性的本质在于服务功能，而功能属性事关园区的盈利模式。园区就是集系列服务于一体的功能区，通过为企业提供各类核心服务和非核心服务，形成对潜在入驻企业的吸引力和对已经入驻企业的黏性，推动企业在园区内的集聚，实现自身的盈利以及未来的可持续发展。一个功能健全的园区可以通过自我提供、引入服务商或与服务商合作等方式，为企业提供在日常生产经营过程中涉及的公共服务或非公共服务，从而使企业能够将人、财、物等资源放在核心业务上，免受不必要的非核心业务等事务性问题的困扰。“我负责阳光雨露，你负责茁壮成长”是园区能够为入驻企业提供优质服务的美好表达。因此，跨境电商产业园在规划时就应具有明确的战略发展方向和清晰的目标定位，在园区选址上科学合理，且在功能布局上提供相应的核心服务和非核心服务，具备可行的盈利模式，具有可持续发展的潜力。

2. 跨境电商产业园具有的行业属性

由于园区是企业的集聚地，不同企业具有不同的行业属性，因此，打造园区时需要审视园区的行业属性。在园区的建设运营实践中，行业定位非常重要，它会决定园区的特色、园区的品牌建设和园区所提供服务的广度和深度。如果入驻园区的企业是繁杂多样而难以分类的，那么一般来说，园区就难以形成特色，也不利于进行品牌建设，且其所能提供的只是一些对各类企业都普适的公共服务。如果入驻园区的企业是可以用一定标准予以分类的，那么园区就容易形成特色并进行园区品牌的塑造和传播，而且园区在服务方面，除了要提供一般性的公共服务外，还要针对该行业提供专业化的服务。当入驻园区的企业是在同一个产业里的或同处于某产业链条上的企业，那么该园区便呈现出了明显的产业特征，从而就有利于形成产业特色及塑造出自身的品牌。因此，跨境电商产业园应该具备鲜明的跨境电商行业属性，应该是有利于跨境电商企业及其各类服务商共同成长和发展的生态集聚区，并具备促进区域跨境电商行业发展、外贸转型升级和经济结构优化的能力。

3. 跨境电商产业园具有的跨境属性

跨境电商产业园的打造还得重点考虑跨境属性，以便在功能和服务上进行更为合理的布局。跨境电商产业园的跨境属性主要表现在供应链服务具有跨境的特殊性上，即入驻园区的企业所经营的商品或提供的服务是涉及跨境的，因此跨境电商业务具备国际贸易的特征。相比于国内电商，跨境电商的业务环节更加复杂，需要经历海关通关、检验检疫、出口退税、进口征税、外汇结算等环节。其中，通关效率和物流速度会直接影响消费者在下单后收到商品的时间，它成为商品性价比之外，消费者在跨境电商购物时最看重的因素。跨境电商产业园应该具备跨境信息流、跨境商品流、跨境服务流、跨境资金流等方面的跨境供应链服务能力，从而能与一般的电商产业园区分开来。

思考与讨论

跨境电商产业园和一般的电商产业园有什么区别？

视野拓展

高质量跨境电商产业园应具备的特征

高质量跨境电商产业园不仅战略发展方向明确、目标定位清晰、园区地理位置选择恰当、服务功能布局合理、盈利模式可行、跨境电商行业属性明显、跨境供应链服务能力强，而且拥有强大的招商、运营和管理能力，具备可持续健康发展的潜力，是一个能够有效促进跨境电商企业及其服务商在园区内共同成长、发展和壮大，进而能够有力推动本地区的特色产业发展、跨境电商产业壮大、外贸转型升级和经济结构优化的跨境电商生态集聚区。

四、跨境电商产业园的分类

跨境电商产业园在不同的标准下有不同的分类：按照园区的进出口功能定位划分，可以分为跨境电商出口产业园、跨境电商进口产业园和跨境电商进出口综合产业园；按照园区的所有制类型划分，可以分为国有跨境电商产业园、民营跨境电商产业园、混合所有制跨境电商产业园。

视野拓展

不同所有制下跨境电商产业园的区别

（1）国有跨境电商产业园。这类园区通常由省、市、区级地方人民政府牵头成立，园区具体所在的市、区级单位设立相应的园区管理委员会，对园区的规划、基础设施及配套设施的建设、土地招投标、招商引资等实行全面管理，能够得到政府给予的租金优惠、补贴、奖励等政策措施的大力支持。

（2）民营跨境电商产业园。这类园区是由民营企业投资、建设、运营和管理的，企业处于支配地位，政府给予园区的政策扶持较少，其优点是市场化运作，具有快速响应环境变化和抓住机遇的能力。

（3）混合所有制跨境电商产业园。这类园区是由国有资本、民营资本等多类主体共同参股，联合主导成立的，既具有国有资本的背景，能够得到政府较多的政策扶持，又能发挥民营企业在运作机制方面比较灵活的优势。

五、跨境电商产业园的规划建设

跨境电商产业园建设要遵循规划先行的基本原则。跨境电商产业园规划是园区长远的发展计划，是对园区的发展环境、位置选址、产业定位、空间布局、服务供给、运营模式、盈利模式等全局性、长期性、基本性问题的研究分析，是未来一个时期指导园区健康发展的行动纲领。跨境电商产业园规划建设的内容主要包括以下八个方面。

微视频

产业园区建设和发展应遵循的基本原则

1. 产业园的发展环境分析

园区规划要从当地的实际情况出发，充分对经济环境、政策环境、地域环境、技术环境、社会环境、用地环境、交通基础设施条件等进行分析，本着避免同质竞争和资源浪费的基本原则，来确定建设跨境电商产业园所面临的优势和劣势、机遇和挑战，以及必要性和可行性。

2. 产业园的地理位置选择

地理位置是园区规划时必须重点考虑的因素。产业园的地理位置决定了物流、交通等基础设施齐全和便利的程度，进而关系到园区运营和入驻企业的业务开展。企业入驻地理位置优越的产业园，有利于吸引和留住人才。地处城市偏远地带的园区因为地价较低，因此这些园区的投资建设成本和租金都相对较低，这对资金流不充裕或利润率比较低的企业具有吸引力。但由于地理位置对人力资源可获得性等方面的影响，地理位置偏远的园区是不太适合被打造为高端人才密集型企业集聚区的。由于跨境物流、通关商检等是企业开展跨境电商业务不可或缺的环节，因此，选择在保税物流中心、综合保税区等海关特殊监管区域及其周边地区建设跨境电商产业园是合适的。

思考与讨论

目前，跨境电商产业园建设有哪些有利的外部条件？

视野拓展

综合保税区

综合保税区是具有保税港区功能的海关特殊监管区域，由海关参照有关规定对其进行管理，执行保税港区的税收和外汇政策，集保税区、出口加工区、保税物流区、港口等功能于一身，可以发展国际中转、配送、采购、转口贸易和出口加工等业务。根据现行有关政策，海关对综合保税区实行封闭管理，对进入综合保税区的境外货物实行保税管理；境内其他地区货物进入综合保税区，视同出境。同时，对外经济贸易、外汇管理等领域的相关主管部门也对综合保税区实行相对优惠的政策。企业在综合保税区开展口岸作业业务，经海关、商检等部门在园区内查验货物后，可在任何口岸（海港或空港）转关出口，无须再开箱查验。

3. 产业园的战略目标确定

产业园规划和建设者要站在本区域经济和行业长远发展的战略高度上，把跨境电商和本地经济转型升级结合起来，整体考虑本地区各类园区的发展格局，立足于产业、资源、区位、基础设施，结合电商、外贸行业的现有优势，面向跨境电商产业发展趋势，进行跨境电商产业园发展的战略定位，并设定园区发展的总体目标和阶段性目标。

4. 产业园的产业定位

园区的产业定位要根据当地产业发展、产业体系、产业结构、产业区域分布、产业链等进行科学的规划。出于园区特色和园区品牌建设的考虑，跨境电商产业园的投资建设主体要结合当地货源的供给情况，打造既具有当地产业特色又具有跨境电商行业属性的跨境电商产业园。如在块状经济、专业市场和产业集群区域内建设跨境电商创业园、跨境电商孵化园等，充分利用跨境电商的货源优势实现自身的发展。

5. 产业园的空间布局

微视频

跨境电子商务综合试验区西湖园区介绍

园区的功能规划要考虑到当地的现有产业基础、园区发展定位、园区空间特征、园区配套资源分布情况，以及跨境电商企业对跨境供应链服务能力的需求。一般而言，跨境电商产业园包含以下几个功能区块：一是跨境电商企业办公集聚区，主要为企业提供办公场地；二是跨境物流仓储区，主要为企业提供便捷实用的仓储空间和物流服务；三是跨境通关监管区，主要为跨境电商货物进出口提供通关服务；四是一站式综合服务区（公共服务中心），主要为企业提供人才引入、员工培训、会务、摄影、商标注册、代理记账、营销推广、技术支持、金融等服务；五是跨境电商创业孵化区，主要用于跨境电商创业项目和跨境品牌的孵化；六是生活配套功能区，主要为入驻园区的企业员工提供生活居住、休闲娱乐等生活综合服务。

6. 产业园的服务供给

园区的运营主体在进行功能定位之后就需要考虑如何构建园区服务体系了，即要针对企业的痛点、难点和服务诉求，来回答“为谁提供服务”“要提供哪些服务”等问题。跨境电商产业园的主要服务类别及内容如表 10.1 所示。

表 10.1　跨境电商产业园的主要服务类别及内容

服务类别	服务内容
跨境专业类服务	为企业提供报关、报检、退税、结汇、营销引流、仓储物流、代运营等服务
人力资源类服务	为企业提供跨境电商人才招聘、员工技能培训等服务
投资融资类服务	通过举办银企对接会、创投项目路演等活动为企业获得商业银行贷款、风险投资基金等提供支持
创新创业类服务	通过举办项目申报、法律、财税、营销等培训，支持企业的创新创业
项目申报类服务	为企业申请行业税收优惠、高新技术企业认定、专项扶持资金、各项发明专利等提供服务支持
政策咨询类服务	通过对接各级政府职能部门及海关、国检等监管单位，为企业提供各类政策咨询服务
综合商业类服务	为企业提供工商注册登记、商标事务、会计事务、法律咨询、会务会展等服务
生活配套类服务	为企业员工提供住宿、餐饮、休闲、娱乐等生活服务

7. 产业园的运营模式确定

跨境电商产业园的运营模式主要分为园区管委会主导的运营模式和专业化企业主导的运营模式。由企业主导建设的跨境电商产业园主要由专业化的园区运营企业负责园区的运营。由政府主导建设的跨境电商产业园大多由园区管委会、管委会下设的投资运营公司或由管委会委托专业化的园区运营企业负责园区的营销、招商、管理等运营工作。

8. 产业园的盈利模式选择

追求盈利是跨境电商产业园得以持续健康发展的内在要求。跨境电商产业园具有不同的盈利模式，主要包括办公及仓储场地出租、增值服务收费、金融服务与投资收益、政府财税补贴与奖励、土地运营升值、园区运营模式输出等，具体如表 10.2 所示。园区的盈利模式并不是单一的，往往是多种模式的混合运用。处于不同发展阶段的园区或具有不同产权属性的园区，其盈利模式具有一定的差异，如在园区建设初期会依赖租金收入、政府补贴，而到中后期则可以通过增值服务收费、园区运营模式输出、金融服务与投资收益等增加收入。

表 10.2 跨境电商产业园的盈利模式类型及盈利项目简介

盈利模式	盈利项目简介
办公及仓储场地出租	办公场地的租金收入 仓储场地的租金收入
增值服务收费	公共技术支持服务费用 会议、会展等商贸服务费用 餐饮、娱乐等生活配套服务费用 供水、供暖、供电等物业管理服务费用 人才引入、员工培训、咨询、摄影、媒介、商标注册、代理记账、营销推广等服务费用
金融服务与投资收益	提供供应链金融服务的收益 参与对园区内外企业投资的收益
政府财税补贴与奖励	获得政府给予的装修改造等财税补贴 获得政府给予的租金补助 按照入驻企业实际贡献，获得政府给予的奖励 获得国家级、省级等各级政府授予的荣誉和给予的奖励
土地运营升值	配套的商业性房产开发、出租与出售 配套的住宅开发、出租与出售
园区运营模式输出	受托经营园区，收取运营服务收益 受托改造工业园区或电商园区的收益 单独或与其他机构合作开发新园区产生的收益

第二节 跨境电商产业园的运作管理

跨境电商产业园的运作管理主要包括园区的招商和园区的运营两方面的内容。

一、跨境电商产业园的招商

产业园是服务企业的载体，是企业的集聚地，因此吸引跨境电商企业及其服务商的入驻便是跨境电商产业园运作管理的重中之重。一方面，企业在选择经营地址时，需要考虑众多因素并进行综合权衡；另一方面，众多园区对企业的招商竞争越来越激烈，存在着招商难和留商难的问题。产业园的招商是一项艰巨而长期的工作，因此产业园有必要招募招商人员、组建招商团队，在一定的招商策略下开展招商工作。

1. 定位招商对象

跨境电商产业园的招商工作首先是根据园区的规划，精准地定位招商对象。为了将园区打造成为跨境电商生态集聚区，一般需要运用产业链招商的思维，通过引入跨境电商产业链上的各类企业及其专业服务商，完善园区的产业链，以有利于企业建立业务联系和相互学习，营造出跨境电商企业协同发展的氛围。因此，跨境电商产业园不仅要吸引跨境电商卖家、有意向转型做跨境电商的国内电商企业和外贸企业、试图利用跨境电商拓展市场的制造商、跨境电商领域的初创企业和团队入驻，而且还要吸引跨境电商服务链上的平台企业、支付企业、物流企业、仓储企业、人才培训机构等各类服务商入驻。

2. 进行招商宣传

在定位好招商的对象之后，需要把园区招商等相关信息传递给招商对象，此时产业园的招商宣传就成为一项必要工作。园区的招商宣传，一方面，有助于更多的潜在客户关注到园区，起到对潜在客户引流的作用；另一方面，还可以提高园区的知名度，有利于打造园区品牌。做园区的招商宣传时要制订相应的计划和策略，避免随意性和盲目性。开展招商宣传时，一般需要做好市场调研，确定宣传内容，选择合适的宣传方式。如园区既可以利用电视广告、电台广播、户外媒体、专业杂志广告、报纸广告等传统宣传渠道，也可以利用微信公众平台、微博等新兴传播渠道进行宣传。大多数情况下，跨境电商产业园的运营方都会制作便于线下交流沟通的园区招商手册。

3. 制定价格策略

入驻产业园的租金、园区内相关服务的价格、行政管理费用等事关企业的经营成本，是企业入驻园区所关心的问题。不同的产业园具有不同的盈利项目，园区运营方需要根据服务成本等对各类服务制定有竞争力的价格。园区在盈利项目的价格制定上要采取灵活多样的策略，包括折扣策略、涨价策略等。

4. 选择招商方式

产业园的招商团队要根据自身的条件和优势，充分利用各种机会开展多种方式的招商工作。一般而言，园区的招商方式主要有以下几种。

（1）推介会招商。园区可以通过举办推介会进行招商。开展推介会招商需要园区做好前期准备、会议现场布置及流程制定、现场推介、媒体宣传、会后服务及跟进等工作。

（2）会展招商。园区可以通过参加政府各部门组织的专业展会开展招商工作。

（3）会议招商。园区可以承办一些由政府、行业协会、高校等主办的专业型会议或通过组织各种类型的研讨会、沙龙、推介会、路演等活动，挖掘潜在客户，进行招商。

（4）以商招商。园区可以通过奖励等方式鼓励已经入驻园区的企业带动其上下游企业入驻。

（5）中介招商。园区可以通过与第三方招商服务类公司或机构合作，由后者有偿推介客户入驻。

（6）协会招商。园区可以加入、整合一些行业协会或组织，发掘客户资源，吸引客户入驻。

（7）网络招商。园区可以自建专业招商网站、微信公众号等自媒体平台，也可以加入58同城等招租网站或借助外部专业性自媒体，发布招商信息，吸引潜在客户。

5. 确定入驻优惠政策

跨境电商产业园的建设离不开政府政策的支持。在跨境电商产业园建设的初期，政府或园区投资建设和运营主体，都可以出台一些针对入驻企业的优惠政策，以便推进园区招商工作，塑造园区的企业集聚氛围。企业入驻园区一方面可以按照规定享受园区所在地政府推出的各类招商引资补助、奖励等政策，另一方面还可以享受园区自身推出的优惠政策。

6. 做好服务

做好服务也是招商的一个重要环节。园区的运营方要为入驻园区的企业提供从项目申报、注册登记到员工招聘、金融支持等在内的一站式综合服务，通过优质、高效、主动的服务营造良好的园区环境，为企业入驻全过程提供便利。

二、跨境电商产业园的运营

园区的运营对园区能否健康发展起着重要作用，既对园区的招商具有影响，也对园区的盈利产生作用。跨境电商产业园的运营本质就是探究如何完善园区的服务体系来实现园区的可持续发展，即回答“由谁提供服务”“以什么样的方式提供服务”等问题。园区运营一是需要组建运营管理团队，二是要做好园区的服务供给工作，三是要开展园区的对外合作。

（一）组建运营管理团队

除了专业化的产业园运营商之外，跨境电商产业链上的关键节点企业或具有对产业链整合能力的企业，如跨境电商平台型企业、大型第三方服务商、大型跨境电商产品供货商也都适合成为园区运营的主导者。产业园运营需要引入既具有园区运作经验又掌握跨境电商行业发展特征的复合型人才，需要打造一支具备营销策划能力、招商能力、运营能力、管理能力、品牌化运作能力的运营管理团队。

（二）做好园区的服务供给工作

产业园的服务供给决定了产业园的盈利模式，服务供给一般分为两种来源：一种是自己提供服务，另一种是服务外包。服务外包是产业园运营主体实现内外部资源整合的组织模式创新，也是一种构建竞争优势的商业模式创新，有助于产业园优化配置资源、降低成本、提高效率、追求利润最大化。如产业园可以将物业管理外包给专业的物业公司，也可以引入跨境电商产业链上的第三方服务商来提供专业化的服务。产业园运营主体需要做好以下几个方面的工作来优化服务外包管理，进而促进园区健康发展。

1. 清晰界定外包业务

服务外包是指企业将其非核心业务外包出去，利用外部优秀的专业化团队来承接其业务，从而使其专注核心业务，以达到降低成本、提高效率的一种管理模式。产业园运营主体将非核心业务外包出去，把主要资源投入核心业务，有利于其增强核心竞争力和提升应对外部环境变化的能力。产业园运营主体需要把握各类业务特征和业务变化趋势，从业务对产业园区的重要性、业务的自制能力、业务的外包成本、能否找到合适的服务外包供应商和供应商的能力等方面进行全方位考量，并重点考虑未来服务外包和自己提供服务之间的协同管理问题。

2. 选择合适的服务外包供应商

产业园运营主体将服务外包给服务外包供应商，旨在借助后者的服务能力和管理水平适应政策、技术、市场等外部环境的变化，提升客户服务水平，前提条件是产业园运营主体要选好服务外包供应商。为了能在更广泛的范围内选择合适的服务外包供应商，可以采用公开招标的方式。在服务外包供应商筛选方面，除了成本因素以外，还要从供应商的服务质量、市场地位、管理能力、财务状况和长期合作意愿五个方面进行综合考量。

3. 改善与服务外包供应商的关系

服务外包供需双方的关系事关产业园为客户创造价值的能力，因此，产业园运营主体须着力改善和提升与服务外包供应商之间的关系，既要做好服务外包供应商的组织管理工作，又要引导其牢固树立以客户为中心的服务理念。

4. 防范和管理服务外包风险

防范和管理服务外包风险的主要措施如下。

一是与服务外包供应商签订尽可能完善的服务外包协议。为了更好地防范服务外包供应商在签约后可能出现道德风险而给产业园运营主体带来不利影响，产业园运营主体需要与服务外包供应商本着长期合作和追求双赢的理念，签订全面、详细、明确涵盖外包服务所有环节的服务外包协议。二是建立针对突发性风险的应急处理机制。产业园运营主体为了稳健地实施服务外包模式，可以考虑建立风险的应急处理机制，针对服务外包供应商可能发生的各种意外情况制订应急计划和预案。

（三）开展园区的对外合作

园区运营主体要选择恰当的合作伙伴，做好园区的对外合作工作。一是园区运营主体有必要推动跨境电商产业园和跨境电商平台之间开展合作，进而实现线下园区和线上平台的联动发展。如可以将跨境电商平台作为招商对象，吸引其入驻园区；也可以邀请跨境电商平台的招商经理和服务经理到园区指导工作，为入驻园区的企业提供咨询服务。二是由于跨境电商产业园在跨境信息流、跨境商品流、跨境服务流、跨境资金流方面的服务能力已经成为打造高质量跨境电商产业园的关键点，因此在合作伙伴的选择上，要立足国内、放眼全球，不仅要有境内的第三方服务商等合作伙伴，而且要有境外的合作伙伴，包括在境外实施本土化经营的境内企业，也包括境外企业。在服务链的构建上，可以考虑将服务链拓展延伸至境外服务，即在境外提供服务，比如可以与各类合作伙伴、入驻园区的企业等协同布局海外仓服务、海外园区服务、海外体验店服务等。

第三节　卖家选择产业园涉及的事项

众所周知，跨境电商卖家在地区分布上很不均衡，深圳、杭州、义乌等一些区域集聚了大量卖家，而在另一些区域，卖家数量却非常少。这种地域分布不均衡的现象主要是跨境电商卖家经营地址选择行为的结果。尽管跨境电商卖家主要在跨境电商平台开展产品发布、交易谈判、客户服务等各方面的活动，但是其业务的顺利进行也需要一定的员工办公场地和货物的仓储场地。当跨境电商卖家规模很小、员工很少的时候，办公场地和仓储场地方面的问题并不突出，一些卖家在初创期甚至可以在自己的住宅或宿舍里开展业务。然而随着跨境电商业务量的增长，一些企业的员工数量不断增多，商品备货量也会加大，此时，太小的办公和仓储场地显然难以满足业务正常运营的需要。此时，大量的跨境电商卖家就会选择入驻跨境电商产业园、电子商务产业园等，从而面临如何选择园区的问题。能否选择到合适的经营场所，事关跨境电商卖家的生存和发展。跨境电商卖家需要对产业园的一些事项进行充分了解和考察，以研判是否适合入驻该产业园，包括了解产业园的规模和定位等情况、租金定价状况、提供的优惠政策，以及考察产业园设施和周边环境等。

一、了解产业园的规模和定位等情况

一般而言，跨境电商卖家有必要了解跨境电商产业园的规模、产权属性、战略定位、发展特色、服务等基本情况，如表 10.3 所示。

表 10.3 跨境电商产业园的规模和定位等情况

序号	内容
1	产业园的规模
2	产业园的产权属性
3	产业园的战略定位
4	产业园的发展特色
5	产业园的招商对象
6	产业园已入驻企业的类别、规模、所属行业等情况
7	产业园的办公楼、仓储场地等分布情况
8	产业园可以用于招商的办公楼、仓储场地等情况
9	产业园为卖家提供的仓储服务情况
10	产业园为卖家提供的物流服务情况
11	产业园为卖家提供的商检、报关、退税等服务情况
12	产业园为卖家提供的人才对接和人才培训等服务情况

二、了解产业园的租金定价状况

鉴于租金定价不仅涉及入驻园区的企业，而且也事关园区投资建设主体的切身利益，因此需要对园区的租金进行合理设定。在定价时，一方面，要参照其他园区的定价情况，重点关注租金价格和提供增值服务的性价比，设定基准价格区间；另一方面，在具体楼宇和楼层的定价上要综合考虑影响租金的几个因素，进行更为细化的定价。这些因素包括楼宇在园区的分布、楼层、装修条件、租赁的面积、朝向、签约年限、租金的缴纳方式等。此外，园区针对不同类别的企业，会给予不同的租金折扣或减免优惠。比如对于园区发展有重要价值的企业，会考虑给予充分的优惠；对于园区重点扶持的企业，会考虑给予适当的优惠；对于有很大发展潜力的创新创业企业、产业链上的关键节点企业等特殊企业，租金的定价可以采取"一事一议"的方式。

跨境电商卖家在了解了上述产业园对租金进行定价的影响因素之后，可以根据自身的条件和对场地的需求情况，与产业园的招商部门进行谈判，为自己争取最有利的租金价格。

三、了解产业园提供的优惠政策

跨境电商是新兴业态，在其快速发展过程中离不开政府政策的大力支持。跨境电商产业园也是政府部门重点支持的对象。跨境电商产业园在享受政府支持的同时，往往会出台一些针对入驻企业的优惠政策，进而支持跨境电商卖家的成长和发展。毋庸置疑，这些优惠政策也有助于推进园区招商工作，打造园区产业链，塑造园区的企业集聚氛围。跨境电商产业园为入驻企业提供的优惠政策主要有以下六种，如表 10.4 所示。

表 10.4 跨境电商产业园的优惠政策

类别	内容
租金减免	园区给予入驻企业一定期限、一定面积的房租补贴或者减免
税收优惠	对于入驻园区的企业，只要满足一些特定的条件，便可享受一定额度的税收补贴或税收减免
人才引进支持	为帮助企业引进人才和保留人才，园区对符合特定条件的人才给予户口、住房、津贴等方面的优惠
金融支持	园区可以设置专项资金，用于吸引企业入驻，对入驻企业进行现金补贴和贷款贴息；对企业投保出口信用保险给予补助
行政收费减免	园区提供包括免除管理费、物业费、停车费等各种行政收费的优惠
资金奖励	对于经政府主管部门认定且首次获得高级别的名牌、商标、奖项的入驻企业给予一次性资金奖励

四、考察产业园设施和周边环境

完善的设施配置和良好的周边环境，不仅有助于园区吸引更多更优质的企业入驻，而且有助于已入驻企业得到更好的发展。跨境电商卖家在选择跨境电商产业园时，有必要了解园区的水、电、网络、消防、安保、商务休闲场所等各类设施的配置情况，同时还要考察园区外部的商业、生活配套等周边环境状况，如表 10.5 所示。

表 10.5　考察产业园设施和周边环境的事项

序号	内容	序号	内容
1	园区内的水、电、网络等基础设施情况	6	园区是否设有商务酒店、员工宿舍，以及其收费情况
2	园区内用水、用电、用网等收费情况	7	园区的会议室、培训中心、商务休闲场所等配套情况
3	园区的消防、安保等物业管理服务情况	8	园区周边的文体娱乐场所、银行等商业配套情况
4	园区的物业费高低和物业费缴纳的要求	9	园区周边的住宿和餐饮等生活配套的齐全程度
5	园区是否具有足够的停车位，以及停车收费情况	10	园区的地理位置和公共交通等情况

实训项目

调研跨境电商产业园的基本情况、优惠政策、设施和周边环境等情况

一、实训目标

增进学生对跨境电商产业园的了解，提升学生对跨境电商产业园的辨识和选择能力。

二、实训情境

李某某是跨境电商领域某创业团队的负责人，随着公司业务增长和团队规模扩大，其需要选择一个恰当的经营场所，以满足公司跨境业务发展对办公、仓储、物流等服务的需求。他需要对一些跨境电商产业园进行考察，了解其基本情况、优惠政策、设施和周边环境等。

三、实训任务

通过网络搜索或实地考察，了解你所在城市或其他城市的跨境电商产业园的基本情况、优惠政策、设施和周边环境等，并完成表 10.6～表 10.8。

表 10.6　关于__________产业园基本情况的调研

序号	维度	调研结果描述
1	产业园的规模（大、中、小）	
2	产业园的产权属性（国有、私人、公私合营）	
3	产业园的战略定位	
4	产业园的发展特色	
5	产业园的招商对象	
6	产业园已入驻企业的类别、规模、所属行业等情况	
7	产业园的办公楼、仓储场地等分布情况	
8	产业园可以用于招商的办公楼、仓储场地等情况	
9	产业园为卖家提供的仓储服务情况	
10	产业园为卖家提供的物流服务情况	
11	产业园为卖家提供的商检、报关、退税等服务情况	
12	产业园的办公场地、仓储场地的租金价格	

表 10.7　关于__________产业园的企业入驻园区优惠政策的调研

序号	内容	调研结果描述
1	租金减免	
2	税收优惠	
3	人才引进支持	
4	金融支持	
5	行政收费减免	
6	资金奖励	

表 10.8　关于__________产业园设施和周边环境的调研

序号	内容	调研结果描述
1	园区内的水、电、网络等基础设施情况	
2	园区内用水、用电、用网等收费情况	
3	园区的消防、安保等物业管理服务情况	
4	园区的物业费高低和物业费缴纳的要求	
5	园区是否具有足够的停车位，以及停车收费情况	
6	园区是否设有商务酒店、员工宿舍，以及其收费情况	
7	园区的会议室、培训中心、商务休闲场所等配套情况	
8	园区周边的文体娱乐场所、银行等商业配套情况	
9	园区周边的住宿和餐饮等生活配套的齐全程度	
10	园区的地理位置和公共交通等情况	

四、实训步骤

（1）在任课老师的指导下，组建调研团队，并选择团队负责人，统筹安排调研工作和分工。

（2）调研团队通过百度等渠道，了解学校所在城市或其他周边城市的产业园分布情况，并选择其中的一个产业园进行调研。

（3）调研团队通过网络搜索或实地走访等形式进行调研，根据实际情况尽可能完成表 10.6～表 10.8。

（4）任课老师根据各调研团队关于产业园的调研结果，组织学生汇报，并进行分析、比较和探讨。

归纳与提高

本章主要介绍了跨境电商产业园的概念、作用、特征和分类；介绍了跨境电商产业园规划建设主要涉及的园区发展环境分析、地理位置选择、战略目标确定、产业定位、空间布局、服务供给、运营模式确定、盈利模式选择八个方面的内容；介绍了跨境电商产业园的招商和运营以及卖家在选择跨境电商产业园时需要了解和考察的事项。

通过本章的学习，读者应了解跨境电商产业园的作用、特征、分类，以及跨境电商产业园的服务类别、盈利模式和招商方式等，明白在选择跨境电商产业园时需要了解和考察的事项。

练习题

一、单项选择题

1．产业园是企业空间集聚的重要形式，其担负的重要使命不包括（　　）。

A．集聚创新要素　B．培育新兴产业　C．推动城镇化建设　D．精准扶贫

2．跨境电商产业园提供的跨境专业类服务不包括（　　）。

A．报关报检服务　B．退税结汇服务　C．仓储物流服务　D．休闲娱乐服务

3．跨境电商产业园的盈利模式不包括（　　）。

A．办公场地出租　B．仓储场地出租　C．增值服务收费　D．产品制造和买卖

4．产业园区通过参加政府等部门组织的专业展会开展招商工作属于（　　）。

A．推介会招商　B．会议招商　C．会展招商　D．协会招商

5．鼓励已经入驻园区的企业带动其上下游企业入驻园区的招商方式属于（　　）。

A．以商招商　B．中介招商　C．协会招商　D．推介会招商

二、多项选择题

1．跨境电商产业园按照园区进出口功能定位划分，可以分为（　　）。

A．跨境电商出口产业园　B．跨境电商进口产业园

C．跨境电商进出口综合产业园　D．产业主导型跨境电商产业园

2．跨境电商产业园的招商对象，一般包括（　　）。

A．跨境电商卖家　B．跨境电商平台企业

C．跨境电商支付企业　D．跨境电商物流企业

3．跨境电商产业园在进行招商宣传时可选用的传统渠道包括（　　）。

A．电视广告　B．电台广播　C．户外媒体　D．微信公众平台

4．跨境电商产业园运营的主导者可以是（　　）。

A．跨境电商平台企业　B．大型第三方服务商

C．大型跨境电商产品供货商　D．专业化的产业园运营商

三、复习思考题

1．简述跨境电商企业入驻跨境电商产业园的好处。

2．什么是高质量跨境电商产业园？

3．跨境电商产业园一般包含哪几个功能区块？

4．跨境电商产业园主要能够提供哪些类别的服务？

5．跨境电商产业园的盈利模式有哪些？

6．简述跨境电商产业园提供的优惠政策。

更新勘误表和配套资料索取示意图

说明 1：本书配套教学资料存于人邮教育社区（www.ryjiaoyu.com），资料下载有教师身份、权限限制（身份、权限需网站后台审批，参见示意图）。

说明 2：“用书教师”，是指学生订购本书的授课教师。

说明 3：本书配套教学资料将不定期更新、完善，新资料会随时上传至人邮教育社区本书相应的页面内。

说明 4：扫描二维码可查看本书现有“更新勘误记录表”“意见建议记录表”。如发现本书或配套资料中有需要更新、完善之处，望及时反馈，我们将尽快处理！

更新勘误及意见建议记录表

咨询邮箱：13051901888@163.com

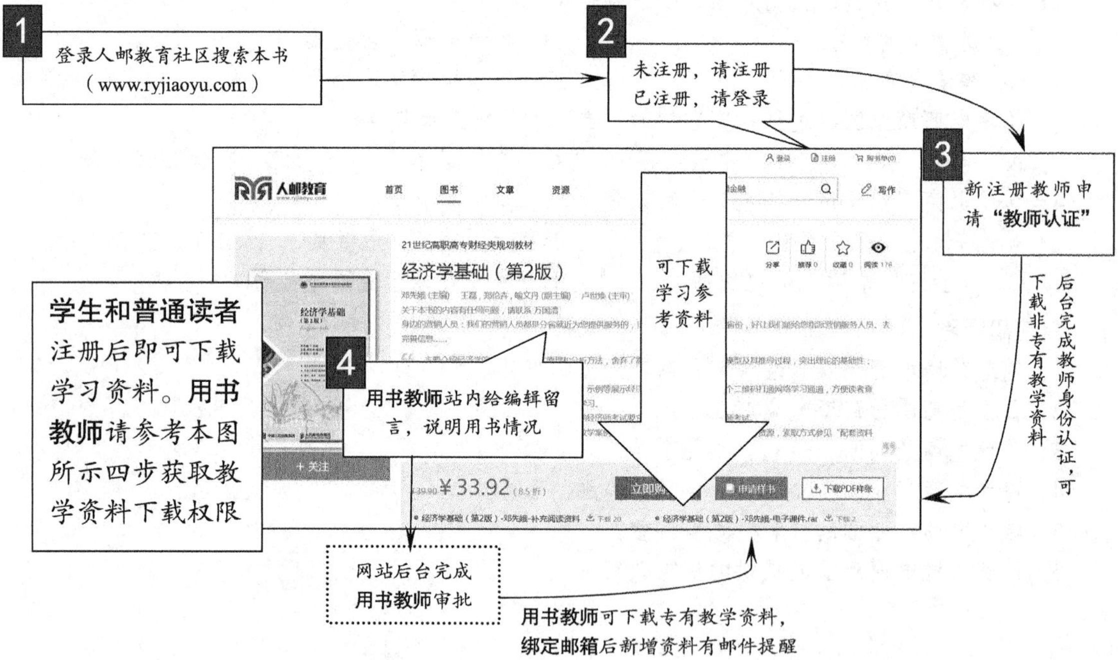

参考文献

[1] Wish 电商学院，2017．Wish 官方运营手册：开启移动跨境电商之路[M]．2 版．北京：电子工业出版社.

[2] 丁晖，等，2020．跨境电商多平台实战基础[M]．3 版．北京：电子工业出版社.

[3] 姜文学，邓立立，2018．国际经济学[M]．5 版．大连：东北财经大学出版社.

[4] 柯丽敏，张彦红，2020．跨境电商运营：从基础到实践[M]．北京：电子工业出版社.

[5] 老魏，2018．亚马逊跨境电商运营宝典[M]．北京：电子工业出版社.

[6] 林菡密，陈永强，2020．跨境电商 eBay 立体化实战教程[M]．杭州：浙江大学出版社.

[7] 马述忠，等，2018．跨境电商理论与实务[M]．杭州：浙江大学出版社.

[8] 速卖通大学，2015．跨境电商：阿里巴巴速卖通宝典[M]．2 版．北京：电子工业出版社.

[9] 速卖通大学，2015．跨境电商客服：阿里巴巴速卖通宝典[M]．北京：电子工业出版社.

[10] 朱秋城，2016．跨境电商 3.0 时代：把握外贸转型时代风口[M]．北京：中国海关出版社.

[11] 纵雨果，2018．亚马逊跨境电商运营从入门到精通[M]．北京：电子工业出版社.